Social Selling

La nueva herramienta de ventas

Si tu cliente está en Internet, ¿a qué esperas?

Primera edición 2017

A todos aquellos profesionales que buscan hacer las cosas de otra manera, que buscan nuevos océanos azules, que prefieren romper moldes antes de quedarse atrás, que saben que para innovar hay que deshacer los esquemas tradicionales de pensamiento.

Agradecimientos

Escribir un libro lleva tiempo, dedicación y, sobre todo, constancia. No seré baladí. Una vez que tienes tu libro terminado, la parte quizás más gratificante es la de dar las gracias a las personas que han contribuido en él y para nosotros es un auténtico placer poder hacerlo a través de estas líneas.

A Mike O'Neil (EEUU), CEO de Integrated Alliances (www.integratedalliances.com), uno de los más reputados expertos en LinkedIn y en Social Selling; un referente mundial, un auténtico "gurú" y top 50 en la lista Forbes como uno de los profesionales con más influencia *social media*. Muchas gracias a Mike por confiar en este proyecto, por escribir el prólogo de este libro y darnos su apoyo desde la distancia que separa todo un océano.

A nuestros colegas españoles especialistas en **Social Selling y LinkedIn:**

Alex Lopez (Owner of Sartia Retail Meeting Point / Social Selling & Trainer on LinkedIn / Top 20 Influencers Social Selling).

Jordi Gili (Managing Director at Execus, Social Selling Consulting and Training), especialistas españoles en Social Selling y LinkedIn. Dos personas de gran talla profesional.

Muchas gracias por vuestro inestimable apoyo y colaboración.

A *Leonardo Huarita* (Buenos Aires, Argentina) , por su trabajo y dedicación, por su tiempo, por su velocidad de respuestas, por sus bocetos y creatividades para el diseño de la portada de este libro.

A **Alejandro Capparelli** (España-Uruguay), experto en marketing editorial y autor de www.edicionlibroindie.com, por su magnífico trabajo en el diseño de la maquetación de este libro.

A *Begoña Andrés de la Torre* (Valencia), por su trabajo como traductora, ayudándonos a traducir los testimonios de los expertos canadienses y americanos que también colaboraron en nuestro libro.

A **Paco Gallego** (Madrid), propietario de Altom Service S.A (www.publicarya.com), por la cobertura en impresión de nuestro libro "a medida" para las empresas que nos lo han solicitado con su logotipo e incluso con el nombre de sus directivos.

A todos los profesionales de la **Lista Forbes**, que han contribuido en el capítulo 17 de este libro:

Bosworth, Mike (Founder at Mike Bosworth Leadership Olga, Washington).

Bova, Tiffani (Sales Futurist, Growth Adviser, Change Agent, Greater Los Angeles Area).

Cathcart, Jim (Speaker/Author, The Motivation Expert, Greater Los Angeles Area).

Eikenberry, Kevin (Chief Potential Officer, The Kevin, Eikenberry Group, Indianapolis, Indiana Area).

Francis, Colleen (Corporate Sales Consultant, Author, Speaker, Ottawa, Canada Area).

Meerman Scott, David (Leading Marketing and Sales Speaker for Companies and at Conferences, Worldwide, Greater Boston Area).

Nick, Michael Principal (Client Sales Operations & Revenue Performance, Thought Leader & Bestselling Author Sales Enablement Greater Milwaukee Area).

Schenk, Tamara (Sales Force Enablement Leader, Analyst and Speaker, Sales Effectiveness, Sales Leadership, Sales Transformation, Wiesbaden, Hessen, Germany).

Shanks, Jamie (Author of "Social Selling Mastery", Global Social Selling/Digital Selling, consulting, CEO @ Sales for Life, Toronto, Canada Area).

Viskovich, Julio (*Revolutionizing the way sales teams use social media to drive revenue, World class personal branding expert, Vancouver, British Columbia, Canada*).

Gracias a todas estas personas que son capaces de ver el mundo desde otra óptica, de hacerse preguntas no establecidas y de ver donde otros no ven.

Esmeralda Díaz-Aroca y David Martínez Calduch

Audaces Fortuna Iuvat

Publio Virgilio Marón (70 a. C. − 19 a. C.).

Sobre los autores

Esmeralda Díaz-Aroca

Consultora de Estrategia Digital, Marca Personal y Social Selling.

Más de **25 años** de experiencia en Marketing y Ventas.

Ha trabajado como directora de marketing y Directora de comunicación en empresas multinacionales y nacionales de diversas compañías aseguradoras: AEGON, Argentaria (hoy BBVA), CASER y REALE. Es cofundadora de la StartUp **BlogsterApp y de Díaz-Aroca & Asociados.**

Anfitriona de la plataforma de Webinars sobre Marketing Digital www.rockyourblogbinar.com. Autora y coautora de varios libros. Los 3 últimos **"Marketing y Pymes"**, **"Twitter para abogados"** y **"Cómo tener un perfil 10 en LinkedIn"**. Igualmente ha prologado el libro de Jesús Castells, **"JOSDEPUTAAAA me han echaoo"**.

Es conferenciante y profesora en varias universidades y escuelas de negocios: **La Salle, Instituto de Empresa, UNIBE, Universidad de Granada, Universidad Internacional de la Rioja, INESDI, Universidad Sergio Arboleda y Centro de Estudios Universitarios Ramón Areces.**

Es **Doctora** en **Ciencias Biológicas** por la UAM y **Máster en Dirección Comercial y Marketing** por el **Instituto de Empresa de Madrid.**

Más información en:

- **Email**: esmeralda@diazarocayasociados.com
- **LinkedIn**:
  http://es.linkedin.com/in/socialmediaesmeraldadiazaroca
- **Twitter**: @jEDiazAroca
- **Websites**
  - www.diazarocayasociados.com
  - http://www.esmeraldadiazaroca.com
  - www.socialselling-coach.es y www.socialselling.es

David Martínez Calduch

Consultor en Social Selling y Estratega Digital.

Fundador de 3 empresas, formador y conferenciante Internacional.

25 años de experiencia en Tecnologías de la Información y Comunicación (Jefe de Informática, CTO, Jefe de Proyectos y Desarrollos).

Transformación Digital de las organizaciones, implantación, puesta en marcha de Plataformas de Gestión Avanzadas de Social Media, Atención al Cliente en redes sociales, Employee Advocacy, etc. Ventas en Cuentas Estratégicas y Corporativas, *Online* y Offline, Consultor en Social Selling, Estratega Digital en proyectos de Marketing Digital, e-commerce, Internacionalización, etc.

Escritor de varios libros:
http://amazon.com/author/davidmcalduch

28 años como formador in *company*, escuelas de Negocios y Universidades. Solution Partner de Hootsuite, Embajador de Hootsuite, ECC Consultor Certificado Evernote.

Apariciones en prensa:

El Rey Valenciano de LinkedIn – Valencia Plaza.
https://www.flickr.com/photos/solucionafacil/7550475488/in/photostream/
El Rey de LinkedIn de la Comunidad Valenciana – El Mediterráneo.
https://www.flickr.com/photos/solucionafacil/7645771708/in/photostream/
El Levante.
https://www.flickr.com/photos/solucionafacil/8727503505/in/dateposted-public/

Más información en:

- **Email**: dmartinez@solucionafacil.es
- **LinkedIn**: https://es.linkedin.com/in/davidmcalduch
- **Twitter:** https://twitter.com/davidmcalduch
- **Websites:**
  - https://www.solucionafacil.es/
  - https://www.davidmcalduch.com
  - https://www.socialselling.es

Prólogo

Mike O'Neil ha sido dos veces galardonado por la revista Forbes como uno de los 50 mejores expertos de Social Media.

Como Director General de Integrated Alliances (IA), -la primera empresa consultora, formadora y de servicios de LinkedIn-, ayuda a directores generales, altos ejecutivos, empresarios y propietarios de negocios a utilizar el poder que les otorga su puesto para abrir nuevas oportunidades de negocio. Integrated Alliances va más allá en el asesoramiento de equipos de marketing y en la formación de equipos de ventas.

Con una década a sus espaldas, los usuarios de LinkedIn y Social media han aprendido y depurado las mejores prácticas profesionales. Esta plataforma hace su labor en el proceso y, por su parte, la comunidad de usuarios hace la suya. En medio de éstas se encuentra los expertos, los integradores, el "valor añadido de ejecutores y asesores". Ellos conforman la combinación entre un doctor general y un especialista. Dos en uno.

Algunos de estos expertos se centran en Social Media y Facebook mientras otros eligen los blogs. Sin embargo otros (como yo), preferimos LinkedIn. Cuando me uní a esta plataforma en 2004, la verdad es que me resultó bastante fácil, quizás porque yo ya estaba acostumbrado a usar montones de sistemas CRM y me encontraba cómodo con ellos en el entorno online.

Tanto Esmeralda, como David, así como otros grupos de usuarios avanzados y también yo, diferenciamos los "mitos" y guiamos a los clientes por carreteras sin asfaltar en las que las cosas que ves "en la superficie" no representan, a menudo, la situación real.

La Evolución hacia el Social Selling

Si echamos un vistazo a la Historia, la tecnología ha traído tanto negocio como clientes.

1. La evolución del ordenador personal fue capaz de colocar uno en tu casa y otro en la oficina.

2. La revolución de las redes sociales y el ordenador formaron un equipo totalmente interconectado.

3. La evolución de internet nos trajo, al mismo tiempo, personas e información.

4. La evolución de Social Media hizo que las personas estuviesen más cerca unas de otras.

5. La evolución del móvil engloba todo esto y lo pone en tus manos.

6. Es entonces cuando llega Social Selling, la pieza del puzzle clave para la construcción de relaciones. El papel primordial del proceso de la venta.

Hace falta una buena visión, atención a los detalles y tener los ojos bien abiertos para ser capaces de obtener el mejor enfoque. ¿Quieres saber dónde encontrar la mejor visión y experiencia para llevarte hacia el éxito en Social Selling? Pues en este libro obtendrás todas las respuestas.

Social Selling

La verdad es que este término significa muchas cosas y se le acredita a Koka Sexton de LinkedIn. Básicamente significa "usar suaves técnicas de ventas que se benefician de grandes fuentes de información con la finalidad de crear relaciones que nos lleven a conseguir oportunidades de negocio".

Mis clientes se interesan en un Social Selling que atienda bien a sus mercados B2B. Su caja de herramientas incluye LinkedIn, Email (Outlook o Google), un CRM (Salesforce.com, Microsoft Dynamics, ZOHO, Nimble, otros), marketing automatizado (Hubspot, Marketo, MailChimp), Google (mail, contactos, búsqueda, documentos, hojas de cálculo), GoToMeeting y unas pocas más.

Además encuentran clientes en LinkedIn usando búsquedas y monitorizando la construcción de relaciones. Aquellos clientes que encuentran en otros lugares (por ejemplo en eventos o incluso en el periódico), son igualmente conectados a través de LinkedIn. Para muchos usuarios B2B, todos los caminos les conducen rápidamente a LinkedIn, incluso ANTES de que utilicen su propio CRM.

Es aquí donde el arte del Social Selling se encuentra con la ciencia. Es como una orquesta en la que multitud de cosas ocurren en diferentes lugares al mismo tiempo. Este libro te va a ayudar con estrategias con las que podrás clasificarlo todo a la vez que dispones de un timeline que trabajará para tu apretada agenda.

Plataformas de LinkedIn

He usado diferentes CRMs desde que me uní a LinkedIn en 2004. ¡La enorme cantidad de información acerca de un futuro cliente que se englobaba dentro de un solo lugar era una mina de oro! Para compartirlo con el mundo comencé a entrenar a lo largo de todo el mundo a propietarios de negocios, directores ejecutivos y equipos de ventas sobre la forma de maximizar y sacarle todo el partido a LinkedIn.

Ahora piensa en LinkedIn como en una PLATAFORMA (de la misma forma en la que lo es Microsoft Office). Se ha expandido con una gran variedad de "versiones" las cuales son útiles para un amplio rango de usuarios.

LinkedIn.com 2017 es similar a Microsoft Word, una herramienta universal que TODO EL MUNDO utiliza. La verdad es que ya no podríamos vivir sin un procesador o editor de textos.

LinkedIn Sales Navigator, por otro lado, es más parecido a Microsoft Excel y se dirige a usuarios más profesionales que trabajan con cifras.

LinkedIn Recruiter es similar a Microsoft Access, una base de datos de curriculums para tirar de candidatos, mirar sus credenciales, ordenarlos y procesarlos.

LinKedIn Mobile es similar a Microsoft PowerPoint, donde se puede hacer prácticamente de todo. Actualmente hay cerca de 10 aplicaciones LinkedIn para móviles.

Es en 2017 donde encontramos UNA gran diferencia y de gran importancia. Está relacionada con las actualizaciones. Lo que hace LinkedIn, incluyendo el cómo y el cuándo, debe de estar visible y en su plan estratégico de ventas, marketing, formación, elaboración de presupuestos, etc.

El punto de vista IT

Este es el escenario – Microsoft presenta Office 2017. Ahora los usuarios tienen la OPCIÓN de permanecer donde están (ej.: Office 2015), o pueden actualizarlo a la nueva versión.

Las empresas pueden decidir 1) si lo actualizan, 2) cuándo lo actualizan, 3) cómo actualizan a sus usuarios a la nueva versión de Office. **NADA de esto se aplica en LinkedIn...**

No existe un SI; cada uno será actualizado y solo es cuestión de tiempo. No existe un CUÁNDO; esto sucederá cuando LinkedIn quiera que suceda. No existe un CÓMO, ya que los usuarios se actualizarán automáticamente, ciegamente, aleatoriamente.

La funcionalidad definitiva

La funcionalidad más importante de 2017, y que cambia las plataformas de LinkedIn, es el etiquetado. Esto ha sido ELIMINADO de LinkedIn.com en 2017 y añadido a Sales Navigator. Existe incluso una función de migración la cual, por sí sola, hará que muchos usuarios emigren ya que "es ahí donde están todos los datos".

Esto es básico dentro del mundo de los CRM, donde las etiquetas son utilizadas para una amplia variedad de propósitos; etiquetar series de registros, filtrar por etiquetas o llevar algunas ventas y acciones en marketing. Esto es un camino bien transitado y que los usuarios de LinkedIn y CRM celebrarán ya que esta área está explorada y expandida por el nuevo Microsoft –run LinkedIn.

Porqué es importante

LinkedIn se ha convertido en una herramienta de negocios indispensable para la mayoría de las empresas, especialmente para usuarios que PAGAN por tener LinkedIn. Hoy en día el departamento de IT está a menudo involucrado allí donde LinkedIn lo está con Salesforce.com, Microsoft Dynamics, otra automatización de marketing como CRMs PLUS y una amplia gama de herramientas web. En este libro Esmeralda y David presentan muy bien todo lo relacionado con los CRM.

Los usuarios utilizan cada vez más sus teléfonos y un único usuario se conecta por cualquiera de los dos dispositivos, teléfono y ordenador, y esto parece tener cada vez más sentido. Si profundizas un poco, se hace algo más complicado. Cuando las funciones existentes que normalmente utilizas son trasladadas de un lugar a otro, los usuarios las siguen sin rechistar. Éstas pueden ser desde un menú a un icono dentro de una aplicación. LinkedIn.com 2017 tiene mucho de esto ya que los menús son ya algo del pasado – reemplazados por los iconos.

Cuando las funciones que usamos con normalidad son trasladadas a una plataforma de LinkedIn completamente diferente, todo se convierte en algo mucho más importante. Esto significa la reevaluación de los procesos cotidianos, nuevas licencias y presupuestos, quizá cambios en la automatización del marketing, cuestiones de IT y CRM, readaptación de los usuarios y ajustes en la estructura de soporte.

LinkedIn.com 2017 ofrece bastantes funciones importantes para los usuarios profesionales, especialmente para suscriptores Premium.

Algunas de las funciones Premium más populares han sido enganchadas a la interfaz del móvil, el cual ha tomado el relevo al ordenador de mesa.

Los usuarios no hacen búsquedas avanzadas en un teléfono móvil y, hoy en día, los usuarios de LinkedIn.com 2017 tampoco las hacen. Algunas de éstas aún permanecen pero las funciones de búsqueda que se perdieron están ya en Sales Navigator. Están unidas por muchas otras grandes funciones de búsqueda e incluso por las funcionalidades tipo CRM. En el año 2017 se verá una masa migratoria de suscriptores de pago que se moverán de LinkedIn.com Premium a Sales Navigator. Algunos, incluso, pagarán doble por ambos servicios.

Donde LinkedIn se encuentra con Ventas

El mundo profesional de las ventas incorporará a LinkedIn.com, LinkedIn Sales Navigator y al móvil, y va a ser un poco más difícil antes de que sea fácil. Ya que nuevas funciones se desarrollan poco a poco, pueden cambiar enormemente la rutina de trabajo de un profesional de las ventas.

El término 'Lead' se utiliza en muchos contextos y tiene diferentes significados dentro de una conversación, en LinkedIn, en Sales Navigator, en un CRM, etc. El término "contenido" tiene igualmente muchos sentidos. Esmeralda y David te ayudan a identificar todos ellos en este libro.

Las nuevas fuentes de los "Lead" están brotando y la mejor forma de beneficiarse de ellas requiere una comprensión adicional.

Esmeralda y David tratan muy bien en el libro el tema ventas y generación *Lead*. Nos muestran las últimas técnicas y debemos ser conscientes de que quedan muchos más cambios por llegar. Sigue de cerca a Esmeralda y David y presta atención a sus actualizaciones.

Sigue a los líderes

Cuando los propietarios de negocios, ejecutivos y managers buscan respuestas, se fijan en aquellos que tienen verdadera influencia, miran empresas que respetan y siguen un poco sus pasos. Igualmente leen las últimas revistas y conversan entre sus compañeros. Sin embargo, a veces, un asunto es demasiado nuevo (todavía en evolución) y estas nuevas vías no son capaces de cumplir su función.

Las cuestiones que se pueden plantear pueden ser de una manera para Dell Corporation y de otra, completamente distinta, para Bob's computers. Dell tiene un equipo contable en LinkedIn que puede ayudarles a orientarse. Bob, sin embargo, carece de esta funcionalidad.

Cientos de millones de usuarios se ven atrapados en este espacio intermedio.

Los expertos, liderados por Esmeralda, David, yo mismo y muchos otros, en este libro siempre estarán un paso o dos por delante ya que trabajan intensamente en las trincheras para conseguir un trabajo bien realizado para ellos mismos y para los demás, dirigiendo a la mayoría de los usuarios, clicando en cada *link*, probando cada estrategia, encontrando las mejores vías a través de una amplia variedad de situaciones, introduciendo herramientas y experiencias.

Sobre Mike O'Neil

Esmeralda y David saben y conocen cómo cuidarte. Si, por casualidad, te encuentras en Norteamérica, quizá nosotros desde Integrated Alliances podamos ayudarte. Soy el DIRECTOR GENERAL y fundador y he pasado por cada una de las fases de la industria, desde que existían las tarjetas perforadas y los disquetes hasta llegar a LinkedIn y los sistemas operativos móviles de Apple.

He recibido dos premios Forbes entre los 50 principales expertos de Social Media y he realizado alrededor de 500 sesiones de LinkedIn a lo largo de todos estos años. Tengo la visión y atención de analizar y flexibilizar enfoques que te guiarán por el camino adecuado. Podrás sobrepasar a esos que están estancados en su indecisión, mientras tú te mueves en la dirección correcta para mantenerte en las primeras posiciones.

AQUÍ y AHORA tienes la oportunidad para pisar el acelerador y conseguir el rendimiento que deseas.

Tanto si estás en la posición del que enseña, en la clase o en la web, deberías considerar que vuestro equipo se lance con decisión y supere a la competencia, especialmente durante los períodos de cambio.

Mike O'Neil

www.LinkedIn.com/in/mikeoneil

www.IntegratedAlliances.com

Índice

Agradecimientos _____ **5**

Sobre los autores _____ **9**

Prólogo _____ **13**

Capítulo 1 _____ **25**

Lo que debes de saber antes de empezar _____ **25**
1.1 Objetivo de este libro _____ 25
1.2 Vender _____ 27
1.3 ¿Cuál es la diferencia entre Comunidad, Contacto, Lead y
Customer? _____ 28
1.4 B2C, B2B y H2H _____ 28
1.5 C-Level _____ 29
1.6 CRM _____ 29
1.7 SaaS _____ 30
1.8 Cómo formarte en Social Selling _____ 30

Capítulo 2 _____ **33**

La tecnología ha cambiado nuestras vidas _____ **33**
2.1 El mundo ha cambiado, las nuevas formas de venta también __ 34
2.2 El nuevo cliente: ya no somos los que éramos _____ 38
2.3 Cerebros Plásticos _____ 40
2.4 El nuevo proceso de ventas y sus mitos _____ 45

Capítulo 3 _____ **59**

La importancia del Social Selling _____ **59**
3.1 ¿Qué es el Social Selling? _____ 59
3.2 Los 5 pilares del Social Selling _____ 60
3.3 Embudo de Ventas Tradicional Vs Embudo de Ventas Social Selling
_____ 62
3.4 Cuatro razones para llevar a cabo una estrategia de Social Selling
_____ 72
3.5 El Social Business _____ 76

Capítulo 4 _____ **87**

La marca personal herramienta poderosa de Social Selling __ **87**

4.1 Lo que dice Google de ti: La importancia de estar bien posicionado _____ *89*

4.2 Internet es un democratizador: permite al pequeño medirse con el grande _____ *90*

4.3 La importancia de las palabras clave _____ *90*

Capítulo 5 _____ **99**

LinkedIn como herramienta de marca personal y negocio __ **99**

5.1 La marca personal en LinkedIn: cómo construir un perfil PROFESIONAL 10 _____ *101*

5.2 Cómo alinear tu marca personal-profesional a la de tu empresa *109*

5.3 Social Selling INDEX en LinkedIn _____ *118*

5.4 La última novedad: Microsoft compra a LinkedIn _____ *125*

Capítulo 6 _____ **133**

Twitter, el gran desconocido _____ **133**

6.1 Tu marca personal en Twitter _____ *137*

6.2 El Social Selling en Twitter _____ *139*

6.3 Búsquedas avanzadas y geolocalizadas _____ *141*

6.4 Cómo buscar usuarios interesantes en Twitter _____ *142*

6.5 Generar Leads con Twitter _____ *144*

Capítulo 7 _____ **147**

Otras redes interesantes para tu empresa _____ **147**

7.1 Instagram _____ *147*

7.2 Facebook _____ *153*

Capítulo 8 _____ **155**

Cómo hacer escucha activa de forma eficiente _____ **155**

8.1 Herramientas de escucha _____ *157*

8.2 ¿Y qué hacer con toda esta información? _____ *160*

Capítulo 9 _____ **163**

Cómo cautivar a tu audiencia: tu estrategia de contenidos _ **163**

9.1 ¿Qué es el marketing de contenidos? _____ *164*

9.2 Tipos de contenidos _____ *165*

9.3 Generando contenido _____ *169*

9.4 Tipos de contenidos y su potencia _____ *205*

9.5 Buscando contenido de terceros: curación de contenidos __ *206*

9.6 Cómo publicar tus contenidos: utiliza herramientas que trabajen para ti _____ *215*

9.7 Guión de trabajo para la publicación de contenidos _____ *223*

9.8 ¿Cuál es la mejor hora de publicación en cada red social? __ *225*

9.9 Sorteos como herramienta para conseguir contactos interesados/Leads _____ *227*

9.10 Recopilando datos de posibles contactos _____ *230*

Capítulo 10 _____ **237**

Cómo llevar a cabo desde tu móvil tu plan de Lean Content y estar siempre en la mente de tus clientes _____ **237**
10.1 Tipos de Publicaciones en LinkedIn y su potencia _____ *237*
10.2 Tipos de Publicaciones en Twitter _____ *244*
10.3 Las reglas para publicar _____ *247*

Capítulo 11 _____ **249**

Potenciando tu email _____ **249**
11.2 Dos herramientas para averiguar cuándo abren los emails __ *252*
11.3 Ampliando los datos de nuestros contactos _____ *254*
11.4 Ocho herramientas imprescindibles para adjuntar y enviar documentos _____ *258*
11.5 Programar los envíos de emails _____ *266*
11.6 Aumentado la efectividad de las respuestas _____ *268*
11.7 Hacer mailings desde un servidor externo _____ *269*
11.8 Hacer mailings desde tu propio email _____ *280*
11.9 Localizar emails de contactos _____ *282*
11.10 Establecer alertas y recordatorios _____ *283*

Capítulo 12 _____ **285**

El momento de la verdad. Cómo relacionarte, conseguir leads y vender. _____ **285**
12.1 Cómo encontrar a las personas adecuadas en tu red _____ *285*

Capítulo 13 _____ **309**

Tu hoja de ruta para el éxito: qué hacer paso a paso _____ **309**
13.1 Fase I.- Técnicas para "Calentar Motores" _____ *310*
13.2 Fase II: Se proactivo _____ *311*
13.3 Fase III: Técnicas para provocar la Interacción física _____ *323*
13.4 Fase IV: Visibilidad permanente _____ *324*
13.5 Social Selling 15 minutos al día _____ *324*

Capítulo 14 _____ **327**

Herramientas de LinkedIn _____ **327**
14.1 CRM de LinkedIn _____ *327*
14.2 LinkedIn Sales Navigator _____ *333*

Capítulo 15 _____ **341**

CRM Social Media _____ **341**
15.1 ¿Qué diferencia hay entre un CRM y un CRM Social Media? _ *341*
15.2 ¿Cuáles son los beneficios de usar un CRM Social Media? __ *345*
15.3 Qué características debería tener un Social CRM _____ *346*

Capítulo 16 _____ **347**

Herramientas de Social Selling que no te puedes perder ___ **347**
  _16.1 Automatización de procesos multiaplicación_____ 347_
  _16.2 Evernote _____ 351_
  _16.3 Salesforce _____ 356_
  _16.4 Microsoft Dynamics CRM_____ 357_
  _16.5 Zoho CRM _____ 357_
  _16.6 Nimble _____ 360_
  _16.7 CRM de Hubspot _____ 361_
  _16.8 CRM Sales Manago _____ 361_
  _16.9 Hootsuite para Social Selling_____ 363_
  _16.10 Módulos para ampliar las funcionalidades de LinkedIn ____ 383_
  _16.11Análisis de Perfiles de LinkedIn _____ 388_
  _16.12 Generación de Leads y base de datos en LinkedIn _____ 393_
  _16.13 Ampliando funcionalidades de prospección _____ 396_
  _16.14 Planificando reuniones _____ 397_
  16.15 Cinco herramientas para planificar reuniones Internacionales401

Capítulo 17 _____ **405**

El futuro a corto plazo del Social Selling _____ **405**
  _17.1 La evolución de los dispositivos móviles y las apps _____ 405_
  _17.2 Lo que opinan los expertos mundiales en Social Selling ____ 407_

Bibliografía Recomendada _____ **421**

Capítulo 1

Lo que debes de saber antes de empezar

Este libro será tu "caja de herramientas" y, sin duda, te parecerá al principio que contiene muchas cosas... muchos apartados y subapartados... quizás más de lo que te podrías imaginar. Nada de lo que leerás será fútil, ni filosofía. Todo te servirá para aprender e implementar. Empezaremos por asentar algunos conceptos, que seguramente ya conozcas, e iremos profundizando poco a poco.

1.1 Objetivo de este libro

Cuando decidimos escribir este libro, nos marcamos un objetivo: enseñar toda nuestra experiencia acumulada a lo largos de estos años, tanto en el campo del marketing y ventas, como el de la consultoría y formación para empresas e instituciones (universidades, escuelas de negocio, etc.). Trasladar nuestra experiencia también en la vertiente tecnológica, aportando valor en las nuevas tecnologías que sin duda complementan y catalizan las nuevas formas de hacer las cosas y enseñar todo esto de forma real y tangible, aportando no solo la parte técnica, sino herramientas reales con las que poder ponerse manos a la obra de forma inmediata.

Verás que en algunas partes del libro proporcionamos guías detalladas para llevar a cabo la puesta en marcha de determinadas acciones, implantaciones, etc. Estas guías forman parte de nuestro *know- how*. De todo lo aprendido a lo largo de estos años, viendo lo que funciona, lo que no y lo que genera problemas. En definitiva, todo aquello que te pueda ayudar a adelantarte a los problemas y a solucionarlos.

También te encontrarás con casos reales, que te ponemos a modo de ejemplos para que puedas visualizar de una forma muy clara lo que queremos transmitirte: un nuevo conocimiento, la importancia de algo, el impacto real que tiene, etc. Estos casos reales son vivencias que hemos tenido con nuestros clientes -por supuesto, obviamente omitiendo su nombre por respeto a su privacidad-, pero intentando ofrecerte lo más valioso que tenemos, que es nuestra experiencia y nuestro bagaje profesional.

En el principio del libro vamos a dedicar un importante espacio a aclarar conceptos. La idea es que tanto tú como nosotros hablemos el mismo idioma.

El libro está dividido en tres bloques. En el primero vamos a ver la Transformación Digital que se está produciendo en la sociedad, el nuevo tipo de cliente, y cómo todos estos cambios afectan también al proceso de la venta. Veremos cual es el nuevo proceso de la compra y de la venta, y de qué manera vamos a prepararnos para afrontar estos cambios.

En la segunda parte del libro abordaremos el ABC de la metodología Social Selling y te mostraremos de forma práctica cada uno de los pasos, buceando en cada uno de ellos de manera que puedas llevarlo de forma práctica a tu caso en particular. Veremos cómo trabajar en LinkedIn, hoy por hoy una de las mejores plataformas para Social Selling.

En la tercera parte del libro vamos a ver herramientas para cubrir las diferentes áreas en las que necesitamos trabajar, contenidos, información, leads, etc., y una hoja de ruta para empezar a aplicar todo lo aprendido.

Realmente nos gustaría que una vez que hayas leído este libro, tus dudas se hayan esfumado, tengas una idea bien definida de qué es y qué no es Social Selling, y lo mejor... que puedas empezar a aplicar esta nueva metodología de la venta.

Llevamos más de 100 años donde no ha habido casi cambios en las forma de vender. Hemos cambiado de tipos de productos, de formatos, etc., pero el proceso en sí de la venta se ha mantenido inalterable.

Ahora hemos entrado en un momento clave donde todo ha cambiado y necesitamos, como responsables de ventas, adecuarnos a este cambio y aprovechar las nuevas tecnologías como catalizadores del proceso de la venta, para generar mayor relación, mayor interacción, mejor imagen de marca, mayor confianza, mayor atractivo, mayor capacidad de generar leads y, en definitiva, mayores ventas.

Así que lee este libro con ilusión, con ganas de aprender y, sobre todo, que tengas buenas ventas.

Con el fin de hacerte más fácil el acceso a todas las direcciones de internet que hemos incorporado en el libro, las hemos convertido en código QR para que te sea más cómodo. A continuación tienes dos aplicaciones para iOS y Android gratuitas para leer los códigos:

iTunes Quick Scan - QR Code Rea

https://itunes.apple.com/us/app/quick-scan-qr-code-reader/id483336864

Play Store QR Code Reader

https://play.google.com/store/apps/details?id=tw.mobileapp.qrcode.banner

1.2 Vender

Las ventas se basan en las relaciones, no exclusivamente en productos y servicios. Esas relaciones deben basarse en la verdad y la integridad, porque tus clientes buscarán la confianza y en el valor añadido de tu *expertise* y de tus conocimientos.

Antes de iniciar cualquier proceso de venta necesitamos saber qué le motiva al cliente, cómo toma las decisiones, cómo le podemos ayudar. Siempre pensando en la creación de relaciones a largo plazo, no se trata de una venta puntual. Es la creación de una relación de confianza.

1.3 ¿Cuál es la diferencia entre Comunidad, Contacto, *Lead* y Customer?

Comunidad se refiere a todos los seguidores que has conseguido entre todas las redes sociales, tus seguidores de Facebook, LinkedIn, Twitter, Instagram, Pinterest, YouTube, etc. Al seguirte son susceptibles de que vean lo que publicas y por tanto podrás influenciarlos. Si has conseguido una comunidad y has sido capaz de atraer a personas interesadas en tus productos/servicios, las probabilidades de realizar la generación de ventas es mucho mayor.

Lead son personas/empresas que han mostrado interés de alguna manera (han retuiteado algún contenido nuestro, han pedido información, etc.). Constituyen la base inicial del embudo de ventas.

Customer, es la persona/empresa que ya ha contratado tus servicios o adquirido tus productos. En otras palabras: tu cliente. En muchas ocasiones este término produce confusión. Cliente no es alguien con quien te has reunido para darle una propuesta, eso es un *Lead*. Cliente es el que ya te compra, hasta que no llega a ese estadio, es de momento solo un *Lead* que podrá evolucionar a cliente.

Contactos son personas de las cuales tenemos sus datos y los incorporamos a nuestra base de datos.

1.4 B2C, B2B y H2H

B2C [1] es ***Business to Consumer***, se refiere a ventas efectuadas desde una empresa a un particular o persona física, denominada cliente final o consumidor final.

B2B [2] es ***Business to Business***, se refiere a cuando la relación de cliente-proveedor está constituida por dos empresas.

H2H es ***Human to Human***, se refiere a la relación bien de comunicación o bien de compra-venta entre personas.

---

[1] https://es.wikipedia.org/wiki/B2C
[2] https://es.wikipedia.org/wiki/Business-to-business

1.5 C-Level

Se denomina así cuando la interlocución es a nivel de Dirección. Por ejemplo, los Directivos, Ventas, CEO, CFO, CMO, etc.

CEO – Consejero delegado, Director ejecutivo

CFO – Director Financiero

CIO – Director de Informática, Responsable de los sistemas de tecnologías de la información

CTO - Responsable técnico, desarrollo y correcto funcionamiento de los sistemas de información

CMO – Director de Marketing

CDO – Director Digital

CCO – Director de Comunicaciones (reputación corporativa, branding, medios, etc.)

COO – Director de Operaciones

1.6 CRM

Es la aplicación informática para equipos de ventas donde se dan de alta los contactos, Leads, las acciones y visitas realizadas, los procesos de ventas, con sus propuestas y seguimientos hasta alcanzarlas.

Estas aplicaciones suelen estar en la nube (Internet), para estar disponibles desde cualquier lugar, y suelen tener aplicación para *smartphone* y *tablet*.

Veremos algunas de las más importantes y algunas gratuitas en los capítulos 15 y 16 .

1.7 SaaS

Software as a Service[3], se refiere a aplicaciones informáticas que en lugar de descargarlas e instalarlas en tu propio ordenador, están almacenadas en servidores en Internet (la famosa nube), y desde tu navegador de internet, poniendo tus credenciales (usuario y contraseña) puedes acceder a la aplicación y a todos los datos.

Las ventajas son la eliminación de servidores propios, copias de seguridad, etc. Se elimina la parte de gestión técnica y nos centramos solamente en el uso de la aplicación.

Este tipo de aplicaciones siempre se están actualizando constantemente, así que cada vez que entramos tenemos la última versión con las novedades que se hayan ido incorporando.

El pago de este tipo de software es mensual o anual por usuario y por tipo de versión.

1.8 Cómo formarte en Social Selling

Este libro te va a servir para entender qué es realmente Social Selling, herramientas a utilizar y una hoja de ruta / plan de trabajo. El contenido del mismo forma parte de la base de nuestros cursos de Social Selling, donde ampliamos cada punto de forma práctica y con ejemplos reales.

Tenemos varias modalidades de formación: 100% presencial, 100% *online* y mixto. Existen tres niveles diseñados acorde con el nivel de profundidad que se desee adquirir.

www.socialselling.es/cursos

---

[3] https://en.wikipedia.org/wiki/Software_as_a_service

En esa dirección te mostramos el curso que nosotros estamos impartiendo *in company* para equipos comerciales.

El curso es totalmente práctico. Los asistentes aprenden y practican cada detalle de esta metodología llevando a cabo, desde su propio PC, todos los ejercicios y logrando finalmente ser totalmente independientes.

Sabemos que el tiempo de los comerciales es muy valioso, así que siempre tratamos de estructurar nuestras sesiones adaptándonos a los requerimientos de cada empresa.

Una de las plataformas por excelencia idóneas para llevar a cabo una estrategia de Social Selling es, sin lugar a dudas, LinkedIn. Es por ello que nuestra recomendación es que pongas a punto tu perfil de LinkedIn y sepas cómo sacarle todo el partido. De cualquier forma, podrás ponerte al día cuando en el capítulo 5 (LinkedIn como herramienta de marca personal y de negocio).

Capítulo 2

La tecnología ha cambiado nuestras vidas

"El desarrollo del hombre depende fundamentalmente de la invención. Es el producto más importante de su cerebro creativo"

Nikola Tesla

La tecnología es ya parte de nuestras vidas. Lo que hasta hace poco pertenecía al terreno de la ciencia ficción, hoy ya es una realidad cotidiana tanto para las personas como para empresas e instituciones.

La irrupción de Internet en nuestras vidas ha supuesto la 3ª revolución industrial. Con más de 3400 Millones de usuarios en el mundo, Internet ha abierto la puerta a otras tecnologías que, de su mano, harán que nuestras vidas sean más fáciles, por un lado, y por otra estén más controladas.

Hace años en la serie de televisión de Star Trek vimos casi por primera vez cómo era posible imprimir una bandeja entera de comida, hoy esto ya es posible gracias a las impresoras 3D.

Lo mismo ocurre con aquellas aeronaves de Skynet o Terminator pilotadas por control remoto: los drones, hoy ya una realidad también de la mano de AMAZON pionera en su uso para la logística.

Veremos muy pronto cómo el "Internet de todas las cosas" va a revolucionar nuestro mundo y cómo va a afectar no solo a personas, sino a empresas e instituciones. Una prueba de ello son ya las incipientes Smart Cities cuyo objetivo es gestionar una ciudad de forma eficiente y sostenible.

Terminator y ROBOCOP usaban una tecnología que ya está aquí, la REALIDAD AUMENTADA, que hoy ya tiene un claro impacto en diversos sectores, entre ellos el turismo, la medicina, la educación y en el marketing.

Internet ha revolucionado también la forma de comunicarnos. Las redes sociales, plataformas de contenido y aplicaciones como WhatsApp, Skype, Hangouts de Google han cambiado la dimensión de nuestras relaciones.

El mundo ya no tiene fronteras. La única frontera está en nuestra imaginación.

2.1 El mundo ha cambiado, las nuevas formas de venta también

Para empezar, vamos a dar un pequeño repaso a la situación actual en la que nos encontramos y cómo debemos prepararnos para afrontar los nuevos retos.

En la sociedad actual vivimos un continuo ir y venir de nuevas tecnologías que van apareciendo, sustituyendo a otras, que quedan obsoletas rápidamente. Dentro de estas nuevas tecnologías existen aquellas que son tangibles como las nuevas máquinas, nuevos dispositivos electrónicos y otras que no lo son, como los nuevos métodos para hacer una llamada, las nuevas formas de compartir y de comunicarse.

En las primeras fases del lanzamiento de todo lo que supone un avance tecnológico, los prototipos suelen ser complejos y muy técnicos, debido a que son creados por y para tecnólogos, pero a medida que se van generando nuevas actualizaciones y versiones, se van simplificando, se van haciendo más fáciles de manejar y en definitiva más cerca del usuario final que son las personas. En otras palabras, la tecnología tiende a humanizarse, si no, no sería capaz de calar en nuestra sociedad.

Si recordamos la aparición de los primeros videos que permitían ver y grabar cintas, nos daremos cuenta de lo "complejo" que era su funcionamiento y puesta en marcha. El reproductor de vídeo traía consigo un importante y "espeso" manual, donde se explicaba cómo ser capaz de usarlo, sí, "capaz". "Pulsa el botón x tres veces y, entonces, tal luz se encenderá y eso quiere decir que el aparato ha entendido lo que quieres hacer, entonces pulsa el botón y pones a qué hora debe empezar, etc., etc., etc." Amigable ¿verdad?

Es cuando aparecen las primeras versiones de una tecnología y nos obliga a adaptarnos al dispositivo. Sin embargo, somos nosotros los seres humanos quienes tenemos que ser capaces de comunicarnos y hacernos entender con el dispositivo.

A medida que la tecnología va evolucionando, van apareciendo nuevas mejoras que van enfocadas tanto al aumento de sus capacidades, como a hacer más fácil su configuración y uso. Ese "hacer fácil" significa más amistoso, más entendible y fácil para las personas. Es el dispositivo el que se adapta al ser humano y no al revés.

Las *tablets* son un buen ejemplo de esto. Las instrucciones vía teclado o por voz son comprendidas por el dispositivo, no tenemos que hacer el tedioso proceso que veíamos con el reproductor de vídeo.

Las *tablets* y los *smartphones* han roto una barrera muy importante porque, hasta entonces, la forma de trabajar era con ordenadores, en su mayoría de sobremesa, y ya de una forma incipiente los portátiles. Pero para ser capaz de darle un uso y sacarle rendimiento, era necesario tener unos conocimientos mínimos altos, al menos en sus inicios. Digamos que antes teníamos que haber hecho un curso de Windows y otro de Office, por lo menos estos dos antes de la aparición de Internet.

Actualmente la tecnología con las *tablets* y los *smartphones* permite hacerlo todo fácil. Podemos decir que casi no hace falta ningún tipo de formación inicial para empezar a usarlos. Sin embargo, en entornos profesionales sí que tenemos que confirmarte que hace falta formación para su uso, de manera que se pueda sacar el máximo partido. Para un usuario particular es muy diferente. Podríamos decir que se van descubriendo poco a poco a medida que se utiliza, además del aprendizaje indirecto vía amigos y familiares.

La facilidad de acceso a estas tecnologías, hace que sean rápidamente adoptadas por la sociedad. La curva de adopción es casi vertical. Las personas perciben que es fácil, que ellos son capaces de hacerlo, ven el valor que les aporta y deciden usarlo. De ahí el gran impacto que ha tenido y la rápida aceptación que ha tenido por parte del público en general.

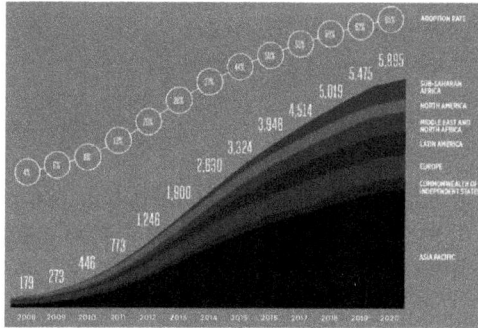

Conexiones de *smartphone* en el mundo en millones y su adopción. [4]

Comparativa entre la implantación de los PCs, las *tablets* y los *smartphones*.

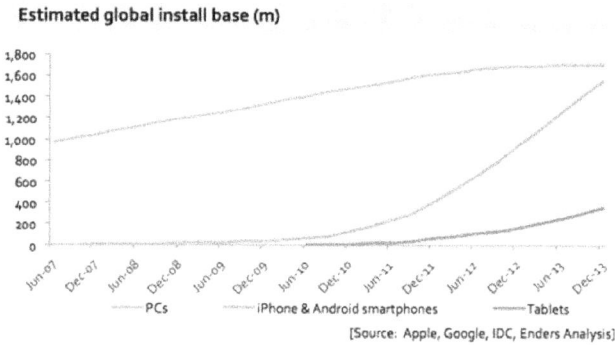

Estimated global install base (m)

[Source: Apple, Google, IDC, Enders Analysis]

En la siguiente figura podemos ver la evolución de estos dispositivos en el mercado español.

---

[4] The Mobile Economy 2015 by GSMA corporate

Penetración de los teléfonos inteligentes frente a los móviles básicos en España entre 2009 y 2014

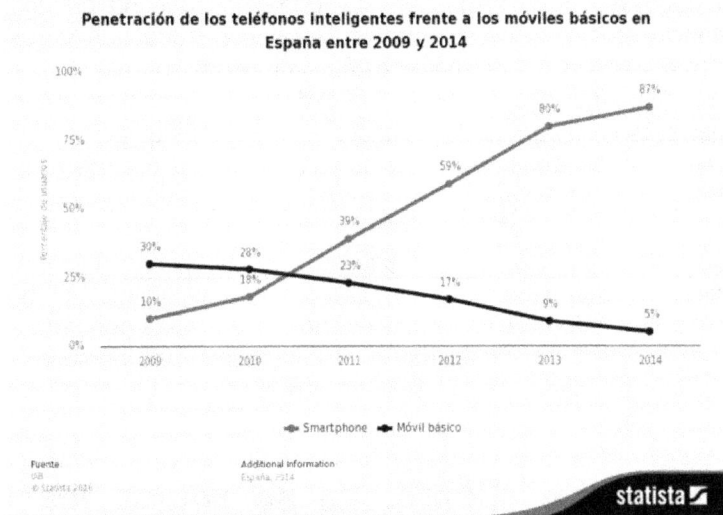

El mundo empresarial sin duda se ha visto afectado por la incursión de estas nuevas tecnologías: la aparición del Fax, la aparición del email, las páginas webs y las BlackBerry influyeron de manera directa en departamentos comerciales entre otras tecnologías.

Hay 3 factores determinantes que han creado las condiciones ideales para crear la "tormenta perfecta" de una nueva revolución industrial / digital de conocimiento que ya está haciendo que los mismos cimientos de la sociedad que conocemos se estén derrumbando y reestructurando, afectando a todos los ámbitos de nuestra vida, educación, trabajo, búsqueda de empleo y de amistades, de relaciones...etc.

Estos 3 pilares son:

- Internet (toda la información está siempre disponible en cualquier lugar)
- *Smartphone* (en tu mano tienes un dispositivo cien mil veces más poderoso que la tecnología de la NASA en 1969 #Apollo11)
- Redes Sociales (ya no hay barreras para comunicarse, relacionarse y dar tu opinión)

Las empresas, instituciones y gobiernos que no entiendan la importancia de este proceso -que ya lleva años fraguando y que está totalmente vivo en la sociedad-, están, por decirlo de alguna manera, fuera del mercado y condenados a la extinción. Se produce una brecha entre las personas y aquellas entidades y organismos que creen que aún pueden comunicar de la misma forma y conseguir los mismos resultados o parecidos.

Nada más lejos de la realidad, ya que las tecnologías para comunicarnos han cambiado, los canales han cambiado, el tipo de contenido esperado ha cambiado y el tipo de respuesta por parte de las personas también ha cambiado y, efectivamente, las personas en sí mismas han cambiado, ya no hay vuelta atrás.

2.2 El nuevo cliente: ya no somos los que éramos

Hace algunos años, antes de la proliferación de las redes sociales, los consumidores eran considerados entes pasivos, solo receptores de los mensajes que les llegaban de las empresas, es decir, veían la TV y recibían la información, escuchaban la radio y recibían las opiniones y noticias, leían el periódico y recibían la información y opiniones que otras personas habían puesto en estos medios.

Su forma de participar, era limitada tanto en su radio de acción, en la cantidad de personas a las que podían llegar y los medios por los que podían hacerlo.

En aquellos tiempos eran las propias marcas quienes producían contenido y los consumidores se limitaban a recibirlo. Con la llegada de las redes sociales se ha perfilado un nuevo escenario en el que el consumidor también tiene algo que decir. Es el ***prosumer***.

A medida que evoluciona la tecnología y aumentan nuestras capacidades de comunicación, aparece el nuevo tipo de usuario descrito por Alvin Toffler en su obra La Tercera Ola. Este es el usuario proactivo, es un usuario que recibe la información pero quiere participar, quiere dar su opinión, quiere crear contenido, es activo.

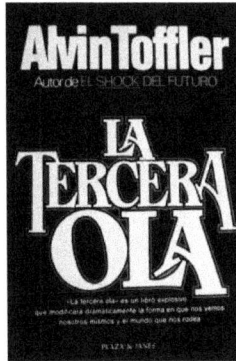

Este usuario proactivo quiere ser partícipe, pero de otra manera muy distinta. Veamos el caso de los conciertos musicales: hace años las personas encendían un mechero y lo ponían en lo alto, todos al unísono. Hoy el panorama ha cambiado mucho, ahora todo el mundo graba o retransmite el concierto con su *smartphone*. ¿Para? Para comunicar, para compartir, para ser partícipes y protagonistas de la experiencia. Este es un de los factores clave.

Ya no quieren oír un mensaje, quieren ser partícipes y protagonistas del mismo.

El *prosumer* es ya es conocedor de tecnologías como el *smartphone*, internet y las redes sociales. Las usa habitualmente como forma de comunicarse, no quiere decir que no lea prensa escrita o vea la TV, pero el % que le dedica a estos medios tradicionales es mínimo, en el caso de la radio es diferente debido a los desplazamientos en coche.

Lo que sí que hace este usuario Prosumidor/Proactivo, es consumir medios tradicionales en formato adaptado a su forma de ver el mundo, formato digital, TV *online* en diferido, "lo veo cuando quiero y me viene bien y elijo que ver". Prensa en formato digital y foros de opinión, estos segundos muy importantes ya que en ellos busca expertos como referencia para tomar decisiones. Y radio *online* en formato *podcast*, para poderla escuchar cuando quiera *online* e, incluso, descargarla al *smartphone* o USB para escucharla en el coche.

Este es un usuario tipo "consumidor pasivo" que a medida que han ido apareciendo estas nuevas tecnologías se ha ido adaptando y convirtiéndose en proactivo. Tenemos que tener en cuenta que esto afecta a personas de todo tipo de edades, personas mayores que quieren seguir en contacto con sus familiares y necesitan y usan WhatsApp, Facebook o Skype.

Porque la barrera de la dificultad tecnológica de aprender a usar un ordenador, ha desaparecido y ahora es simplemente una pantalla en la palma de la mano que se usa con los dedos y con la voz.

El siguiente tipo de usuario es el Nativo Digital. Hablamos de personas principalmente de menos de 35 años que han nacido con Internet, videoconsolas, Google, YouTube, Facebook, etc.

Si les dices que hace años no había Internet, no son capaces de entender cómo funcionaba el mundo. Su cerebro físicamente está evolucionado, es multitarea, adopta rápidamente nuevos dispositivos, nuevas formas de comunicarse, siempre que le ayuden y le aporten valor.

2.3 Cerebros Plásticos

Uno de los cambios más increíbles que han provocado el uso de las redes sociales ha sido la modificación física del cerebro. Esta modificación -evolución-adaptación, tiene su parte positiva y su parte negativa. En el breve transcurso de los 10 años desde la aparición de las redes sociales, han sido capaces de hacer algo que solo ocurría en las películas de ciencia ficción: modificar el cerebro de las personas.

De acuerdo con el neurocientífico David i Torrens, el cerebro es capaz de modificar su estructura en función de las capacidades desarrolladas. En los últimos tiempos, esta modificación de la estructura se ve influenciada por el uso de las nuevas tecnologías, como por ejemplo el uso de sistemas de almacenamiento de datos, lo que influye en la adaptación de las áreas de memoria de nuestro cerebro.

Esto no significa que esté disminuyendo la capacidad funcional del cerebro, sino que se está moldeando por el entorno y nos permite desarrollar más otras capacidades. Albert Einstein dijo: "Yo nunca memorizo un dato que sé dónde encontrar".

De alguna manera las nuevas tecnologías están modificando el cerebro humano. Los nativos digitales tienen menos conexiones en la zona de gestión de la memoria del cerebro porque parte de esta función la han externalizado hacia los aparatos digitales: ya nadie recuerda el número de teléfono de sus amigos.

Cuando las personas usan Facebook, Twitter, LinkedIn o YouTube, entre otras redes, el cerebro responde creando nuevas redes neuronales. Esto se produce por la plasticidad de nuestro cerebro, capaz de adaptarse a estos nuevos entornos.

El nuevo entorno alberga una gran cantidad de señales provenientes desde múltiples fuentes y de todas a la vez. Al hacer el esfuerzo para ser capaces de atender a todas estas peticiones, es cuando nos acostumbramos a trabajar y vivir en un sistema de multitarea.

En el caso de las personas más jóvenes, estos nativos digitales son capaces de realizar varias tareas a las vez y son capaces de encontrar la información mucho más rápido. Pero, en contra, no son capaces de tener una concentración duradera. El simple hecho de tener que leer tres páginas seguidas es, en muchos casos, casi imposible ya que cualquier interrupción les hace perder el hilo.

Esta falta de concentración es mucho más llamativa cuando hablamos de los puestos de trabajo. Aquí los departamentos de RRHH se enfrentan a unos de los mayores desafíos a los que se han enfrentado, a la hora de ser capaces de atraerlos y, sobre todo, los malabarismos para retenerlos, ya que estamos hablando de personas con un cerebro físicamente diferente que se rige por otros valores, ni mejores ni peores. Ellos son el nuevo mundo por otras formas de entender la vida, cómo vivirla y cómo vivir el trabajo.

> *"se ha comprobado que tienen mayor dificultad para discernir entre las fuentes de información fiables y la que no lo son, dándole más importancia a la información que captan de sus amigos y conocidos, y menos a las páginas web oficiales y más confiables"*
>
> *Pedro Bermejo, Neurólogo y Presidente de la Asociación Española de Neuroeconomía* [5]

Cuando nos referimos a que las redes sociales producen cambios en el cerebro, son a través de los neurotransmisores y hormonas como la oxitocina, la adrenalina, la dopamina, la serotonina, la testosterona y el cortisol. Activando los centros de recompensa y el incremento de la sensación de felicidad.

---

[5] Congreso "Redes III" Abril 2016 Pfizer – Informe Pedro Bermejo, Neurólogo y Presidente de la Asociación Española de Neuroeconomía

Estos cambios físicos producen que, a través de las redes sociales, se pueden percibir algunos productos como más positivos.

En la siguiente figura podemos ver cómo el uso de los videojuegos aumenta el tamaño de la corteza parietal derecha del cerebro. [6]

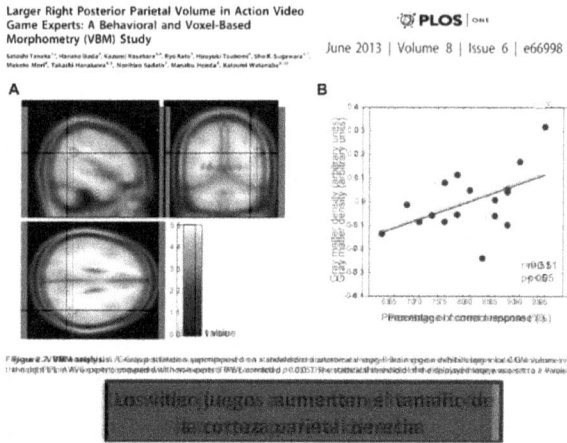

Los **Nativos Digitales** han nacido con el cambio constante y lo entienden como parte de su vida, se movilizan por contenidos altamente visuales y que generen emociones.

Si ofrecemos a los **Nativos Digitales** y los **Prosumidores** contenido tradicional en un entorno digital, el efecto sin lugar a dudas va a ser mínimo. Necesitamos crear contenido digital puro que cumpla los requisitos que nos demandan, si es que queremos que les guste, participen y que lo difundan.

Este nuevo tipo de cliente, y nos referimos a B2C y B2B, es un cliente multicanal. No está centrado solamente en una pantalla y una tarea, sino que está con el ordenador, la *tablet*, el *smartphone*, TV. Todo a la vez. Como puedes imaginarte, ser capaces de captar la atención de este tipo de cliente es complicado.

El hábito en el uso de Internet ha modificado el modelo de atención de las personas.[7] Al habituarse las personas al uso de Internet

---

[6] María-Trinidad Herrero Ezquerro, Catedrática de Anatomía Humana y Neurociencia de la Universidad de Murcia
[7] Estudio Microsoft Canadá 2015

los periodos que dedican a la atención son mucho más cortos, pero con un pico de atención al principio muy importante. Esto hace que en ese primer momento, la información que reciben se guarde en sus memorias.

Volumen de datos en PB[8] por mes[9]

De ahí los famosos **5 primeros segundos** de un vídeo de Internet. Si no eres capaz de captar la atención de la persona en ese momento, muy probablemente busque otros contenidos. Esto también nos va a marcar la forma de crear contenido y contar historias, como el storytelling y la transmedia, debido a que necesitamos ser concisos y claros desde el primer momento para ser capaces de crear la atención necesaria y que las personas lo vean hasta el final.

"En general, los anuncios humorísticos se llevaron el gato al agua, tanto en lo que respecta a la duración de la visualización como al aumento de las métricas de la marca."

Google [10]

No es cuestión de hacer payasadas para atraer la atención, lo que tratamos es de que veas que funciona y qué impacto tiene en los clientes, y por qué, para después integrarlo todo en tu estrategia de una forma fácil de implementar, pero entendiendo el porqué y cómo nos puede ayudar.

---

[8] 1 PB = 1000 Terabytes - PB Petabyte
https://es.wikipedia.org/wiki/Petabyte
[9] The Mobile Economy 2015 by GSMA corporate
[10] Estudio think with Google Junio 2015

Los **Nativos Digitales** evolucionan muy rápido en las formas de usar Internet. Un ejemplo es que ya no usan Google para buscar contenido, lo consideran antiguo, más que para un Consumidor o un Prosumidor.

Este aparentemente simple cambio de hacer las búsquedas, lo cambia todo, redefine la nueva forma de cómo nos van a encontrar y localizar nuestro mensaje.

Y esto es solo el principio. En breve ya no escribiremos en el buscador para localizar algo, lo haremos directamente por voz. Otro cambio que sin duda afectará al posicionamiento de contenidos, es decir al SEO.

Esto hace que, por una parte, tengamos la imperiosa necesidad de estar al día en los cambios constantes que se producen y, por otra, la necesidad de tener un Partner Tecnológico que nos ayude a estar al día y cómo aplicarlos a nuestra empresa.

Una vez consigamos conectar con el público, con el contenido adecuado, con el canal adecuado, con el mensaje que queremos transmitir traducido a este nuevo idioma Nativo Digital, será cuando estemos en disposición de captar su atención y atraerlos hacia nosotros.

El cambio más significativo que se ha producido es que hemos pasado de una venta B2C (cliente final) y B2B (empresa), a un tipo H2H (humano a humano).

Este pequeño cambio hace que todo cambie porque ahora todo se basa en las personas. Cuando un cliente contacta con una empresa, no lo hace con la empresa en sí (la empresa es un edificio, unas oficinas), lo está haciendo con una persona de la compañía. Si recibe un trato que considere incorrecto, dejará de trabajar con esta empresa. De igual forma si recibe una buena atención, aceptará comprar en esta empresa.

Son, por esta razón, los empleados de la empresa los que van a hacer que esos clientes vengan hacia ella o se vayan.

Vamos a ponerte un ejemplo para que lo puedas entender fácilmente: esto le ocurrió a David Martínez Calduch. Contactó con él un comercial que le ofrecía unos servicios de telecomunicaciones. Lo primero que David hizo (muy seguramente por deformación profesional), fue investigar sobre esa persona en Internet. La conclusión que sacó fue la siguiente: esta persona cambiaba cada pocos meses de empresa, por lo tanto, si consideraba atenderlo y le vendía su producto, lo más normal es que al llamar y preguntar por él, ya no estuviera en la empresa. David decidió no comprarle.

Esta decisión afectó también lógicamente a la empresa donde trabajaba el comercial.

Así pues, la figura del empleado hoy en día es aún mucho más importante de lo que era, ya que va a afectar en la toma de decisión del cliente. Ya no se trata solamente del producto y servicio que se ofrece, sino de la persona que lo ofrece. Esta persona va a ser un imán o un repelente para el cliente.

De ahí la importancia de que el personal de contacto tenga una buena imagen y una marca personal que, como veremos más adelante, constituye uno de los pilares del Social Selling.

2.4 El nuevo proceso de ventas y sus mitos

Para poder poner en marcha y sacar partido a la nueva forma de vender (Social Selling), necesitamos entender y aprender cómo hoy en día los clientes (clientes finales y empresa), toman las decisiones de compra.

Qué les afecta, qué influye en su toma de decisiones, cómo funciona cada etapa del embudo de ventas hasta llegar a tomar la decisión de compra.

Aquí también nos vamos a encontrar con prejuicios, ideas preconcebidas, que si bien pueden parecer correctas en el momento de analizar los datos objetivos y el comportamiento de las personas, veremos que algunas no son tan ciertas. En definitiva, nuestro objetivo es conocer la verdadera realidad y no basarnos en suposiciones, ideas preconcebidas o datos que alguna vez nos llegaron, pero que no contrastamos.

Una de las primeras preguntas que podemos hacer, es desde dónde compran las personas y cuál es el dispositivo preferido a la hora de hacer una compra por internet.

¿Cuál crees que es el dispositivo más usado para comprar por Internet?

- *Smartphone*, *tablet*, Ordenador

2.4.1 Mito: La mayor parte de las compras se realizan desde el *Smartphone*

Como podemos ver en la gráfica, aunque nos sorprenda, la mayoría de compras se realizan desde el ordenador de mesa.[11] Este ejemplo es para que puedas ver que necesitamos tener información real y veraz, porque podríamos llegar a suponer que la mayor parte de las ventas se realizarían desde el smartphone.

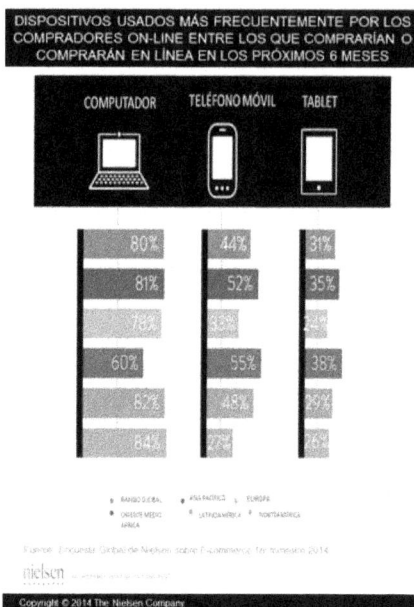

DISPOSITIVOS USADOS MÁS FRECUENTEMENTE POR LOS COMPRADORES ON-LINE ENTRE LOS QUE COMPRARÍAN O COMPRARÁN EN LÍNEA EN LOS PRÓXIMOS 6 MESES

Pero la realidad a veces nos sorprende y aquí nos demuestra que podíamos estar equivocados. La razón es que las personas se sienten más seguras desde el ordenador. Sin duda esto va ir evolucionando a medida que pasen los años (y no serán muchos), y habrá una migración de usos desde el Ordenador hacia los *smartphones* y *tablets*.

Tenemos que pensar que son datos globales, a partir de aquí necesitamos entrar en detalle en nuestro propio sector, nuestro tipo de cliente (cliente final o corporativo), si es nacional o internacional, a qué región geográfica nos dirigimos, tipo de cliente definido, etc.

---

[11] Nielsen, Encuesta Global de Nielsen sobre E-commerce 1er trimestre 2014

Aquí tenemos otro ejemplo para entenderlo mejor:

La tiendas *online* están viendo que las personas que compran desde el *smartphone* evitan comprar artículos caros, como sofás, porque prefieren verlo en el ordenador de mesa con imágenes mucho más grandes, comparativas de precio, etc.[12]

El *smartphone*, además, ha creado un nuevo tipo de comprador que realiza varias compras durante el día, a diferencia del comprador desde el ordenador, que hace menos números de compras, pero por un importe mayor.

2.4.2 Mito: La gente joven es la que utiliza estas tecnologías digitales

¿Seguro? Vamos a ver si esto es cierto, porque podemos suponer que es la gente joven la que es más digital y que está más acostumbrada a este tipo de dispositivos y la que realiza las compras de forma digital.

Veamos lo que dicen las siguientes figuras:

CIFRAS CLAVE DE LAS REDES SOCIALES EN ESPAÑA

19 MILLONES
DE USUARIOS ACTIVOS
Facebook (2015)

6 MILLONES
DE VISITANTES ÚNICOS
comScore 2014

6 MILLONES
DE USUARIOS ACTIVOS
Harris Interactive (2014)

10 MILLONES
DE USUARIOS ACTIVOS
Harris Interactive (2015)

23 MILLONES
DE VISITANTES ÚNICOS
IAB Spain (2015)

7,4 MILLONES
DE USUARIOS ACTIVOS
Social Media Family
(2015)

3 MILLONES
DE USUARIOS
IAB Spain (2015)

1 MILLÓN
DE USUARIOS
IAB Spain (2015)

---

[12] Expansion.com 24/6/2016 ¿Ha llegado el 'boom' de las compras por el móvil?

La situación de las Redes Sociales en España.[13]

Número de Usuarios Activos por Red Social por Género y Edad (en Millones)								
	TOTAL	Hombres	Mujeres	16-24	25-34	35-44	45-54	55-64
Facebook	591	323	268	157	188	123	79	44
Twitter	356	206	150	110	123	69	37	17
Google+	349	207	142	103	122	69	37	18
YouTube	344	206	138	106	115	63	39	21
LinkedIn	199	126	73	53	72	41	22	11
Pinterest	196	100	96	61	72	36	18	9
Instagram	186	97	89	71	65	32	14	4
Tumblr	143	84	59	52	52	24	11	4
Badoo	129	83	46	41	47	25	11	5
Myspace	116	73	43	38	43	20	10	5

Elaboración propia a partir datos GWI 2014

En este otro gráfico se puede ver cómo la incursión de las redes sociales hasta los 44 es muy alta. [14]

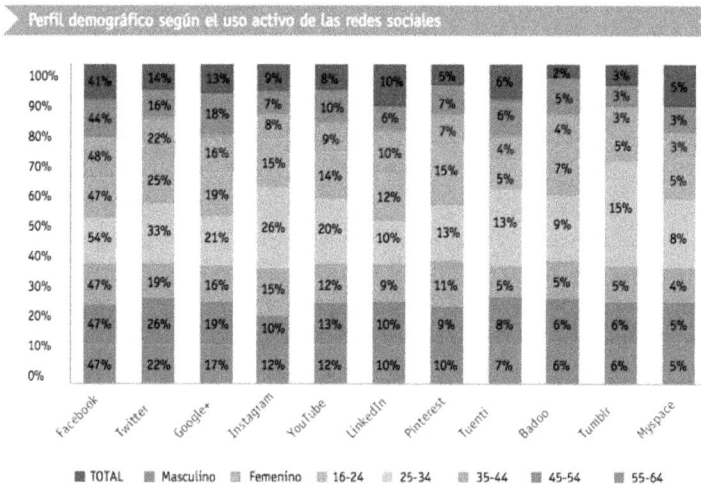

Perfil demográfico según el uso activo de las redes sociales

---

[13] Hubspot – Libro Blanco Social Media & Engagement por Advice Social
[14] OBS Online Business School - SOCIAL 2015 - Análisis de las Tendencias de uso y participación en las redes sociales a nivel Mundial en España

Y si ahora nos centramos en España (2015) [15], podemos ver cómo los % entre los rangos de edad en las redes sociales de Twitter y LinkedIn, no varían mucho.

De hecho, todas las edades son partícipes de las redes sociales y, en ningún caso, es algo exclusivo para gente joven.

En la gráfica siguiente podemos ver cómo en España el uso de los *smartphones* por parte de todos los grupos de edades es muy elevado y baja en los mayores de 55 años, que aun así es del 55%.[16]

2.4.3 Mito: La forma más habitual de pagar de los jóvenes es la tarjeta de crédito

En la siguiente figura veremos los datos que corresponden a un estudio realizado en España en el 2015.[17] Las personas más jóvenes prefieren contra reembolso y transferencia.

De nuevo los datos nos demuestran que no nos podemos guiar por intuiciones u opiniones extendidas, lo único válido son los datos, que nos pueden ayudar a tomar decisiones basados en realidades.

	Contra reembolso	Tarjeta de crédito	Tarjeta de débito	Paypal	Transferencia	
Menos de 18 años	24%	21%	8%	37%	10%	n = 38
18 a 25 años	12%	19%	18%	49%	2%	n = 1.829
26 a 35 años	8%	19%	21%	51%	1%	n = 5.672
36 a 45 años	11%	25%	15%	47%	2%	n = 4.506
46 a 55 años	13%	27%	12%	45%	3%	n = 1.801
Más de 55 años	11%	31%	16%	40%	2%	n = 509
Total general	10%	23%	17%	48%	2%	n = 14.355

■ Contra reembolso Tarjeta de crédito Tarjeta de débito Paypal ■ Transferencia

Se observa también cómo la forma de pago Paypal tiene buena cuota de mercado. Este tipo de análisis -necesario para abordar la

---

[15] OBS Online Business School - SOCIAL 2015 - Análisis de las Tendencias de uso y participación en las redes sociales a nivel Mundial en España
[16] Consumer Barometer with Google
[17] Associacio publicitat TRND – Estudio compras online Agosto 2015

entrada en un determinado mercado-, en caso de que nuestro mercado no sea España, lo necesitamos centrar en el país donde nos dirijamos e incluso estudios centrados en una región y al tipo de cliente al que nos estamos enfocando.

Cuanto más segmentados tengamos los datos, mayores serán las posibilidades de hacer un proceso más efectivo.

Si nuestro cliente es corporativo, tendremos que detallar el proceso y flujo que hay desde la aprobación por parte del cliente, hasta el momento del pago. Dependiendo del tipo de cliente, producto/servicio, etc., hay procesos que pueden durar varios meses con flujos de documentación en las dos direcciones. Es por ello recomendable crear manuales de procedimiento donde se detallen todos estos procesos.

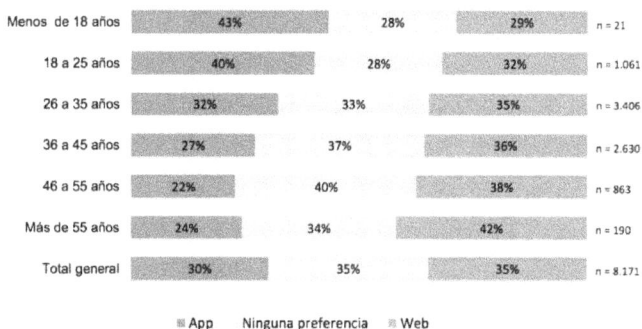

	App	Ninguna preferencia	Web	
Menos de 18 años	43%	28%	29%	n = 21
18 a 25 años	40%	28%	32%	n = 1.061
26 a 35 años	32%	33%	35%	n = 3.406
36 a 45 años	27%	37%	36%	n = 2.630
46 a 55 años	22%	40%	38%	n = 863
Más de 55 años	24%	34%	42%	n = 190
Total general	30%	35%	35%	n = 8.171

Como dato interesante a tener en cuenta, tanto si te dedicas a cliente final como a corporativo, este dato es muy significativo porque se ve fácilmente que se trata de una tendencia. Las personas (al menos en España), están interesadas en poder comprar desde una *app* oficial.[18]

Un factor absolutamente clave en todo el proceso que vamos a ver en el libro es el CX (la experiencia del cliente).

2.4.4 Mito: A los clientes solo les interesa el precio

Aunque inicialmente podemos pensar que lo más importante es el precio, los datos indican que los clientes están dispuestos a pagar más si reciben una mejor atención.

---

[18] Associacio publicitat TRND – Estudio compras online Agosto 2015

Por supuesto, los clientes buscan siempre el mejor precio e Internet ha contribuido ya que facilita el acceso inmediato a toda esta información. Solamente haciendo una búsqueda en Google sobre un determinado producto, a golpe de clic, ya nos aparecen los mejores resultados de precios para el mismo.

Plataformas como Amazon nos dan la posibilidad de escanear el Código de Barras de un producto para ver a qué precio nos lo ofrecen.

Efectivamente, el precio es una variable de decisión, sin embargo, muchas personas empiezan a considerar que es mucho más importante el servicio de atención al cliente. Los clientes están además dispuestos en decirlo, tanto si están satisfechos como si no lo están.

Un estudio sobre consumidores en EEUU y UK mostró que el 93% de las personas están dispuestas a recomendar un producto/servicio si han tenido una experiencia positiva durante el proceso de la compra.[19]

La satisfacción del cliente es tan crítica, que en un solo año aumentó en un 4% los clientes que cambiaron de proveedor y, entre el 2013 y 2014, la cifra llegó al 61%.[20]

---

[19] Estudio de liderazgo de pensamiento de Altimeter para Genersys por Brian Solis "Cómo transformar las experiencias digitales del cliente conectado"
[20] Accenture - Informe Global de 2014

Aunque estemos pensando en B2C esto también afecta a los clientes B2B.

2.4.5 Mito: Un cliente que no está contento, ya no nos comprará más. Aquí terminó todo

Los datos son realmente increíbles. El 84% de los consumidores están dispuestos a compartir una experiencia de venta/atención negativa y darla a conocer al resto de posibles clientes, eligiendo el 37,2% las redes sociales y el 36,7% otras comunidades *online* (foros, blogs, etc.).[21]

Un cliente enfadado, "antes" lo divulgaba a su círculo de contactos pero, "ahora" ese círculo de contactos es el mundo y el daño que se puede generar es muy potente. Esto nos obliga a tener que realizar las siguientes acciones:

- medir continuamente la satisfacción de nuestros clientes.
- crear un sistema de atención al cliente omnicanal.
- crear un sistema de monitorización de todo lo que se dice de nuestra empresa.
- crear un protocolo de actuación en caso de un incidente.

2.4.6 Mito: El sistema preferido para ser atendido es por teléfono

Age profile	Phone	Electronic messaging (e.g. email, SMS)	Social media	Smartphone application	Paper mail	Don't know
Silent generation (born before 1944)	55.6	6.6	0.7	0.3	17.2	38.0
Baby boomers (born between 1945 - 1960)	59.6	22.5	3.5	3.0	13.4	33.8
Generation X (born between 1961 - 1989)	46.3	44.1	20.7	17.2	9.6	33.4
Generation Y (born after 1990)	29.4	42.3	36.4	31.9	5.9	33.1

Las personas entre 28 y 56 años ya tienen una fuerte influencia de las nuevas tecnologías. El 22,5% se decanta por la mensajería electrónica, los menores de 27, como era de esperar, son aún más

---

[21] Estudio de liderazgo de pensamiento de Altimeter para Genersys por Brian Solis "Cómo transformar las experiencias digitales del cliente conectado".

digitales, aumentando hasta el 44,1% en mensajería electrónica y un 20,7% en Redes Sociales.

Pero si nos fijamos en el rango 28-56 vemos cómo decrece el uso del teléfono y aumenta de forma considerable el email, sms (y Whatsapp), redes sociales y *app* en *smartphone*, y vemos cómo desciende considerablemente el correo ordinario. [22]

El nuevo cliente busca la inmediatez y además es omnicanal. Nos puede hacer una pregunta por email, después contactarnos por teléfono, por alguna red social, etc., y necesitamos tratar todas estas comunicaciones de forma centralizada y poder gestionarlas todas dentro de la misma ficha de cliente. No se trata de 5 clientes diferentes, sino que es un cliente que nos habla por 5 canales.

En nuestro proceso de venta, si después de hacer todo el esfuerzo y atraer al cliente cuando este nos contacta, no somos rápidos, lo tratamos cada vez (en cada canal) como un cliente nuevo, etc., estamos apuñalando al propio proceso de compra y perjudicando nuestra imagen y la de nuestra empresa.

2.4.7 Mito: La forma más habitual de informarse es a través de conocidos y amigos, personas de confianza

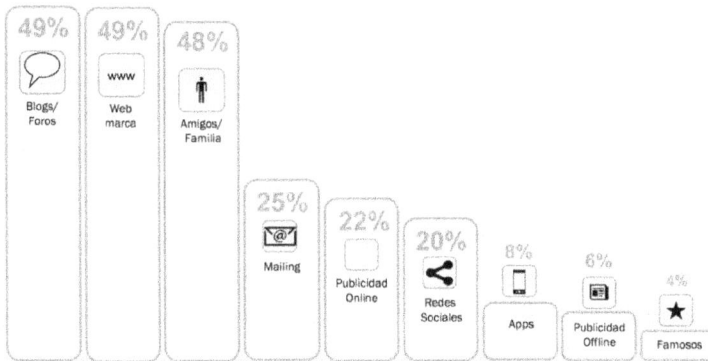

La decisión de compra está hoy en día está soportada por los datos obtenidos a través de las búsquedas en los diferentes medios. Antes de tomar una decisión han recopilado información a través de

---

[22] Merchants - Summary Report - Dimension data's 2013/14 global contact centre benchmarking

diferentes canales. Como muestra la figura anterior, "los familiares y amigos" pasan a la tercera posición. [23]

El primer canal de búsqueda son los Blogs/Foros. En estos buscan las opiniones de otros usuarios/clientes para que les asesoren, les expliquen cuál ha sido su experiencia. Como verás más adelante esto es una de las estrategias que usaremos para posicionarte como experto y posicionar tus productos/servicios.

El siguiente canal es la web de la empresa. Como es lógico el mejor sitio para poder ver la información del producto/servicio. Pero es en la anterior (Blogs/Foros), donde va a tener un fuerte impacto en el cliente. El prosumer que opina, no le quiere vender nada, por lo que su opinión es de gran valor.

Cuando los clientes consultan datos, informes, artículos, opiniones, también miran quién les da esa opinión. Mucho mejor si están leyendo una opinión de un producto/servicio hecha por un experto. Los clientes buscan como información de referencia aquella que ha sido proporcionada por expertos en ese sector o área.

De ahí la necesidad de crear nuestra Marca Personal (*Personal Branding*), y posicionarnos como especialistas en nuestra área, ya que así seremos capaces de influenciar en la toma de decisiones de nuestros clientes potenciales.

Desarrollar tu marca personal requiere una estrategia y un plan estructurado. Veremos su importancia en los próximos capítulos. Por supuesto, la casa se hace desde los cimientos hacia arriba, realmente tienes que ser un especialista en tu área y tener un profundo conocimiento de tu sector, clientes, competencia, etc. Plasmar ese saber en tu imagen digital, verás que es fácil. Cuanto mayor sea tu experiencia y tus conocimientos, más afianzada (tus bases), será tu marca personal digital.

Si no tienes este conocimiento y quieres crear una imagen digital de experto, serás uno de los "vende humos" que suelen proliferar hoy en día.

---

[23] Estudio Anual de eCommerce 2016 #IABecommerce

2.4.8 Mito: Haciendo llamadas y visitas al final se consigue vender

"La puerta fría está muerta"

Hoy, más que nunca, vender a la antigua usanza se está convirtiendo en casi una odisea. Esto es debido, entre otros factores, a que las empresas, motivadas por la bajada de rentabilidad y/o la pérdida de clientes, necesitan reforzar su volumen de negocio y, para ello, bien aumentan su fuerza de ventas o bien tratan de aumentar el ratio de clientes por comercial.

¿Qué ocurre entonces? Que a nivel "trinchera" haya un mayor volumen de personas tratando de visitar empresas/clientes. ¿Qué piensa el cliente?. Que se siente asediado y tienen que sacar un tiempo muy importante de su agenda para dichas visitas. Y no solo eso, sino que lo ve como una "cantidad de tiempo consumido" que le resta de las tareas que tiene que hacer.

¿Cual es el resultado?. Pues que los clientes prefieren antes "filtrar" vía su secretaria, solicitando información por mail, etc. Esto no es más ni menos que una "barricada" enorme que impide llegar con fluidez a ese cliente-objetivo. Estamos ante una situación de "puerta fría" evolucionada.

Ante la imposibilidad de establecer reuniones vía puerta fría, la solución es realizar llamadas para conseguir concertar una visita, con lo que se reducen los costes de desplazamientos y tiempos de ir puerta a puerta, y se va algo más seguro. Pero resulta que el 90% de las personas con poder de decisión de compra no contestan nunca las llamadas[24], nos encontramos con una tasa éxito muy bajo, se trata de trabajo bruto y a volumen.

Si nos fijamos en el B2B resulta que cuando se llega a un contacto, solo la mitad de los compradores contactados por vendedores eran la persona correcta, la persona que tomaba la decisión de compra, para hablar con ellos y venderles su producto.[25]

---

[24] LinkedIn Business Sales Solutions
[25] LinkedIn Research

Hay un proceso dentro del "embudo de ventas" de Social Selling, que es definir muy claramente nuestro cliente, identificarlo y validarlo como el cliente correcto, ya que sino, nos podemos encontrar en que hemos hecho mucho trabajo y, al final, esa persona no es la correcta.

2.4.9 Mito: Los particulares se informan por internet antes de comprar. Las empresas actúan de forma diferente

El 94% de las búsquedas de empresas B2B para recopilar información se realizan en:[26]

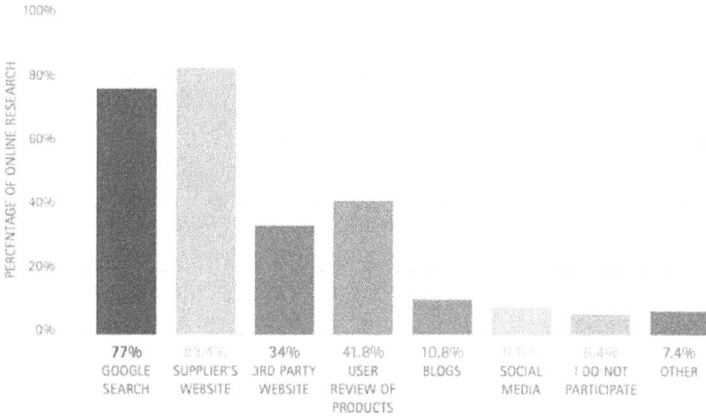

Por lo tanto cuando hablamos de B2C (cliente final), tenemos una idea clara de que los clientes sí que están usando Internet y las nuevas tecnologías para informarse antes de la decisión de compra, pero ahora además, vemos claramente que esto también está ocurriendo en el mundo empresarial B2B de una forma muy activa.

En el mundo B2B la decisión de compra se toma como media después de haber consultado 10,4 fuentes.[27] Nosotros tenemos que ser capaces de estar dentro de estas fuentes seleccionadas para que nuestros clientes potenciales nos identifiquen como expertos en nuestra industria, escuchen nuestra voz y las opiniones que hayamos publicado. Que todo esto sea considerado suficientemente importante para que el

---

[26] Acquity Group (Accenture) 2014 State of B2B Procurement study
[27] Google Analytics Advocate Adam Singer

cliente las incluya en su decisión de compra. Esto es exactamente lo que vas a aprender a hacer cuando hayas terminado de leer este libro.

Las empresas se han dado cuenta de los beneficios que aportan las nuevas tecnologías y las nuevas fuentes de información. Saben que a mayor información más poder y es la forma de poder reducir costes, conseguir mejores condiciones, plazos de entrega, etc., o simplemente confirmar que estamos trabajando con los mejores.

Por todo ello, es muy importante determinar cómo queremos que nos vean y "perciban" los clientes cuando hagan una búsqueda. Con toda seguridad, sabemos que lo harán. Que no estés tú ni tu empresa en Internet ni en las redes sociales, crees que importa pero no es así. ¿Has probado a buscarte? Porque algo va a salir. La única pregunta es si lo controlas tú o lo controla otra empresa/persona. Esto lo veremos más adelante en otro capítulo que dedicamos con detalle en este libro, por la importancia que tiene en el proceso de ventas y en la metodología Social Selling.

Las cifras hablan por sí solas:

El 78% de los vendedores que usan las redes sociales superan a sus compañeros.[28]

El 92% de los clientes B2B inician su proceso de compra con una búsqueda *online*.[29]

El 100% de las personas que toman decisiones en los negocios usan las redes sociales.[30]

Con todos estos datos ya puedes empezar a hacerte una idea de la revolución que se ha producido. Fíjate que no hablamos de algo que va a pasar, sino que ya está pasando. Lamentablemente muchas empresas, equipos comerciales o responsables de ventas piensan que esto es una moda pasajera y que realmente lo que valen son sus métodos de toda la vida. Tampoco quieren ser sensibles al comportamiento del nuevo cliente, el prosumer, ni a las nuevas formas de acercamiento e interacción con él.

---

[28] Salesforce
[29] Salesforce
[30] Forrester

Claramente estas empresas y vendedores están en cierta medida fuera del mercado actual, siguen vendiendo, funcionando..., pero como puedes ver los datos son abrumadores.

También tenemos que decirte, el hecho de que este tipo de empresas den la espalda a las nuevas formas de hacer las cosas y al uso de las nuevas tecnologías, supone una ventaja competitiva para el resto, como nosotros y como tú, que queremos subirnos a la ola de la innovación en la metodología de la venta.

2.4.10 Mito: Las personas buscan en internet sobre todo productos digitales

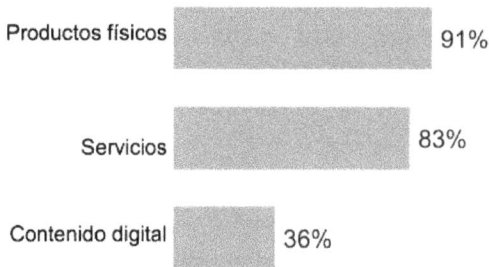

Productos físicos — 91%

Servicios — 83%

Contenido digital — 36%

Si bien se buscan muchos productos de contenido digital, solamente representan una pequeña parte del total de las búsquedas, siendo las más importantes las de productos físicos y los servicios.[31]

No importa si tu empresa no tiene un eCommerce, como después irás viendo, todos estos datos los podemos aplicar a tu propio caso.

Recuerda que los clientes inician el proceso de compra realizando búsquedas en internet, independientemente del tipo de producto o servicio, si es para uso personal o de empresa, un aire acondicionado para la empresa, un curso de LinkedIn, un nuevo servidor, un sistema de almacenamiento de discos duros, antivirus para toda la empresa, y estos son solo algunos de los ejemplos.

No pienses que solamente los clientes B2C buscan en internet, ahora es generalizado y también lo están usando los clientes B2B y son estos los que cada vez lo van a usar más, a medida que vean los beneficios que les aportan.

---

[31] Estudio Anual de eCommerce 2016 #IABecommerce

Capítulo 3

La importancia del Social Selling

Como ya hemos comentado, la irrupción de internet en nuestras vidas ha cambiado totalmente la forma de comunicarnos. Y esto afecta notablemente a la forma de relacionarnos.

Lo que en su día supuso el teléfono en nuestras vidas, tanto a nivel personal como profesional, lo son hoy las redes sociales y en general el entorno Internet.

Saber adaptarse a los tiempos y conocer las grandes utilidades de los diferentes medios y herramientas que nos proporciona Internet es sin duda una ventaja competitiva. Esta **"Transformación Digital de la venta interpersonal"** es necesaria, porque el entorno ha cambiado.

3.1 ¿Qué es el Social Selling?

El Social Selling es la utilización de los medios sociales (principalmente LinkedIn y Twitter) para crear branding, interactuar con potenciales clientes, generar credibilidad y crear relaciones que en definitiva se conviertan en VENTAS.

La ventaja de las redes sociales es que vamos a poder encontrar muchísima información sobre nuestros clientes potenciales que nos permitirá conocerlos mejor y nos ayudará a que la interacción y conversación con ellos sea mucho más precisa y eficaz.

3.2 Los 5 pilares del Social Selling

El Social Selling no es un canal de venta, es un método de trabajo. Se basa en **5 pilares** y supone de alguna manera el fin de la puerta fría:

1) Creación de una marca personal / profesional con visibilidad digital

2) Saber buscar a los clientes-objetivo en la red, encontrarlos y gestionarlos con la ayuda de herramientas tipo Social CRM

3) Conocer mejor a los clientes-objetivo mediante "escucha" en la red

4) Compartir contenido de valor de calidad y relevante, que despierte el interés permanentemente entre nuestros públicos-objetivo, estando de esta manera siempre presente en sus mentes.

5) Llevar a cabo una hoja de ruta muy proactiva: interacción y comunicación.

5 Pilares del SOCIAL SELLING

1	2	3	4	5
CREATE UNA MARCA PROFESIONAL	ENCUENTRA A LAS PERSONAL ADECUADAS EN LA RED	ESCUCHA	COMPARTE CONTENIDO	SE PROACTIVO y RELACIONATE

Tus Keywords

Tu imagen

Gestiona tus contactos

Tus plataformas

ROAD MAP

Presencia 10 en LinkedIn

Hoy los aliados de la venta son las redes sociales, por ello, un vendedor debe ponerse al día y aprender las técnicas de Social Selling y sacarles todo el partido para conseguir realizar prospección de clientes, saber identificarlos, cualificarlos, obtener leads, establecer conversaciones con potenciales clientes y, en definitiva, VENDER.

Lo que es hoy algo casi endémico por nuestro estilo de vida, es que el 90% de las llamadas telefónicas denominada "a puerta fría" no son respondidas y los mismo ocurre con los correos electrónicos estandarizados que ni siquiera son abiertos y van directamente a la bandeja de eliminados.

Llevar a cabo una metodología comercial basada en el SOCIAL SELLING supone el fin de la PUERTA FRÍA

La prospección de clientes-objetivo es uno de los pasos fundamentales de la venta y hasta la irrupción de internet la búsqueda de leads se hacía a través de directorios, páginas amarillas, etc., siendo el ratio de eficacia llamada-concertación entrevista, muy bajo, habida cuenta que se trabajaba con listas frías. Es decir, contacto a puerta fría.

Sin embargo, hoy en día los medios sociales como Twitter y LinkedIn, permiten el acercamiento a los contactos y leads potenciales de una forma diferente, que orquestado con una buena estrategia de Social Selling, consiguen decir adiós para siempre a la "puerta fría".

3.3 Embudo de Ventas Tradicional Vs Embudo de Ventas Social Selling

Existen varios factores que hacen que el Embudo de Ventas Tradicional vaya menguando y dejando de funcionar como vamos a ver. La mayoría de empresas y vendedores se encuentran en el "Antiguo Modelo de Ventas" y, como mucho, lo que han hecho ha sido migraciones parciales al mundo digital, que en ningún caso es el "Nuevo Modelo de Ventas".

Vamos a ver un ejemplo para que lo puedas entender y, si es tu caso, que seas consciente de que te encuentras más en la línea vertical de la imagen que en el "Nuevo Modelo de Ventas".

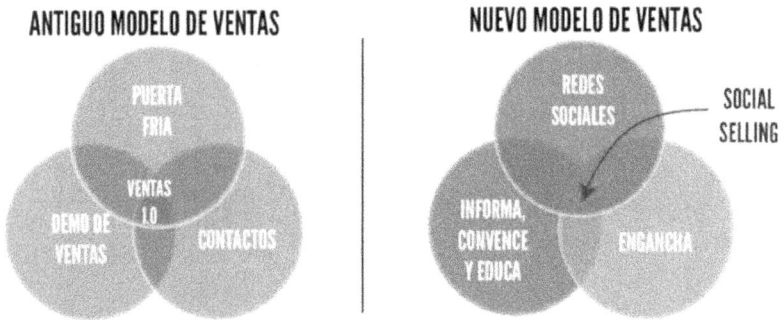

ANTIGUO MODELO DE VENTAS

PUERTA FRIA

VENTAS 1.0

DEMO DE VENTAS

CONTACTOS

NUEVO MODELO DE VENTAS

REDES SOCIALES

SOCIAL SELLING

INFORMA, CONVENCE Y EDUCA

ENGANCHA

Vamos a suponer una empresa tradicional que tiene sus oficinas, sus catálogos de productos en papel para su comerciales y toman la decisión de ponerse al día, de digitalizarse, contratan una empresa para que les haga una página web y tengan así presencia en Internet y la misma u otra empresa que les den de alta en las redes sociales.

A la persona que ven un poco más espabilada (digitalmente), le dicen que vaya publicando alguna cosilla en las redes sociales de vez en cuando. El Director de Ventas al ver que la empresa se pone al día pide un CRM para llevar la gestión de clientes, unificar la base de datos de los comerciales, también pide que le pasen a PDF los catálogos para poderlos llevar en la *tablet* o poderlos mandar a sus clientes por email.

Y ahora viene lo bueno. Creen realmente que ya están en el mundo digital, que se han actualizado y que ahora su empresa ya está preparada para este nuevo entorno.

Como te comentábamos antes, como mucho están en la parte izquierda de la línea vertical de la imagen.

Lo que han hecho ha sido copiar y pegar su empresa de papel y pasarla a digital, pero no han incorporado los mecanismos, herramientas ni las metodologías del verdadero mundo digital que demandan los clientes, ni lo han integrado como una parte natural de su empresa.

Incluso usarán Whatsapp, Dropbox y cuatro cosas más, pensando que ahora sí que ya son digitales. Están más en un punto de emigrantes digitales que como un digital nativo como tal, que es lo que buscan los clientes. Se pueden conseguir, pero hay que saber qué necesitamos hacer y cómo ejecutar el plan de trabajo correcto.

El objetivo de este libro no es hacerte un guión de la Transformación Digital de tu compañía, sino que nos vamos a centrar en la Transformación Digital del Área Comercial, aplicando la metodología de Social Selling (el resto de áreas a priori quedan excluidas del proceso). Si necesitamos la participación de alguna de las áreas de la empresa, lo comentaremos y te diremos cómo se debe hacer.

Si tu ámbito no es el área comercial ni te quieres dedicar a esta función, es posible que este libro no sea para ti, ya que nuestro objetivo es la captación de Leads y convertirlos en clientes realizando los pasos necesarios para la consecución de este objetivo. Si no quieres dedicarte a vender, seguro que hay muchos libros interesantes para las funciones que quieras desarrollar, pero este no lo es. Aunque si fuera este tu caso, lo puedes enfocar a crear tu Branding Digital.

Teniendo en mente que necesitamos vender pero, sobre todo, entender cómo el modo de vender ha cambiado, lo que vamos a hacer ahora, es ver cómo han funcionado las ventas hasta ahora y cómo es el nuevo proceso al que nos tenemos que adecuar.

3.3.1 El Túnel de Ventas Tradicional

ANTIGUO MODELO DE VENTAS

Ahora vamos a hacer un repaso a lo que ha sido el proceso de ventas hasta la actualidad, viéndolo desde tres perspectivas: la Social, la Gestión de Contactos y el Proceso de Ventas.

3.3.1.1 Factores Sociales

En este momento de las ventas, es el vendedor el que más sabe del producto, es el que asesora al cliente y le da su opinión como experto. El vendedor está al día de su sector, de la competencia, el acceso a la información está muy limitada, ésta es facilitada por el fabricante que tiene un control total de ella, la suministra de forma controlada a los medios de comunicación y más ampliada al canal de distribución oficial.

La información suministrada al cliente está segmentada. No suelen haber comparativas con la competencia, los precios no siempre son visibles y se dan o informan directamente al cliente con el que van a ser sus condiciones económicas.

Las empresas reciben periódicamente a los representantes para saber qué se mueve en el sector, qué novedades hay, percibiéndolo como un valor añadido ya que se les mantiene informados. Es la mejor forma de tener acceso a esa información y saber qué se cuece en el sector e incluso de su competencia.

El cliente es un sujeto pasivo, necesita atender a diferentes vendedores para recopilar toda la información y poder realizar la toma de decisiones con toda esta información.

En este escenario el vendedor tiene la capacidad de crear su Marca Personal con su trato directo, mostrando al cliente cara a cara, sus conocimientos, su interés por ayudarle de una forma sincera, de querer crear una relación a largo plazo.

Hablemos ahora de una venta a cliente final. Imaginemos una tienda de electrodomésticos: el cliente particular va a la tienda para que el vendedor experto le aconseje cual es el producto que se ajusta mejor a sus necesidades.

David siempre cuenta esta anécdota. Un amigo suyo -con el que mantiene una amistad desde hace más de 20 años-, se desplazó 70 kilómetros para ir a El Cortes Inglés que tenía más cercano, para comprarse una cadena de música porque, como él aseguraba, *"estaban los mejores vendedores de equipos de música, sabían lo último, era el mejor lugar donde le podían asesorar y aconsejar"*. De hecho volvió con la cadena de música en su coche.

Otra vez se repite el mismo proceso: el cliente, en este caso B2C, busca a un experto que le pueda ayudar en la toma de decisión, alguien de "confianza" que le aconseje, que le transmita su *expertise* para que le ayude a decidir.

Podemos decir que hay una serie de aspectos clave que influyen de manera decisiva en la toma de decisiones:

- El conocimiento y la experiencia: experto/especialista.
- La confianza transmitida.
- La capacidad de saber asesorar/aconsejar.
- Ser un profesional de referencia.
- Disponer de información relevante y actualizada.

3.3.1.2 Gestión de Leads/Contactos

La llamada gestión de clientes se basa muchas veces en las fichas de cliente generadas por los programas de facturación, es decir, nada enfocadas a la gestión de ventas y del marketing. Cada vendedor tiene su propia agenda de contactos (algunas personas mantienen su agenda de papel, otras disponen de sus contactos en Excel), donde se gestionan las visitas que se van realizando. En muchos casos, no existe una gestión centralizada de las visitas, donde se incluya un *feedback* de la visita realizada, comentarios, alarmas, notas, acciones de marketing realizadas, etc. Por supuesto, esto es diferente dependiendo de la empresa. Sí que hay grandes empresas donde tienen su propio CRM (**C**ustomer **R**elationship **M**anagement), y llevan un control exhaustivo, pero en líneas generales no es lo más habitual en este modelo antiguo de ventas.

Hoy en día el CRM aún es uno de los grandes desconocidos de las empresas, que se suele confundir habitualmente con el programa de facturación.

El CRM es la aplicación donde se registra todo el trabajo y proceso 360º relacionado con el cliente: *lead*, prospecto, ventas, marketing, facturación, postventa, etc. El programa de facturación es una parte de la maquinaria de la empresa y se focaliza exclusivamente en el cliente, es decir, cuando ha comprado.

En este proceso antiguo, la mayor parte de la información de los contactos y el seguimiento recae en la responsabilidad del vendedor y parte de su valor como profesional es su agenda de contactos. Suelen ser agendas con poco acceso o ningún acceso por parte de otras personas, aparte del vendedor. Una vez se convierten en cliente pasan al programa de Facturación.

No existe un proceso automatizado para la gestión, seguimiento y cualificación de posibles Leads.

Si en esta explicación has visto reflejada a tu empresa, estás en graves problemas. En lugar de estar en un nivel 0 te encuentras en números negativos. No es cuestión de rasgarse las vestiduras, pero sí de que te tomes en serio el hacer una actualización de las técnicas y herramientas de tu equipo comercial.

Al final de libro comentamos algunas herramientas para que las puedas probar y ver cuales te pueden ayudar.

Podemos concluir que el antiguo modelo de ventas se caracteriza por:

- Falta de CRM.
- Datos de los clientes poco accesibles.

3.3.1.3 Proceso de Ventas

El objetivo perseguido es que el cliente vea/pruebe (se le puede mostrar una demo), el producto para que pueda tomar de decisión de compra. La secuencia sería la siguiente:

Visitas → Generación de Leads → Demo del producto → Venta

Hasta aquí hemos definido el proceso de ventas Tradicional, en un entorno en el que Internet aún no tenía calado. La **www** solamente tiene 26 años (lanzamiento el 23 de diciembre de 1990[32]). Estamos en un escenario de información muy limitada, quien tiene la información realmente tiene el poder, porque no la tiene cualquiera y su acceso es muy complicada e, incluso a veces, imposible.

En el viejo escenario, para tener acceso a la "última" información hay que acudir a prensa especializada que a su vez se nutría de la información suministrada y controlada por los fabricantes.

Las fuentes de noticias de estas revistas del sector son claves pero, como podrás imaginarte, las lee también todo el sector. Al estar la información muy concentrada en pocas fuentes y muy concretas, todos tienen que recurrir a los mismos lugares.

Podemos concluir que hay 3 puntos clave por los que se caracteriza el antiguo escenario de ventas:

- Poca información.
- Información muy controlada.
- Todo el mundo al final tiene la misma información.

3.3.2 El Embudo de Ventas Social Selling

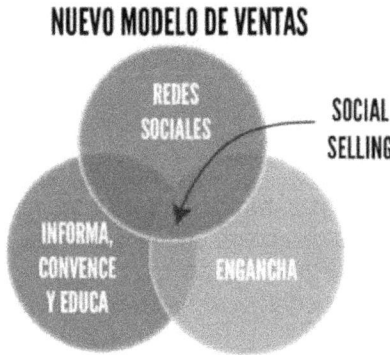

Cuando hablamos de Social Selling nos referimos a una nueva metodología, una nueva forma de hacer las cosas basada en la necesidad de adecuarnos a lo que nos demandan los clientes, que al final es lo único que nos interesa, como se suele decir, quien paga manda. Y aquí manda el cliente, que en definitiva es el centro de todos

---

[32] https://es.wikipedia.org/wiki/WorldWideWeb

nuestros esfuerzos, aunque a veces en alguna época se haya podido perder este enfoque.

Ahora vamos a ver cómo la confluencia de diferentes factores ha transferido el cetro del poder al cliente el cual, si bien antes tenía el poder total, es el que pone la mano en su bolsillo y decide dónde comprar y ahora aún tiene mucho más poder.

Las nuevas tecnologías le ofrecen toda la información y este hecho le confiere "superpoderes". Veremos que hay ventajas que se pueden convertir en desventajas.

Uno de los canales de comunicación que necesitamos usar son las redes sociales, ya que los clientes B2C y B2B se encuentran en ese entorno también y, por ello, las redes sociales deben formar parte de nuestra estrategia. La persona que piense que es tan sencillo como darse de alta en las redes sociales sin más, está muy equivocada. Y en el otro extremo... tampoco se trata de estar publicando todo el día sin parar. Esa es la función del *Community Manager*, no nuestra. Nosotros tenemos que estar mucho más enfocados y tener medida nuestra participación, de manera que no interfiera en el trabajo del día a día.

De igual forma que en el modelo "Antiguo" se realizaba una visita comercial percibida por parte del cliente como algo positivo, ahora estas acciones las vamos a digitalizar de tal forma que consigan ser percibidas por nuestros clientes actuales y clientes potenciales de manera más positiva porque aportamos valor.

3.3.2.1 Factores Sociales

Todas las personas tanto a nivel personal como profesional, hemos visto los cambios de acceso a la información, desde el ordenador, la *tablet* y desde el *smartphone*. Tenemos acceso a toda la información en todo momento. La inmediatez se ha convertido en la norma.

La tecnología nos aporta, por ejemplo, aplicaciones que permiten escanear el código de barras de un producto y saber los precios de la competencia (problema al que se tienen que enfrentar las tiendas físicas).

Si vamos al entorno de las empresas, en la mayoría de los casos nos cncontramos con que los PVP están disponibles a un solo clic y se puede contactar rápidamente con un proveedor, que nos llamará al teléfono que le proporcionemos para indicarnos cuales son nuestras condiciones económicas (volúmenes, rappels, etc.).

Esto origina un cambio importante: la visita comercial antes aportaba un gran valor ya que, a través de ella, el comercial aportaba información y mantenía al día a los clientes. Hoy la visita ha perdido todo ese valor ya que el cliente tiene acceso a toda esa información a golpe de clic. De hecho ahora el cliente, en la mayoría de los casos, ya no quiere esa visita y muchas veces estas visitas son interpretadas más como una inversión de tiempo por parte del vendedor que como un beneficio real por parte del cliente.

No queremos decir con esto que no haya que hacer visitas, ni mucho menos, queremos decir que el proceso ha cambiado y las cosas han de hacerse de forma diferente.

El nuevo entorno cambia radicalmente el proceso. Ahora con las nuevas tecnologías podemos realizar un proceso de "siembra" que después originará sus frutos. No es un proceso de "pesca" directa. Es el cliente quien decide que está interesado en nuestro producto/servicio y él es el que nos contactará. Más adelante veremos todo este proceso para poder realizarlo de forma correcta.

Si bien hemos visto que en el "modelo **antiguo**" la información era escasa y su acceso limitado, ahora estamos en el otro extremo; mucha información de acceso inmediato y casi ilimitado. Tener muy poco no es bueno, pero tener en exceso no tiene porqué ser siempre bueno y esto es algo que nos encontramos en muchas empresas y profesionales que se ven desbordados por la cantidad de información disponible. El acceso a la información se convierte en la búsqueda de una aguja en un pajar, ya que la gran mayoría de la información que se encuentra es la misma información remasticada en muchas webs, blogs y prensa *online*.

"La clave de la información no es saber buscar, sino saber encontrar".

Podemos concluir que hay 3 puntos clave en este escenario:

- Tecnología e Información inmediata en la palma de la mano.
- Acceso a demasiada información irrelevante.
- Demasiadas visitas comerciales.

3.3.2.2 Gestión de Leads/Contactos

Ahora disponemos de CRMs[33] para la gestión de Leads y el proceso de ventas. Como aplicaciones de tipo SaaS[34] en la nube como Salesforce y otros CRMs. Esto permite tener los datos disponibles en todo momento por parte de la organización, centralizados y consolidados y que las agendas de los vendedores, sus acciones y sus procesos de ventas sean medibles con los KPIs[35] (key performance indicator - indicador clave de rendimiento), marcados por la compañía.

Ahora además los CRMs están introduciendo la parte de escucha activa en las redes sociales, para la generación de Leads y alertas automáticas, derivándolas al mismo *smartphone* del vendedor para avisarle de que un *Lead* está buscando uno de los productos de la compañía y es momento de contactarlo para hacerle una propuesta. Esto es solamente la punta del iceberg de lo que se está gestando en las soluciones tecnológicas disponibles para los equipos de ventas.

Gracias a estas tecnologías podemos crear flujos de trabajo automáticos y semiautomáticos con lo que conseguimos aumentar la productividad del equipo comercial y su efectividad.

3.3.2.3 Proceso de Venta

En este nuevo proceso de venta necesitamos hacer el mismo proceso que hacíamos en las Ventas Tradicionales, el cliente tiene que percibir que le aportamos valor y que somos expertos en nuestra área.

"Las mismas reglas en un entorno nuevo"

Pero con un matiz: tenemos que estar presentes donde están nuestros clientes-objetivo (B2C y B2B) para informarse y relacionarse. Es decir, tenemos que estar presentes en Internet y de forma más específica en las redes sociales.

---

[33] Wiki CRM
https://es.wikipedia.org/wiki/Customer_relationship_management
[34] Wiki SaaS https://en.wikipedia.org/wiki/Software_as_a_service
[35]　　　　　　　　　　　　Wiki　　　　　　　　　　　KPI
https://es.wikipedia.org/wiki/Indicador_clave_de_rendimiento

Volvemos a ser aportadores de valor, de conocimiento, pero necesitamos entender este nuevo entorno digital para saber desenvolvernos de forma correcta, cómo transmitir ese conocimiento, cómo estructurarlo y difundirlo de una forma que nos aporte valor también a nosotros como profesionales y a nuestra compañía.

"Convierte a tu comunidad en tus clientes"

– John Ferrara CEO de Nimble

Ahora la secuencia es ésta: Comunidad (Social Media) → Generación de Leads → Contacto del cliente y alerta proactiva → Venta

En este proceso de venta, el primer paso es la creación de una comunidad a la que atraer. Puede parecer el trabajo de un *Community Manager*, pero se diferencia en que a nosotros lo único que nos interesa es el último paso, la venta. Y que no nos vamos a dedicar a realizar campañas de marketing, etc., esto es función del área de Marketing.

No necesitamos tener presencia en todas las redes sociales y estar publicando cada 5 minutos sin parar, no es nuestro objetivo, ni el trabajo que debemos realizar. Nosotros somos más como francotiradores. Centraremos nuestros objetivos, definiremos nuestros clientes y actuaremos en consecuencia.

Para esta primera parte necesitaremos la ayuda de herramientas que nos faciliten el proceso y que nos permitan la automatización de procesos para reducir nuestra carga de trabajo. Pero antes de todo esto, tenemos que empezar a crear nuestra Marca Digital Personal y LinkedIn es hoy por hoy la plataforma ideal.

Después, será necesario tener una planificación de qué vamos a hacer, qué necesitamos publicar, qué podemos llegar a conseguir, etc. Y a partir de ahí ya podemos iniciar nuestra metodología de Social Selling para atraer hacia nosotros a los contactos-objetivo, convertirlos en Leads y de ahí a clientes.

3.4 Cuatro razones para llevar a cabo una estrategia de Social Selling

Si aún no te has convencido de la urgente necesidad de iniciar un proyecto de Social Selling en tu compañía/carrera profesional, te vamos a dar más razones.

El 57% de los compradores B2B toman la decisión de compra antes de contactar con el representante de ventas.[36]

Si estás leyendo este libro y eres comercial/vendedor o propietario de una empresa, esperamos que hayas estado sentado mientras leías este dato. Esto significa que el 57% de las ventas que se producen en tu empresa, básicamente no las controlas tú, sino que "alguien" les convence de forma activa consciente, o sin saberlo, y te los manda a tu empresa. Pero de igual forma que los mandan a tu empresa, bien los pueden mandar a tu competencia. Tú no eres el que tiene control, al menos de momento.

Con la metodología Social Selling puedes empezar a tomar el control y redirigir estos Leads hacia tus vendedores.

Un 75% de los compradores B2B están influenciados por las redes sociales[37].

Cuando los profesionales de ventas nos preguntan si esta adaptación al entorno digital y aplicación de la metodología Social Selling será fácil y posible para ellos, nuestra respuesta es esta:

"Formar en Social Selling a un vendedor es fácil, formar a un Community Manager en un vendedor no lo es"

Nuestra experiencia en empresas a lo largo de estos años como "entrenadores" en la metodología Social Selling nos ha demostrado, una vez tras otra, que los vendedores se han adaptado de una forma fácil y rápida a este entorno digital y, para sorpresa de ellos mismos, han sabido integrarlo en su día a día de una forma natural.

---

[36] Estudio de Executive Board
[37] ELOQUA

Podemos decir que incluso con alumnos de más de 50 años, los resultados han sido los mismos. Una vez aprendidas las bases, cómo hacerlo, qué herramientas utilizar y cómo implementarlas, se ha convertido en un proceso que han visto con agrado y de forma muy positiva porque, al final, "la siembra" produce sus resultados y esto es lo que cuenta.

Tenemos un caso de extrema "rapidez" y fue el de una empresa en la que hicimos un training. Cuando salimos del curso, después de dos horas de camino de vuelta, nos mandaban mensajes por Whatsapp comunicándonos con euforia, que les estaba funcionando. Efectivamente querer es poder.

Como siempre les decimos a nuestros alumnos: nosotros no seríamos capaces de enseñar y trasladar nuestro *know-how* si ellos no tuvieran interés por aprender. Cuanto mayor sea el "hambre de aprender", el proceso se hace más divertido, más positivo y con mejores resultados. Después de más de 25 años impartiendo formación en empresas, estamos convencidos de que esa es la verdadera clave del éxito.

La parte más difícil es vender y eso ya lo sabes hacer. Ahora viene lo fácil, que es actualizarte al mundo digital y utilizar los aliados y catalizadores de tus ventas. Vas a ver que es un proceso dinámico, divertido y que, bien implementado, te ayudará en tu trabajo.

El 76% de los compradores prefieren un vendedor recomendado por sus contactos. Desean un vendedor sincero y fiable.[38]

Necesitas ser percibido como especialista en tu sector, algo que ya te será habitual con tus clientes offline (fuera del mundo digital). Ahora tienes que trasladarlo a esta nueva área digital. La razón es que tus futuros clientes van a querer relacionarse con los expertos y no con cualquiera, de hecho el 92% de los clientes B2B interactúan con vendedores que son percibidos como expertos en su industria.[39]

---

[38] Koka Sexton - Head of Social Media, Member Marketing & Communications LinkedIn

[39] LinkedIn Sales Solutions 2015

"La metodología Social Selling genera un 40% más de clientes potenciales cualificados y oportunidades que las llamadas en frío"

Customer Think

Con el paso de los años nos hemos dado cuenta que los mismos clientes satisfechos, te recomiendan de una forma proactiva y de buena fe a otras personas. De vez en cuando, nos llega un email o nos contactan personas, que vienen de parte de otro cliente que les ha hablado de nosotros. Nos contactan por la confianza transmitida a través de otro cliente. En realidad aún no nos conocían.

Seguro que algo similar te ocurre en la vida offline. El reto es amplificarlo a través del entorno digital. Recuerda que los clientes quieren trabajar con los mejores, con los profesionales que están dispuestos a ayudar y aportar valor.

Fíjate bien: cerca de dos terceras partes de los compradores confirman que su decisión de compra fue influenciada gratamente por el contenido experto proporcionado por el vendedor seleccionado.[40]

Esta es la razón por la que tenemos que publicar contenidos que aporten valor y generen credibilidad. No te preocupes, no te vamos a convertir en un periodista. En los siguientes capítulos verás que los contenidos que vas a necesitar, los vas a poder generar de una forma muy rápida desde el propio *smartphone* e incluso con solo 2 clics (de verdad créetelo).

Seguimos proporcionándote más datos: el 95% de los consumidores eligieron al vendedor que les proporcionó mejor contenido de interés durante el proceso de ventas.[41]

Ten en cuenta que nosotros debemos adaptarnos a lo que demandan los clientes y si ellos demandan contenidos, se los tenemos que suministrar. Más adelante te daremos *tips* e indicaciones para que te resulte toda esta parte lo más sencilla posible. Para todo esto no necesitas ningún conocimiento previo. En nuestros cursos los alumnos

---

[40] LinkedIn Sales Solutions 2015
[41] Demand Report 2010

vienen con nivel 0 y cuando salen, saben hacerlo todo por ellos mismos. Así que no te tienes que preocupar.

Siguiente dato a tener en cuenta: las personas involucradas en la decisión de compra en B2B es de 5,4 personas de media.[42]

Debes de tener muy en cuenta que el Social Selling se trata de una metodología de trabajo que debes aprender e integrarla en tu día a día. No es "*un llegar a la meta y ya está*", se trata de un proceso constante en el que estar actualizado, es una de las claves más importantes.

> *"Los analfabetos del siglo XXI no serán aquellos que no saben leer y escribir, serán aquellos que no pueden aprender, desaprender y reaprender"*
>
> *Alvin Toffler*

Seguimos con los datos: el 79% de los vendedores que usan las redes sociales como herramienta de ventas superan a los que no las usan.[43]

¿Te gustaría aumentar la productividad de tu equipo comercial entre un 20 y 25%? Con la adopción de tecnologías de Social Media es posible conseguirlo.[44]

Los clientes han tomado la decisión de estar en las redes sociales, los usuarios en Twitter llegan a los 332 millones y en LinkedIn son ya más de 500 millones.

Si tu cliente está en las redes sociales: ¿no tendrías que estar tú también?

---

[42] Harvard Business Review 2012 - Tweet Me, Friend Me, Make Me Buy. Decision maker are C-level
[43] Social Media and Sales Quota Survey
[44] McKinsey

3.5 El Social Business

Esta revolución digital que se está produciendo en la sociedad, también se está produciendo en las organizaciones. Y la necesidad de actualizarnos también la tenemos en las empresas. Se necesita liderar una Transformación Digital que ponga al día a nuestra empresa y que sea capaz de alcanzar sus objetivos con todas las posibilidades que tenemos a nuestro alcance.

Imaginemos una empresa de hoy, donde llega el jefe y les dice a sus empleados que no van a usar Internet, ni el email. ¿Crees que esa empresa será más eficiente o menos? Realmente tendrá menos acceso a la información y las comunicaciones en general tendrán menor fluidez, serán más lentas…. En otras palabras, esta empresa no estaría aprovechando todas las posibilidades que le ofrecen las tecnologías actuales.

Ahora pensemos en una empresa en la que solamente es posible el uso de los ordenadores por el Departamento de Informática. Claramente esta situación se hace casi impensable hoy en día. Pues esto mismo es lo que les ocurre a las empresas cuando dan la espalda al uso profesional de las redes sociales y solo se circunscriben a tareas llevadas a cabo de forma "clusterizada" a través de su departamento de marketing o de la figura del *Community Manager*. Tareas que no se hacen "permeables" al resto de los departamentos de la empresa.

De alguna manera esta empresa estaría dejando de aprovechar las últimas tecnologías y medios de comunicación para ser más eficaz, tener una comunicación más rápida con los clientes y generar nuevas oportunidades.

De igual forma que dentro de la compañía se tiene email, ordenador y teléfono, se tiene que tener acceso al uso de las redes sociales. Sabemos lo que estás pensando. No se trata ahora de dar los datos de acceso a las redes sociales a todos los empleados de forma indiscriminada, ni tampoco que estén entrando en sus Facebook en horario laboral.

Vamos a imaginar un escenario para que te resulte más sencillo entenderlo. Vamos a suponer que tenemos una persona en recepción encargada de atender a las personas que vienen a la empresa y también de la centralita. Imagina ahora que además del acceso de información vía email o teléfono, se le da acceso a un panel de control donde aparezcan automáticamente los datos de las personas que contacten con la empresa a través de las redes sociales. Una vez le llega el mensaje en cuestión, lo contestaría amablemente indicando que será transferido al departamento correspondiente y lo canalizaría a su vez hacia el departamento/área que correspondiera (soporte técnico, post venta, venta, logística, administración, etc.).

¿Lógico? La misma persona que se encarga de la centralita, es la que se encarga de los mensajes que llegan a la empresa por los nuevos medios de comunicación.

Ahora veremos otro escenario dentro de la empresa: el área comercial. Imagina que tuviera un acceso a las redes sociales en formato de "monitorización/escucha", de tal forma que sabrían en todo momento cuándo se está hablando de los productos de la empresa, qué están comentando los clientes y potenciales clientes[45], qué se dice de la competencia, qué está haciendo la competencia..., etc. No se trata en ningún caso de estar entretenido delante de la pantalla viendo datos y no haciendo el trabajo de "vender". Se trata de crear un panel de control personalizado que cubra las áreas de "escucha" que necesita este departamento comercial. Una herramienta de monitorización que trabaja para ofrecer información de valor.

Seguiríamos sucesivamente en cada uno de los Departamentos de la empresa, pero siempre todo bajo control y estableciendo unos protocolos de actuación. En caso de que quieras realizar un proyecto de Transformación Digital de Social Business, te mostramos los pasos a seguir.

3.5.1 Pasos para un proyecto de Transformación Digital de Social Business

3.5.1.1 Análisis Inicial

Objetivo:

* Definir los Objetivos perseguidos por la compañía.
* Analizar la estructura organizativa.

---

[45] Los nuevos sistemas de CRM Social Media son proactivos y permiten definir bases de datos de contactos (Leads y Clientes), y que de una forma activa nos avisen sobre palabras clave que hemos definido, indicándonos cuándo han sido usadas, para detectar nuevas oportunidades.

- Analizar la situación actual a nivel tecnológico y de procedimientos.
- Crear un estudio de viabilidad, implantación y tiempos.

3.5.1.2 Fase Inicial

Objetivo:

- Reunión Dirección de la compañía.
- Presentación Plan de Trabajo, objetivos a conseguir y diagrama de Gantt.
- Aprobación del Plan de Acción.
- Establecer pasos a seguir y trabajos previos.

3.5.1.3 Fase Presentación

Objetivo:

- Reunión con los Jefes de Departamento para la presentación del proyecto.
- Definición de Objetivos corporativos, departamentales y asignaciones de roles.
- Sesión formación concienciación RRSS a Dirección y Jefes Departamentos.
- Reunión con Jefes Dpto. para toma de datos de necesidades y requerimientos.
- Creación (en caso de no existir), de Manuales de Procedimiento de cada Dpto.

3.5.1.4 Fase Estructura

Objetivo:

- Diseño y Configuración de los Paneles de Control de cada Departamento.
- Testeo y verificación de los Paneles de Control.
- Creación del sistema de medición visual del trabajo y los KPIs internos y externos.
- Diseño de los informes automatizados para Dirección y cada Jefe de Departamento con los KPIs necesarios.
- Creación de los Manuales de uso del Panel de Control y protocolos de actuación.

3.5.1.5 Fase Implantación

Objetivo:

- Puesta en marcha de los Paneles de Control Departamentales y verificación de los requerimientos.
- Formación a los Jefes de Departamento en el uso de los Paneles de Control.
- Entrega de los Manuales de Procedimiento para el uso de los Paneles de Control, gestión de las comunicaciones y situaciones de crisis (diagramas de flujos, personas involucradas y acciones a tomar).
- Revisión de los KPIs en los sistemas de medición y los informes con Dirección y los Jefes de Departamento.
- Sesión de sensibilización en el uso de las RRSS a toda la plantilla.
- Simulación de situaciones con los Jefes de Departamento y verificación de los Protocolos.
- Formación en el uso del Panel de Control a las personas con acceso de cada Departamento.

3.5.1.6 Fase Trabajo y Testeo

Objetivo:

- Jefes de Departamento, recopilación de dudas, incidencias, nuevos requisitos.
- Simulación de situaciones y prueba de protocolos.
- Revisión por parte de la Dirección de los KPIs para seguir la evolución del Proyecto.
- Revisión por parte de los Jefes de Departamento de los KPIs y Paneles de Control para ver la evolución y realizar la recopilación de dudas, incidencias, nuevos requisitos, etc.

3.5.1.7 Fase Revisión

Objetivo:

* Reunión con los Jefes de Departamento.
* Reunión con la Dirección.
* Definición de los siguientes pasos a seguir, Employer Branding.

Esto es una estructura base para que veas el proceso a seguir. Dentro de cada punto hay que entrar en más detalle, ya que cada departamento realmente tiene sus peculiaridades y es necesario tener un guión específico para cada uno de ellos, pero te puede servir de guía.

Como puedes ver en el último punto, sería el iniciar la siguiente fase del proyecto que es el Employer Branding y Employee Advocacy.

El objetivo aquí es convertir a tus empleados en Embajadores de tu Marca.

Para acometer este tipo de proyectos hay que seguir unos pasos previos antes de iniciar el lanzamiento del proyecto, si no es así, te podemos asegurar que va a ser muy difícil o imposible que se lleve a buen término. En los proyectos que hemos realizado de este tipo, la parte más difícil ha sido el concienciar y hacer ver a la Dirección, la necesidad de concretar ciertos aspectos y de conseguir su máximo compromiso con el proyecto, si no es así, es mejor no empezarlo, porque será un absoluto fracaso.

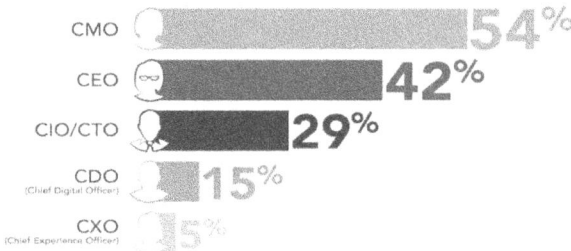

En la figura superior se muestran los tipos de perfiles de la empresa que hacen que su participación en los proyectos de Transformación Digital lleguen a buen término y sean un éxito. [46]

Este tipo de proyectos involucran a toda la empresa y es necesario que todo el mundo aúne esfuerzos. Para que esto sea posible, se necesita que se vea de una forma clara, que desde arriba se apueste por el proyecto y participe toda la plantilla para conseguir un beneficio común.

Lo que buscamos en este tipo de proyectos es que los empleados nos ayuden a difundir el mensaje de la empresa en sus propias redes sociales. Tampoco se trata de hacerlo de una forma descontrolada ni perder el tiempo en las redes sociales durante la jornada de trabajo.

Tenemos que realizar un proyecto con las fases necesarias para hacer ver el proyecto, cómo se debe usar y las herramientas que se usarán, ya que la empresa tendrá el control total del material que desea que se publique, datos en tiempo real de qué impacto está teniendo, qué personas participan, qué están consiguiendo, etc.

Estos son algunos de los beneficios que va a aportar a tu empresa:

- Las publicaciones realizadas por tus empleados ayudan a aumentar la credibilidad de tu marca.
- Estas publicaciones consiguen x8 de interacciones.
- El 92% de los seguidores de tus empleados pueden llegar a seguir a tu empresa.
- Se aumenta un x24 las comparticiones de las publicaciones.

En dos ejemplos veremos cómo puede ayudar a tu empresa este tipo de proyectos, utilizando el simulador de **Employee Advocacy** de Hootsuite

---

[46] Altimeter Group Digital Transformation Survey 2014

Mi organización tiene

5	2,000	500	50
empleados	seguidores	fans	seguidores

Tu alcance social actual: **2,550**

Tu potencial alcance social con Amplify: **5,959**

3,409
nuevas personas que podrían ver tu contenido

134%
aumento potencial de tu alcance social

Con 5 empleados y unas redes sociales bastante pobres de la empresa (Twitter 2000 seguidores, FB 500 Fans y LinkedIn 50 seguidores).

Si publica la empresa en sus redes sociales puede llegar a 2550 personas, pero si participan los empleados se puede llegar hasta 5959.

Ahora vamos a ver otra situación diferente, pasamos de 5 empleados a 15 y bajamos LinkedIn de 50 a 10 seguidores.

Mi organización tiene

15	2,000	500	10
empleados	seguidores	fans	seguidores

Tu alcance social actual: **2,510**

Tu potencial alcance social con Amplify: **12,736**

10,226
nuevas personas que podrían ver tu contenido

200%+
aumento potencial de tu alcance social

Si publica la empresa, puede llegar a 2510 y si se hace con Employee Advocacy se puede llegar a 12736. Es un impacto muy importante.

Habría que realizar estos pasos:

- Protocolos de Actuación.
- Formación intensiva de la Plantilla.
- Implantación en la empresa.

Tanto **Social Business** como su apartado de **Employee Advocacy** son proyectos muy potentes para las empresas y generan un gran beneficio.

Nuestro consejo es que inicies al menos un proyecto piloto dentro de tu empresa. Las grandes empresas ya lo están implantando y lo puedes convertir en una ventaja competitiva frente a tu competencia.

Social Business es un "paraguas de mejoras" dentro de tu compañía que cubre diferentes áreas:

- Atención al cliente.
- Ventas.
- Employee Advocacy.
- Marketing Research.
- RRHH Talent.
- Etc.

Atención al cliente es otra de las áreas que puede verse beneficiada de las nuevas tecnologías existentes, como por ejemplo el poder pasar una conversación de las redes sociales directamente a llamada telefónica.

La parte de Ventas la verás durante todo el libro porque es en este **Departamento** donde nos vamos a focalizar.

Has podido ver como con **Employee Advocacy** se puede amplificar la señal de tu empresa. También dentro de Employee Advocacy se puede hacer un proyecto de **Branding Directivo** que ayuda a mejorar la cuenta de resultados de tu empresa.

En **Marketing Research** las posibilidades son muy amplias, con la disponibilidad de la Big Data y la Minería de Datos, usando datos internos de la empresa y datos externos disponibles, como análisis de zonas geográficas por localización GPS, del sector, comparativas de la competencia, qué están haciendo, etc. Una verdadera vigilancia competitiva proactiva.

Otro de los departamentos que está actualizándose rápidamente son los Recursos Humanos, para la gestión de Talento, su captación, aumentar la difusión de sus ofertas, etc.

Como veremos más adelante, el Branding (Marca) Personal cada vez va a ser más importante. Esto implica que si en tu equipo hay personas con un buena Marca Personal, esto va a beneficiar directamente a la Marca de tu empresa, así que la captación de Talento por parte del Departamento de RRHH se hace más importante de lo que podías imaginar. Ya no es solamente que sean buenos trabajadores, sino que su Marca afectará a la de tu empresa.

Estas personas con una buena Marca, ¿crees que irán a trabajar a una buena empresa o a una mala? ¿A una empresa con buena reputación o a una con mala reputación?

Cuanto mayor sea la **reputación de tu Marca** y de los valores de tu empresa y haya más personas con una buena marca personal, tu empresa se convertirá en un imán para atraer a profesionales con Marca propia.

A partir de aquí ya entraríamos en la **Transformación Digital** de la producción, administración, etc., y esto queda fuera del objetivo de este libro.

Los beneficios que puede conseguir tu empresa en la implantación de una Transformación Digital es un aumento del 75% en las contrataciones, un 63% en la mejora de la satisfacción de los clientes, un 49% en el aumento en la generación de ventas, un 53% más de aumento de tráfico y un 46% de conversiones. [47]

---

[47] Altimeter Group Digital Transformation Survey 2014

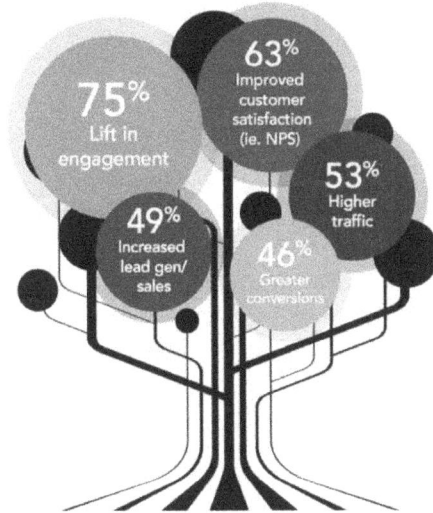

Así que, ¿a qué estás esperando a iniciar la Transformación Digital de tu compañía?

Los equipos de ventas de alto rendimiento son x8 veces más propensos que los equipos de rendimiento normal, a convertirse en usuarios intensivos de tecnología. [48]

---

[48] State of Sales - Salesforce

Capítulo 4

La marca personal herramienta poderosa de Social Selling

○ ○

"Lo imposible es el fantasma de los tímidos y el refugio de los cobardes"

Napoleón

○ ○

"Tu marca social personal es la base de tu huella en las redes. Has de contar con un perfil y presencia fuertes que sean la base de tu éxito en ventas"

- Gerry Moran, Director Principal de Marketing en las redes sociales de SAP

El *Personal Branding*, tiene su origen en EEUU hace una más de una década. Los primeros pasos en esta tendencia de ferviente actualidad se dan en agosto de 1997, cuando el autor Tom Peters realiza las primeras reflexiones sobre la materia a través de su artículo "The Brand Called You" en la conocida publicación Fast Company (www.fastcompany.com/magazine/10/brandyou.html).

El *Personal Branding* surge de la aplicación y adaptación de las técnicas de gestión de marcas y Marketing, tradicionalmente utilizadas en el mundo de la empresa, a perfiles profesionales.

Tener una marca en Internet hoy en día es una obligación. No tenerla es perder oportunidades de negocio. Aprende cómo gestionar y mejorar tu imagen de marca en la red de manera sencilla, gestionando la conversación, promoviendo los perfiles profesionales, identificando prescriptores y ofreciendo lo mejor de tu marca personal y profesional.

Desarrollar una marca personal no es solamente obtener visibilidad y mostrar solidez profesional, implica conocerse mejor a uno mismo, plantearse metas y objetivos, comprometerse con la mejora continua, desarrollar la propia identidad y mostrar desde ahí una ventaja competitiva.

Una vez conocidos nuestros "valores de marca" el siguiente paso es darnos VISIBILIDAD. Las redes sociales son excelentes plataformas para mostrar esa VISIBILIDAD. Para hacerlo fácil empezaremos por crear perfiles en las redes sociales LinkedIn y Twitter alineados con esos valores y con nuestro *expertise*.

Nuestro objetivo es vender y es por esta razón por la que debemos focalizarnos hacia esa dirección. Por el contrario, si tu objetivo es la búsqueda de empleo, el enfoque es totalmente distinto y no nos va a servir para el objetivo que hemos marcado en este libro.

Si tu enfoque ahora mismo es la búsqueda de empleo, existen otros libros que te pueden ayudar en tal tarea. Aquí nosotros necesitamos añadir valor para nuestros clientes y los beneficios que podemos ofrecerles. La venta es nuestra meta.

Necesitas transmitir de forma clara y concisa, de qué manera vas a poder ayudar a tus clientes, que eres un asesor valioso y cómo se te puede contactar. ¿Puedes mostrar casos de éxito donde has ayudado a tus clientes? ¿Qué conocimientos les puedes ofrecer?

Tu presencia digital está 24 horas al día de forma ininterrumpida disponible y accesible para cualquier persona.

"Antes de que existieran LinkedIn y otras redes sociales, en el mundo de las ventas 'ABC' significaba 'Always Be closing' (cierra siempre tratos). Ahora 'ABC' significa 'Always Be Connecting' (mantente siempre conectado), ya que tus conexiones te llevan a nuevos clientes potenciales y estos a tu próximo negocio" Jill Rowley - Experta en Social Selling

4.1 Lo que dice Google de ti: La importancia de estar bien posicionado

Las personas ya no buscan en las guías de teléfono, las nuevas tecnologías brindan a golpe de clic información inmediata, ahora confían en los buscadores, en otra palabras, GOOGLE se ha convertido en el nuevo oráculo de Delfos. Es por ello por lo que desarrollar una marca personal permite visibilidad , mostrar solidez profesional y obtener una ventaja competitiva.

Ten esto en cuenta: siempre habrá alguien que te va a "googlear" y, aunque tú no tengas en este momento ningún perfil en redes sociales, ten por seguro que es muy posible que haya alguien que hable de ti, por lo tanto, es muy importante que seas tú quien tome el control.

Tienes que empezar a trabajar activamente tu marca para mostrar al mundo lo que eres en realidad, lo que vales.

Por eso, tener una marca en Internet hoy en día es casi una obligación. No tenerla es no solo no existir, sino también perder oportunidades de negocio.

¿Qué dice Google de ti? Búscate en Google y mira a ver qué dice de ti. Para saberlo con exactitud, introduce tu nombre y apellidos entre comillas en el buscador. ¿Te has encontrado? ¿Dice cosas buenas? ¿Malas? ¿O simplemente no dice nada? ¿Encuentras a mucha gente con tu mismo nombre y no te encuentras tú?

Lo ideal sería que los 3 primeros resultados deberían ser de páginas web que tú administres directamente, por ejemplo, tu página web, Blog, tu perfil de LinkedIn…, etc.

Los 5 siguientes deberían corresponder a acciones que has controlado, intervenido o llevado a cabo.

Si tras este ejercicio no te ha gustado lo que has visto o no es lo que hubieras deseado ver, no te preocupes, porque ipuedes cambiarlo!

4.2 Internet es un democratizador: permite al pequeño medirse con el grande

Internet se ha convertido en un recurso increíble para el desarrollo de una carrera, trabajo en red, búsqueda de empleo y más. Ya no solo es un escaparate y una oportunidad para mostrar a los empresarios qué somos, a través de un curriculum vitae de una página digital, sino que podemos crear nuestra propia página web, blog, perfil de Facebook, perfil de LinkedIn y muchas más cosas que nos ayudarán a construir la visibilidad de nuestro YO DIGITAL.

Para un óptimo desarrollo de lo que llamamos *PERSONAL BRANDING*, es necesario seleccionar los medios sociales más adecuados para potenciar tu actividad, cuáles son aquellas TOOL KIT fundamentales para diseñar tu propia estrategia digital, cómo GOOGLE va formar parte de tu "nueva tarjeta de visita", cómo debes interactuar en los social media, cómo debes promocionarte, cuáles son las maneras de "medir" la eficacia de tu actividad 2.0 para estar al día de todo lo que ocurre en tu área profesional... En definitiva, cómo debe ser tu nuevo "YO digital".

4.3 La importancia de las palabras clave

Estamos en el mundo digital en el que los buscadores juegan un papel muy importante y, por ello, la selección adecuada de "palabras clave" o "keywords" van a influir en el comportamiento de nuestros contenidos y de nuestro perfil.

En términos generales, el 75% del éxito de una campaña de posicionamiento en buscadores radica en una buena selección de palabras clave. Una correcta selección de las palabras clave puede ser la diferencia entre la rentabilidad y el fracaso de una web. Teniendo en cuenta que tu perfil en LinkedIn se va a comportar como una web, es esencial que tengas en cuenta tus keywords.

Vamos a ver de forma general cómo afecta una buena selección de las palabras clave, para ser encontrados en los buscadores y de esta manera extrapolarlo a nuestros perfiles profesionales.

Con las herramientas que vamos a ver, podemos realizar un análisis previo para ser capaces de identificar cuales son dentro de nuestro sector, las keywords que resultan más interesantes para conseguir más visualizaciones y alcance.

No debemos "nadar contracorriente", es decir utilizar keywords que no son buscadas y solo porque nos gusten. Debemos ir "a favor", es decir, alineados con las tendencias de búsqueda, para ser encontrados.

4.3.1 Herramienta para análisis de las tendencias de las búsquedas de los usuarios

Google Trends / Tendencias https://www.google.es/trends/

Google Trends es una aplicación que sirve tanto para conocer los temas más populares y las últimas tendencias en la red, como para comparar el número de búsquedas de varias palabras o frases. Así conoceremos el nivel de búsqueda de un determinado término (keyword), durante un período de tiempo concreto.

 Sin embargo, hay que tener en cuenta que Google Trends no indica el número de búsquedas, sino que lo muestra proporcionalmente con valores relativos basados en una escala de 0 a 100, donde 100 representa el punto más alto en niveles de búsquedas realizadas respecto a un término o palabra clave. Esta comparación se efectúa mediante un gráfico.

Entra en Google Trends e introduce los términos de búsqueda que deseas comparar separados por ',' comas. En este ejemplo vamos a comparar las siguientes keywords: *Social Selling, Ventas sociales, Social Selling LinkedIn y Social selling index*

Social Selling Linke...	Ventas Sociales	Social Selling	Social Selling Index
Término de búsqueda	Término de búsqueda	Término de búsqueda	Término de búsqueda

Todo el mundo ▾	2004 - hoy ▾	Todas las categorías ▾	Busqueda web ▾

En la parte de abajo puedes seleccionar todo el mundo, solo un país o una región. El rango de fechas, las categorías y de donde quieres que se analicen los datos.

A continuación nos mostrará un gráfico con la evolución de las búsquedas realizadas en el tiempo.

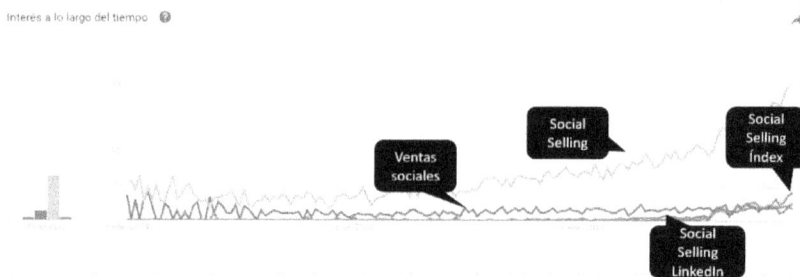

Debajo de esta gráfica nos mostrará un mapa y un recuadro con recomendaciones de otras combinaciones de palabras basadas en nuestra búsqueda, que también están teniendo muchos resultados.

4.3.2 Análisis del volumen de búsquedas por cada palabra

Google Keyword Planner

https://adwords.google.com/KeywordPlanner

El Planificador de palabras clave es una herramienta gratuita de AdWords que funciona como un taller, donde tanto los nuevos anunciantes como los más experimentados pueden crear nuevas campañas para la Red de Búsqueda o ampliar las que ya tienen.

Puede buscar ideas de palabras clave y grupos de anuncios, comprobar el rendimiento de una lista de palabras clave e incluso crear una lista de palabras clave multiplicando varias listas de términos combinadas.

En definitiva, es una herramienta que nos dice el volumen de búsquedas que tienen las palabras que hemos introducido y otras combinaciones sobre las que estamos buscando.

Para utilizarla, accede a la url que hemos indicado anteriormente.

Vamos al menú Herramientas/Planificador de Palabras clave.

Al hacer clic nos aparecerá esta pantalla con las opciones que podemos seleccionar para hacer la búsqueda de palabras.

Planificador de Palabras Clave

¿Dónde le gustaría empezar?

Encontrar palabras clave nuevas y obtener datos del volumen de búsquedas

› Buscar palabras clave nuevas mediante una frase, sitio web o categoría

› Obtener datos y tendencias del volumen de búsquedas

› Combinar listas de palabras clave para obtener palabras clave nuevas

Planificar el presupuesto y obtener previsiones

› Introducir o subir una lista de palabras clave para obtener previsiones

› BETA Obtener previsiones para las campañas o palabras claves de su cuenta

Seleccionamos "Obtener datos y tendencias del volumen de búsquedas".

▾ Obtener datos y tendencias del volumen de búsquedas

Opción 1: Introducir palabras clave

seguro hogar
seguro coche
seguro vida
seguro viaje

Opción 2: Subir archivo

Seleccionar archivo...

Se admiten archivos de texto, TSV o CSV Más información

Segmentación ?

España

Google

Periodo ?

Mostrar la media de
búsquedas mensuales para:
últimos 12 meses

Introducir palabras clave negativas

oferta, cupón, promoción, gratis, liquidación|

Sus anuncios para esta campaña no se mostrarán cuando una
búsqueda contenga alguno de estos términos.

Guardar Cancelar

Escribimos las combinaciones de palabras que deseamos analizar e introducimos aquellas palabras que consideramos negativas, en este caso "oferta, cupón, promoción, gratis, liquidación" (estas palabras se introducen para que cuando se hagan los anuncios no hagan clic en él). Pulsamos el botón guardar y, a continuación, hacemos clic en el siguiente botón:

Obtener volumen de búsquedas

Ahora nos muestra el volumen de búsquedas sobre las palabras y parámetros que hemos introducido.

Ideas para el grupo de anuncios	Ideas para palabras clave	
Palabra clave (por relevancia)	Promedio de búsquedas mensuales	Competencia
seguros coche	10 K – 100 K	Alta
seguro hogar	1 K – 10 K	Alta
seguro viaje	1 K – 10 K	Alta
seguro vida	1 K – 10 K	Alta

Podemos ir cambiando las palabras y combinaciones y ver cuales con las que son más buscadas.

4.3.3 Recomendador de palabras alternativas con más búsquedas

KWFinder https://www.solucionafacil.es/kwfinder

KWFinder es una herramienta gratuita que te permite hacer un *keyword research* muy completo en pocos minutos. Te da datos concretos como el volumen de búsquedas exacto así como los niveles de competencia y dificultad de cada palabra clave.

Con *keyword finder* podremos obtener, de forma gratuita e inmediata, un *dashboard* sobre cualquier término que nos ayudará muchísimo a tomar decisiones importantes sobre nuestra selección de palabras clave.

Separamos por comas las palabras que deseamos buscar, en nuestro caso hemos especificado lugar Spain e idioma Spanish.

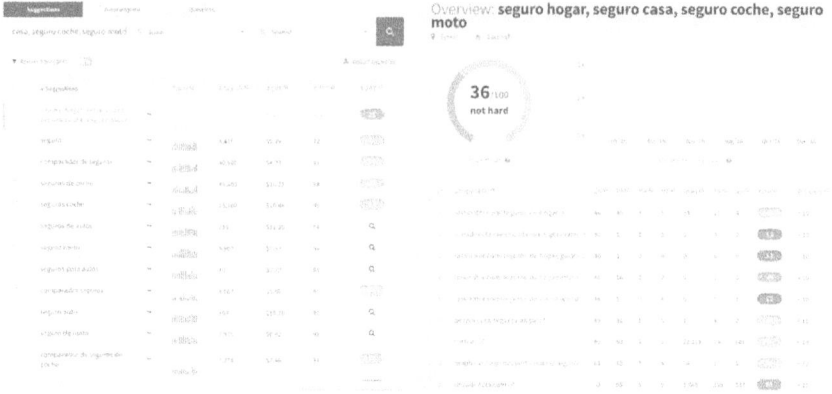

Se genera una pantalla con el volumen de búsquedas (izquierda de la imagen) y con otras combinaciones, y en la parte de la derecha de la misma podemos ver direcciones web que están usando estas combinaciones.

4.3.4 Análisis exhaustivo de palabras clave, volumen, posicionamiento y competencia

SEMrush https://www.solucionafacil.es/semrush

Semrush es otra herramienta para encontrar palabras clave muy conocida. El otro día celebraba el millón de usuarios registrados. Puedes buscar keywords o analizar webs de la competencia en búsqueda de oportunidades. Tan solo debes incluir una URL o una palabra clave y verás lo resultados: competencia, estimado de búsquedas mensuales, costes estimados, etc. Además puedes conocer la evolución de una URL en función de las palabras clave posicionadas en Google, así como sus cambios de posición, tráfico orgánico estimado mensual, etc. A través del enlace que te mostramos más arriba tienes una *trial* para poderlo usar.

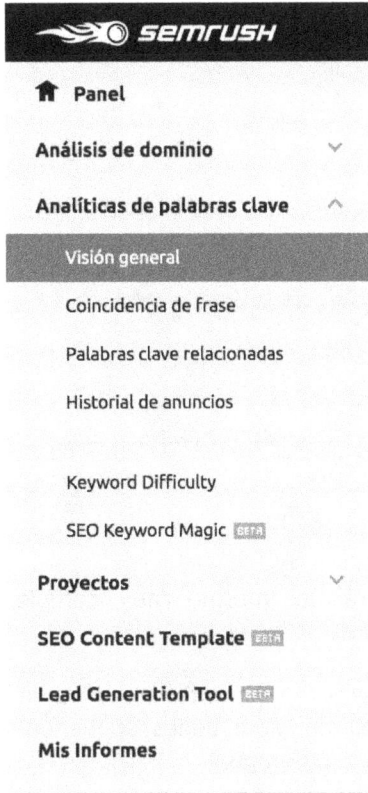

Es una de las herramientas más potentes para hacer el análisis SEO.

Entramos en el menú Analíticas de palabras clave/Visión general

Introducimos la frase "comparador seguros coche", seleccionamos "ES Google" y pulsamos "Búsqueda".

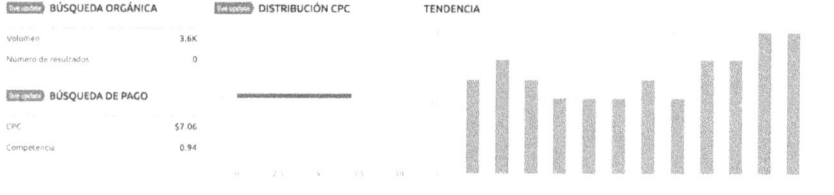

Nos aparecerá un informe muy completo del volumen de búsquedas, palabras relacionadas, etc.

Si tienes interés en ponerte manos a la obra y aprender a manejar esta herramienta, aquí tienes el manual oficial de SEMrush: https://es.semrush.com/kb/manual/

Y aquí un recopilatorio hecho por SEMrush de los tutoriales que hay sobre SEMrush: https://es.semrush.com/blog/como-utilizar-semrush-guias-tutoriales/

Capítulo 5

LinkedIn como herramienta de marca personal y negocio

⊙ ⊙

"Locura es hacer la misma cosa una y otra vez esperando obtener diferentes resultados"

Albert Einstein

⊙ ⊙

Como estamos viendo es un paso imprescindible crear una Marca Personal Digital, para podernos establecer como expertos. El primer paso es tener un buen perfil en LinkedIn.

Fíjate en estos datos: el 49% de los compradores buscaron a su proveedor a través de los perfiles de LinkedIn y el 50% evitó contactar con profesionales con el perfil incompleto.[49]

El perfil profesional de LinkedIn es clave dentro de este proceso que vamos a realizar. LinkedIn tiene presencia en 200 países. La plataforma está disponible en 20 idiomas, con más de 450 millones de usuarios dados de alta (al ritmo de 2 personas por segundo), para hacer negocios, buscar distribuidores, productos, estar en contacto con el sector, empleo, etc. Es la Red Profesional más importante del mundo.

---

[49] LinkedIn Sales – Accelerating Your Sales in 2016

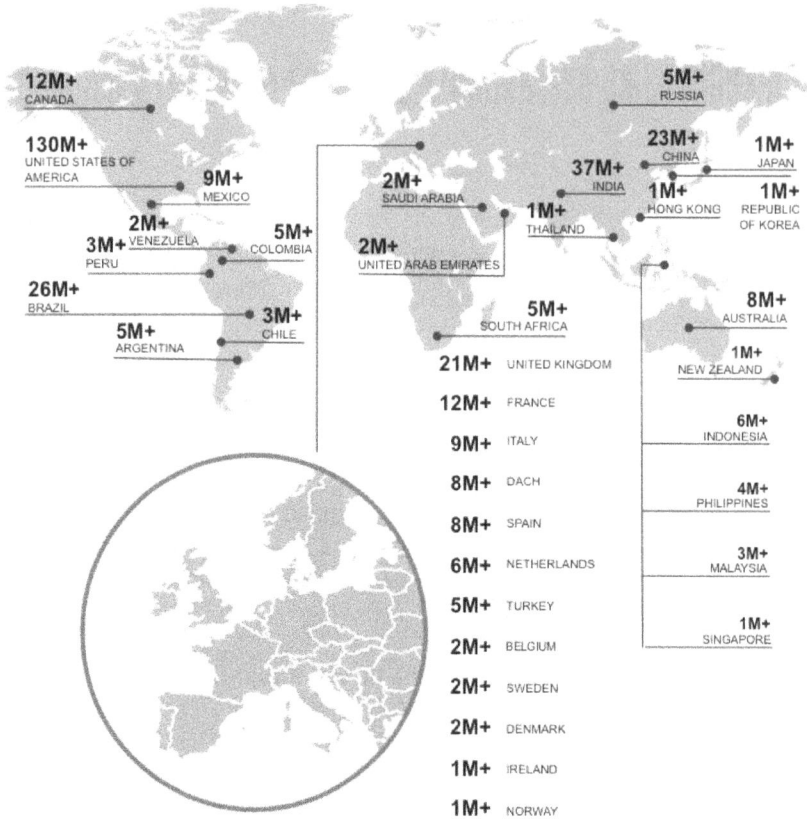

450,000,000+
REGISTERED MEMBERS

12M+ CANADA	5M+ RUSSIA
130M+ UNITED STATES OF AMERICA	23M+ CHINA — 1M+ JAPAN
9M+ MEXICO	37M+ INDIA
2M+ SAUDI ARABIA	1M+ HONG KONG — 1M+ REPUBLIC OF KOREA
2M+ VENEZUELA	1M+ THAILAND
3M+ PERU	2M+ UNITED ARAB EMIRATES
5M+ COLOMBIA	8M+ AUSTRALIA
26M+ BRAZIL	1M+ NEW ZEALAND
5M+ ARGENTINA	6M+ INDONESIA
3M+ CHILE	4M+ PHILIPPINES
5M+ SOUTH AFRICA	3M+ MALAYSIA
	1M+ SINGAPORE

21M+ UNITED KINGDOM

12M+ FRANCE

9M+ ITALY

8M+ DACH

8M+ SPAIN

6M+ NETHERLANDS

5M+ TURKEY

2M+ BELGIUM

2M+ SWEDEN

2M+ DENMARK

1M+ IRELAND

1M+ NORWAY

Gráfico oficial de LinkedIn

LinkedIn tiene 143.464.000 visitas a través de la web y de las *apps* de *smartphones* y *tablets*, con un aumento del 31% de 2014 a 2015 [50]. La mayoría de los profesionales usan la *app* de LinkedIn en sus *smartphones*, de hecho, el 40% lo revisa todos los días.

Para establecer tu imagen como especialista, el primer paso que necesitas hacer es darte de alta en LinkedIn y crearte un perfil bien hecho, cosa que veremos en los siguientes apartados. Recuerda que

---

[50] LinkedIn Annual Report 2016

todo el tiempo que dediques a esta labor, es en tu propio beneficio y el de tu carrera profesional. Para la creación del perfil necesitarás hacerlo desde el ordenador o desde una *tablet*, utilizando la opción "ver como" en el Escritorio (Ordenador).

Una vez creado el perfil el resto de trabajo a realizar, en su gran mayoría, lo puedes hacer ya desde tu *smartphone* y/o *tablet*.

Los beneficios que vas a obtener son numerosos: crear tu imagen digital en un entorno profesional, posibilidad de que te encuentren al hacer búsquedas dentro de LinkedIn y en Google (LinkedIn envía tu perfil profesional a los buscadores para que te puedan encontrar, Google, Yahoo, Bing, etc.).

5.1 La marca personal en LinkedIn: cómo construir un perfil PROFESIONAL 10

Una de las ventajas que tenemos en LinkedIn, es que la gran mayoría de los profesionales que lo usan (incluso los que lo usan para generar negocio o buscar empleo), no se han formado y utilizan LinkedIn a base de procesos de "prueba y error".

La mayoría de los perfiles en LinkedIn son "Invisibles". Son solo meros Curriculums Vitae subidos a una plataforma, pero que carecen del "packaging" adecuado.

Estar en LinkedIn significa mucho más que subir el Curriculum Vitae. La mayoría de las personas están en LinkedIn pasando inadvertidas, sencillamente porque su página de LinkedIn no reúne las condiciones óptimas para que sea encontrada. Las empresas y reclutadores habitualmente no buscan por el nombre de las personas, sino por sus competencias profesionales y estas son las KEYWORDS que se deben optimizar.

Hacer de Linkedin un sitio web donde posicionar nuestra marca personal con éxito requiere paciencia y constancia. Hay que hacer un perfil en el que consigas tener la mayor visibilidad posible, que te haga "único y diferente" o, lo que en términos *marketinianos* se denomina, mostrar los "beneficios del producto" y reflejarlos en un "packaging diferenciador" para lograr un posicionamiento en la mente de tu "comprador". Si a esto le sumamos técnicas de optimización en motores de búsqueda (SEO), entonces conseguiremos que cuando alguien busque en LinkedIn por tus valores profesionales, tus competencias técnicas o por lo que sabes hacer, aparezcas en la primera página de resultados. Esta es la clave del SEO, porque nadie buscará por tu nombre a no ser que te conozcan.

5.1.1 El Perfil de LinkedIn: la primera impresión es la que cuenta

Lo primero que vamos a ver es cómo está estructurado el perfil de LinkedIn y es lo que llamamos una estructura en 9 partes.

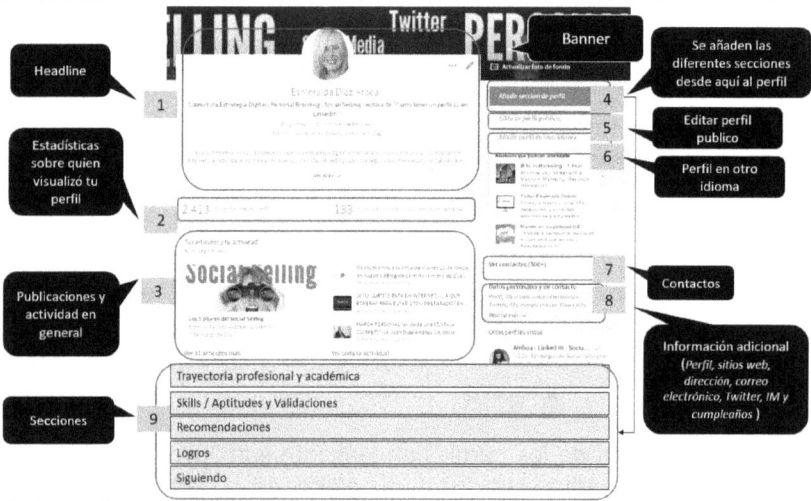

Tu HEADLINE (zona 1)

La primera parte es muy importante ya que constituye el HEADLINE, formado por tu nombre y apellidos, una breve descripción que no exceda de 156 caracteres, en las que debes de incluir tus "keywords" relativas a lo que sabes hacer, lo que aportas como profesional..., tu *expertise*, una buena fotografía en la que transmitas una buena imagen y tu ubicación actual, así como el sector en el que trabajas.

Esta sección del perfil es importantísima ya que es la que va a "reconocer y rastrear" Google para situarte en sus páginas de resultados (SERPS: search engine results pages).

El poner una foto aumenta por x21 las visitas al perfil[51]

Veamos qué ocurre cuando se busca en Google por nombre y apellidos:

El perfil de LinkedIn siempre aparece en primeras posiciones de los resultados del buscador.

Lo que Google muestra siempre en sus SERPS son 3 partes: el Titulo exhibiendo hasta 65-70 caracteres únicamente, la URL y la Meta Descripción (texto en gris), que solo muestra 156 caracteres.

Incluir tu ubicación multiplica por x23 tus apariciones en las búsquedas[52]

La anatomía de un SERP es el ADN de Internet. Las tres partes del SERP deben contener textos inteligentes, de ahí que la meta descripción que captura desde el texto de LinkedIn, sea tan importante.

Tu dirección WEB en LinkedIn: URL

---

[51] Fuente LinkedIn 2016
[52] Fuente LinkedIn 2016

Tu perfil de LinkedIn es una página web y, como tal, debes optimizarla para el posicionamiento en buscadores (SEO). Uno de los factores SEO más importantes, junto con las keywords, que veremos más adelante, es la URL, es decir, la dirección web a la que apunta tu perfil.

LinkedIn "fábrica", por así decirlo, URL's poco amigables para los rastreadores, por lo tanto una de las cosas que debes hacer es modificarla. Para ello sigue las indicaciones del esquema de abajo. Tienes 30 caracteres para añadir detrás del dominio principal de LinkedIn. Nuestro consejo es que coloques directamente tu nombre y apellidos, sin guiones.

Tu zona de datos de contacto (zona 8)

En esta sección deberás de añadir diferentes datos como tu teléfono, Skype u otro medio de mensajería, tu dirección postal..., etc. Esta parte será siempre visible para tus contactos.

Una segunda parte que será visible para todos los usuarios de LinkedIn, es la parte digamos "Social y Digital" externa a LinkedIn. Aquí podrás añadir hasta dos cuentas de Twitter y 3 sitios web. Veremos más adelante la importancia de esta parte también desde el punto de vista del "SEO on page".

Zona de secciones (zona 4)

Esta cuarta área es lo que nosotros denominamos la zona de "secciones". Aquí podrás ir añadiendo diferentes secciones, hasta completar tu perfil.

Las secciones que se pueden incorporar son muchas. Es sencillo de hacer. Basta con seleccionarlas desde el menú de opciones que LinkedIn (4) ofrece y colocarlas en el perfil.

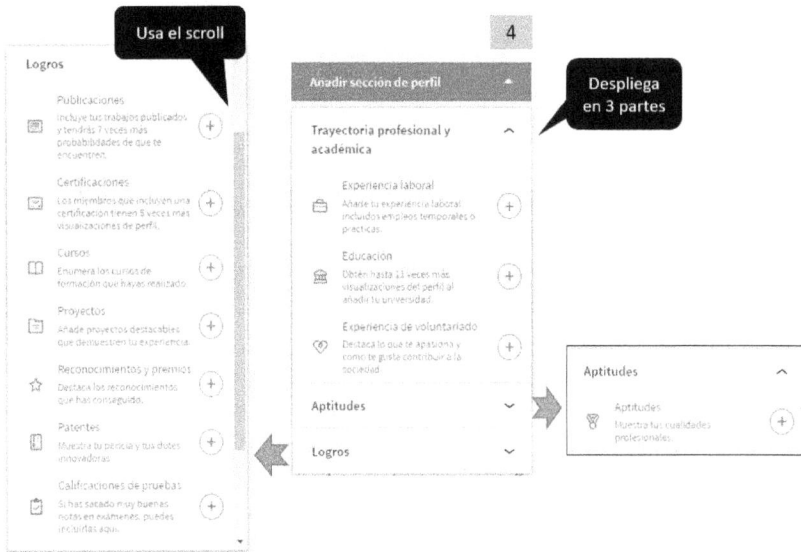

Todas estas secciones quedan incorporadas en lo que nosotros llamamos "zona 9":

La sección "Siguiendo" se despliega a su vez en Influencers, Empresas, Grupos y Universidades

5.1.2 El SEO en LinkedIn: Keywords, *Link* building y URL amigable

Como hemos dicho anteriormente, el SEO on page es muy importante y para ello vamos a poder trabajar alguno de los factores SEO, como las keywords, los enlaces (*link* building) y la URL.

Las palabras clave no son otra cosa que aquellas palabras y frases que describen tu *expertise* profesional y que son las que ya has utilizado en tu HEADLINE.

Para que tu perfil sea "robusto" desde el punto de vista SEO y sea, por lo tanto, encontrado en las búsquedas de LinkedIn (la gente busca por especialidades, por el *expertise*, raramente por tu nombre), debes aportar DENSIDAD de tus palabras clave en todas las partes que te sea posible de tu perfil. En otras palabras, "espolvorear" con palabras clave el EXTRACTO, APTITUDES y VALIDACIONES, EXPERIENCIA, RECOMENDACIONES, etc. Cuanto más alta sea la densidad de tus keywords, mejores posiciones tendrás en los RANKINGS de búsqueda de LinkedIn.

LinkedIn recomienda tener un extracto de al menos 40 palabras para mejorar tu posicionamiento en las búsquedas[53]

Los enlaces son otro de los factores SEO más importantes. Vamos a ver cómo insertamos estos enlaces: tenemos varios sitios, desde la "Información de contacto" hasta las secciones de Experiencia y Educación.

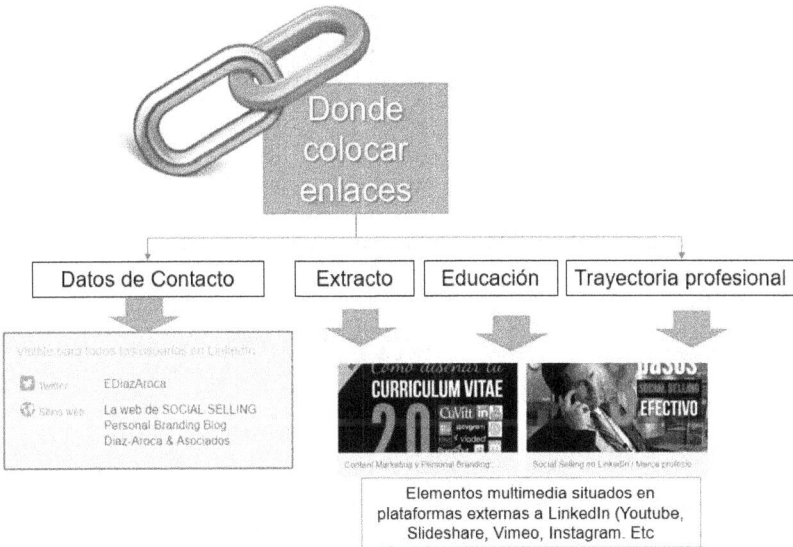

Elementos multimedia situados en plataformas externas a LinkedIn (Youtube, Slideshare, Vimeo, Instagram. Etc

Lo mejor es tener contenido en otras plataformas, como YOUTUBE, SLIDESHARE... y desde ellas añadir el enlace a LinkedIn, de esta manera estamos contribuyendo al link building. Aunque LinkedIn da la opción de subir desde el disco duro un elemento multimedia, nosotros no lo aconsejamos, porque no estamos haciendo link building ni creando branding en otras plataformas.

Para saber qué proveedores de plataformas admite LinkedIn, puedes echar un vistazo en este enlace: http://embed.ly/providers

5.1.3 Pasos para tener un perfil 10 en LinkedIn

Tener un perfil 10 en LinkedIn requiere detalle y, sin duda, trabajo para tenerlo perfectamente optimizado.

---

[53] Fuente LinkedIn 2016

En este libro vamos a citar de forma resumida cuales son los puntos clave para hacerlo.

Si estás interesado en profundizar, puedes adquirir el libro de Esmeralda, "Cómo tener un perfil 10 en LinkedIn" aquí: http://amzn.to/2iW2hwX o escanea el código QR.

Y aquí tienes un curso *online* de 6 horas para crear un buen perfil en LinkedIn http://aulavirtual.davidmcalduch.com/collections/linkedin "LinkedIn cómo crear un perfil que te ayude en tus objetivos" con un código de descuento del 25% con este cupón **booksocialselling25**

Los pasos clave serían los siguientes:

1. Customiza tu TITULAR PROFESIONAL para atraer la atención e incrementar el valor del SEO.
2. Utiliza un buena FOTOGRAFÍA para tu perfil.
3. Selecciona tus palabras CLAVE: KEYWORDS.
4. Cumplimenta tu perfil al 100%. No te dejes nada por incluir: EXTRACTO.
5. Modifica la URL: personalízala. Esto incrementará el valor SEO.
6. Dile a la gente que te puede seguir en Twitter.
7. Lleva tráfico y visitantes a tus webs, blogs, etc., incluyendo sus enlaces en tu información de contacto.
8. Cuenta a la gente quién eres: YOUR BRAND HISTORY: EXTRACTO y EXPERIENCIA.
9. Construye tu REPUTACIÓN: VALIDACIONES y RECOMENDA-CIONES.
10. Añade elementos multimedia: NEUROCOMUNICA: EXTRACTO, EXPERIENCIA, EDUCACIÓN.

5.2 Cómo alinear tu marca personal-profesional a la de tu empresa

5.2.1 La importancia de las palabras clave que te definen como profesional y alineadas al negocio de tu empresa.

Si estás trabajando para una empresa concreta, bien por cuenta propia como por cuenta ajena, es importante que las palabras clave estén alineadas también a los intereses corporativos, además de vincular tu perfil al perfil de tu empresa actual, mediante un enlace. Para ello tu empresa debe tener una página en LinkedIn.

5.2.2 La página de EMPRESA en LinkedIn: La importancia de sacar partido a la página corporativa de tu empresa

Una página de empresa en LinkedIn permite reforzar la identidad digital de tu empresa y mejorar su reputación *online*. Es importante por lo tanto que tu empresa disponga de una presencia en LinkedIn.

Para crear una página de empresa en LinkedIn hay que cumplir al menos 7 requisitos:

1. Configurar como correo electrónico principal una dirección relacionada al nombre de dominio de la empresa en el correo electrónico (por ejemplo: minombre@nombredelaempresa.com).
2. El nombre de dominio correo electrónico debe ser único. Para definir un correo electrónico principal en LinkedIn: Cuenta > preferencia> email principal modificar/añadir.
3. Los webmails masivos no son autorizados (por ejemplo: Yahoo Mail, Gmail).
4. Ser empleado de la empresa: el puesto ejercitado debe ser puesto en una lista en la sección "Experiencia" de su perfil.
5. Truco: si la empresa no posee un dominio de correo electrónico único, crea un grupo.
6. Contar con varios contactos en tu red. De CERO no te autorizará LinkedIn.
7. Enriquecer su perfil (educación, experiencia profesional, competencias, portfolio): éste debe alcanzar el nivel "Intermedio" o "Experto absoluto/ESTELAR". La "fuerza del perfil" es indicada en la columna de la derecha de la página de perfil.

Una vez que ya has creado la página de tu empresa, podrás vincular tu perfil y el de tus empleados a la misma

5.2.3 Ocho buenas prácticas para tu página de empresa en LinkedIn

1.- Multiplica tu alcance con los empleados como embajadores de marca e invita a amigos y clientes a seguir el perfil de la empresa. Esta invitación se puede hacer de varias maneras: con un mensaje interno dentro de la empresa o a través de una campaña de mailing a los contactos de la base de datos de la empresa. Además, desde el perfil personal de LinkedIn se pueden enviar recomendaciones por mensaje hasta el primer grado de conexión

2.- Añade el botón de LinkedIn en la página web de la empresa. Tener la mayor repercusión posible es uno de los objetivos de toda empresa y hoy en día pasa por contar con una página web y/o un blog. Aprovecha las visitas que tienes a tu sitio web añadiendo el icono de LinkedIn. Conseguirás que tu perfil tenga mayor alcance y, por tanto, podrás ganar seguidores. Aquí lo puedes conseguir:

https://developer.linkedin.com/plugins/follow-company

3.- Solicita a los clientes que te recomienden en LinkedIn. Para ganar nuevos clientes es importante fidelizar los actuales. Así, generar confianza es fundamental y esto se puede conseguir a través de los clientes, ya que son el testimonio perfecto para dar a conocer nuestro trabajo y su grado de satisfacción con la marca o empresa.

4.-Da a conocer tu perfil en LinkedIn a través de otras redes sociales (como Facebook o Twitter). Si has pensado en un perfil de empresa en LinkedIn, seguro que tu compañía o marca ya está presente en otros medios sociales (en la mayoría de los casos ocurre así). Aprovecha estos para dar a conocer que dispones de un perfil en LinkedIn e invita a que te sigan.

5.- Crea grupos de LinkedIn sobre temática relacionada con la empresa. Los grupos de LinkedIn están conformados por usuarios y/o profesionales que comparten un interés común. Cuando hablamos de un perfil de empresa, el contenido de estos grupos debe estar relacionado con el producto o servicio de la compañía o marca. Grupos de debates, promociones o empleo dentro de la compañía son un ejemplo.

6.-Participa en grupos relacionados con el sector. Toda marca o empresa tiene un público objetivo, y ese es al que debe ir destinado el contenido de tu página de LinkedIn. Participar en grupos relacionados con el sector nos permitirá adquirir conocimientos e información que puede ser útil para la empresa. Pero además, si en alguno de estos grupos hay cuestiones de las que conocemos la respuesta, contestaremos de manera clara, mostrando así nuestros conocimientos en la materia. Además, podemos hacer también preguntas inteligentes e interesantes.

7.-Ofrece contenido de calidad que genere interés. No es tan importante el número de informaciones que se publican, sino el hecho de que estas sean de calidad y susciten interés entre los seguidores.

8.- Comparte contenido de la página web de la empresa. LinkedIn también debe ser entendido como un medio que nos permite dirigir tráfico a nuestra página web y consolidarnos como referente en el sector.

5.2.4 Cuadro de Mando con los KPIs para medir nuestra efectividad

KPI son las siglas de Key Performance Indicators, o sea, indicadores clave del desempeño. Los KPIs son métricas que se utilizan para cuantificar los resultados de una determinada acción o estrategia en función de unos objetivos predeterminados. Son de alguna manera indicadores que nos permiten medir el éxito de nuestras acciones.

La definición de KPIs es fundamental en cualquier negocio y ahora el negocio eres TÚ. Veremos a continuación qué tipo de KPIs y cuadros de mando tienes que tener en cuenta.

Una de los factores de éxito en el Social Selling es conseguir ser INFLUYENTE. Medir la "Influencia" que una persona tiene en LinkedIn es importante y, sobre todo, ver cómo ésta va evolucionando a medida que se trabaja con un Plan de acción concreto.

¿Crees que el tamaño importa a la hora de diseñar una estrategia de Social Selling?

¡Sin duda! Sí. Cuanto más grande es el tamaño de tu red de contactos en LinkedIn más VISIBILIDAD y ALCANCE tendrás y más accesibilidad a contactar con otras personas que te interesen, que no estén en tu red, pero sí accesibles a través de tus contactos.

Hay tres puntos importantes sobre los que se debe uno focalizar y que, de alguna manera, ayudan a no solo organizar un plan de acción sino a medir los resultados de nuestro Plan de Acción de Social Selling:

- Conseguir que el mensaje publicado en LinkedIn tenga el mayor alcance posible.
- Conseguir *ENGAGEMENT*: que tu mensaje y comentarios también sean compartidos por tu red.
- Conseguir que tu red sepa que lo que publicas es siempre interesante y, sobre todo, útil.

El Social Selling en LinkedIn requiere un plan de acción y un cronograma. Nada debe quedar al azar. Sin método de trabajo no hay plan, sin plan no hay acción y sin acción no hay éxito.

Lo que está claro es que si no se "trabaja" no se obtienen resultados. Es como decir "no me toca nunca la lotería, por eso no juego".

Pero... ¿cómo medir la evolución de tus acciones Social Selling en LinkedIn?

El éxito es también consecuencia de la constancia además de la planificación y del método. Podemos medir la evolución de nuestra "influencia" en LinkedIn a través de 9 parámetros sencillos de controlar.

1. Tamaño de la red de contactos

Piensa que por cada nueva conexión que adquieras le tienes que sumar los contactos de 2ª y 3ª conexión y esto significa un ALCANCE de miles de contactos.

Por ejemplo, una persona con 5358 contactos de primer nivel, su alcance son 3.247.539 profesionales o contactos de segundo grado. Si a esto le sumamos la posibilidad de contacto con miembros de los grupos donde esa persona está también (2.237.982), la resultante es que su alcance es de 5.490.879 de profesionales.

Relación ▲

✓ Contactos de 1er grado (5358)
✓ Contactos de 2° gr... (3247539)
✓ Miembros del grupo (2247982)

Esto es muy importante porque si quieres conocer a alguien que no está dentro de tus contactos de primer nivel, puedes pedir a un contacto que te presente.

A mayor tamaño de red, mayor posibilidad de contactar con otras personas. El crecimiento de tu red te hará más visible y si lo sabes hacer bien, serás más influyente.

2.-El número de invitaciones que te lleguen

Es otra variable que puedes medir. Fíjate bien: a mayor influencia mayor es el número de invitaciones que vas a recibir. En otras palabras, si tienes un buen "tirón" como profesional y tu marca personal es fuerte, la gente querrá conectar contigo.

Puedes llevar un registro de forma muy cómoda del número de invitaciones recibidas a la semana. Es muy fácil. Solo tendrás que acceder a "RED", "contactos" y filtrar por NUEVO.

3. Número de visitas a tu perfil

Sin duda si tienes optimizado tu perfil de LinkedIn recibirás más visitas porque aparecerás con mayor probabilidad en las búsquedas por palabra clave. En otras palabras estarás más localizable.

Si tu perfil está optimizado y preparado para el SEO, aparecerás en los ranking de búsqueda. Si optimizas tu perfil verás que aumentará tus resultados en las búsquedas y, en consecuencia, el número de visitas a tu perfil.

Si no tienes cuenta PREMIUM puedes ver quién ha visto tu perfil de forma diaria y también el número de personas que han accedido al mismo en los últimos 90 días. Te puede valer de referencia para anotar el dato y ver la evolución.

4. Porcentaje Vistas/Audiencia perfil

Puedes conseguir aumentar el número de visitas a tu perfil si incluyes tu dirección de LinkedIn bajo tu firma de correo, en tu tarjeta de visita, en tu perfil de Twitter, web, tus presentaciones en PowerPoint, etc.

Es bueno que también tengas en cuenta el resultado después de un evento en el que hayas participado, una conferencia, una clase, reunión, etc.

5. Alcance de tus publicaciones

LinkedIn te permite conocer el alcance que tienen tus publicaciones mediante "Quien ha visto tu actualización". En este enlace puedes ver, una vez que estés dentro de tu perfil de LinkedIn, las analíticas de tus publicaciones (LinkedIn Pulse).

https://www.linkedin.com/in/davidmcalduch/recent-activity/

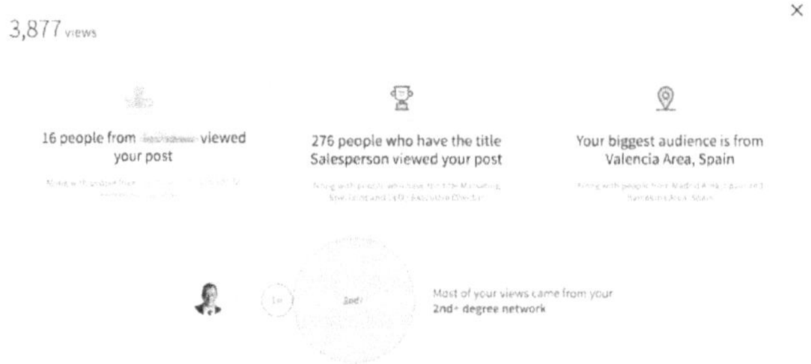
3,877 views
16 people from viewed your post
276 people who have the title Salesperson viewed your post
Your biggest audience is from Valencia Area, Spain
Most of your views came from your 2nd+ degree network

La versión móvil ofrece resultados más amigables. Una de las "rarezas" de LinkedIn y que no acabamos de entender.

6. Mide tu nivel de interacción.

No solo es importante el TAMAÑO de tu red sino las "relaciones" con ella. Por eso la interacción es fundamental ya que es la antesala de la desvirtualización en forma de visita, entrevista o, simplemente, "un café" como nosotros lo llamamos.

Si publicas contenido interesante y de utilidad, ten por seguro que conseguirás comentarios, recomendaciones y, también, que tu contenido sea compartido.

7. Número de validaciones en la sección de aptitudes y conocimientos

Lo que LinkedIn llama "endorsements" es algo que te interesa cultivar y propiciar. ¿Por qué? Porque la "concentración" de votos en las palabras clave que definan tus aptitudes y habilidades hará que subas posiciones en las búsquedas internas. En otras palabras, te favorecerá en los rankings de búsqueda por palabra clave.

Por lo tanto, conseguir que te valide tu red es importante para ti. Las validaciones son como avales.

En el ejemplo siguiente te mostramos las validaciones que tiene David:

Featured Skills & Endorsements   Add a new skill ✎

View 4 pending endorsements

Social Selling · 17   Fernando Jover Esplá and 16 connections have given endorsements for this skill

Digital Strategy · 20   Fernando Jover Esplá and 19 connections have given endorsements for this skill

Business Strategy · 55   Endorsed by Fernando Jover Esplá and 1 other who is highly skilled at this

                               Endorsed by 3 of David's colleagues at Hootsuite

David is also good at...

Lean Canvas · 10	Lean Startup · 10	Canvas
Business Growth S.. · 17	Social Media Strat... · 52	Hootsuite · 80
Hootsuite Enterpr... · 3	SEO · 99+	LinkedIn · 32
Social Media Adve... · 1	CRM · 63	Salesforce.com · 5
E-commerce · 47	Online Marketing · 40	Personal Branding · 53
Entrepreneurship · 78	Start-ups · 11	Business Intellige... · 34
Big Data Analytics · 1	Data Mining · 1	Cloud Computing · 9

8. Las recomendaciones de la gente que ha trabajado contigo IMPORTAN

Como mínimo debemos incorporar a nuestro "perfil 10" al menos 10 recomendaciones. Sin embargo, más de 10 es mejor. Las recomendaciones son una buena tarjeta de visita. Aunque en los países mediterráneos como España no estamos muy habituados a esto, es importante que empecemos a tenerlo en cuenta y a hacer un pequeño esfuerzo por pedirlas sin ruborizarnos.

9. KPI's de tu social selling

Si trabajas a conciencia tu " profesional branding", te ayudará sin duda a impulsar las ventas de tu negocio, trabajes por cuenta propia o trabajes por cuenta ajena.

Las KPI's que puedes evaluar son las siguientes:

- Número total de contactos de primer nivel.
- Número total de mensajes de bienvenida enviados.
- Número total de respuestas recibidas al primer mensaje.
- Número total de mensajes de toma de contacto para solicitar entrevista enviados.
- Número total de respuestas recibidas.
- Número total de llamadas generadas a partir del primer contacto-mensaje enviado.
- Número de entrevistas conseguidas.
- Número de proyectos presentados.
- Número de ventas realizadas.

5.3 Social Selling INDEX en LinkedIn

LinkedIn facilita una herramienta para poder medir un índice de tu nivel de Social Selling. Puedes ir a esta dirección para medir tu SSI (Social Selling Index) de forma gratuita.

El SSI o Social Selling Index es una funcionalidad reciente de Linkedin que te permite conocer tu competencia en la red social profesional en base a cuatro factores: 1. Marca personal; 2. *Target* de interés; 3. *Engagement* y 4. Creación de relaciones. Cada uno de estos factores puntúa con 25 puntos; el SSI se saca en base a 100 puntos.

Para conocer tu SSI accede a través de este enlace. Previamente tendrás que haber hecho login en tu perfil. http://www.socialselling.es/ssi

A continuación podemos ver un ejemplo con el perfil de David:

Panel sobre las ventas con redes sociales

David Martínez Calduch

Índice de ventas con redes sociales: hoy

94 de 100

Vemos que nos ofrece una puntuación global y en la parte de la derecha nos marca 4 indicadores y en qué nivel estamos: el 100% se divide proporcionalmente a cada uno de ellos al 25%.

1. Personal Brand/Marca Personal.
2. Encontrar a las personas correctas (basadas en nuestro objetivos de negocio).
3. Participación y profundidad.
4. Creación de relaciones.

A continuación se muestra la evolución y dos mediciones para que te puedas comparar con los valores de tu sector y la media de tu red de contactos.

Weekly Social Selling Index

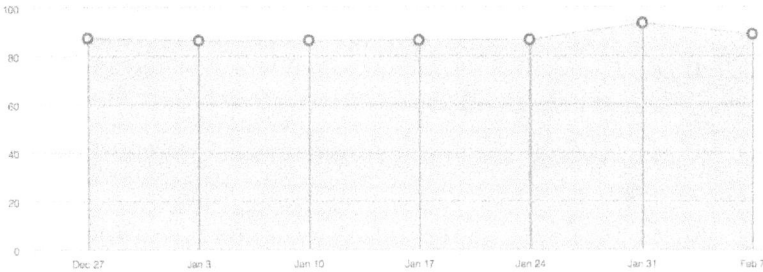

People in your Industry	People in your Network

28 out of 100

Sales professionals in the Online Media industry have an **average SSI of 28.**

You rank in the **top 1%**

Unchanged since last week

47 out of 100

People in your network have an **average SSI of 47.**

You rank in the **top 1%**

Unchanged since last week

En este otro ejemplo podemos ver el resultado del SSI de Esmeralda:

Panel sobre las ventas con redes sociales

Comparte tu SSI

Esmeralda Diaz-Aroca
Socia co-fundadora de BLOGSTERAPP
| Social Selling Coach | Autora de
"Como tener un perfil 10 en Linkedin" |

1 % más alto
Clasificación SSI del sector

1 % más alto
Clasificación SSI de la red

Índice de ventas con redes sociales: hoy

Tu índice de ventas con redes sociales (SSI, por sus siglas en inglés) mide la eficacia con la que estableces tu marca profesional, encuentras a las personas adecuadas, interactúas con información y creas relaciones. Se actualiza a diario. Más información.

87 de 100

Establece tu marca profesional

Encuentra a las personas adecuadas

Interactúa con información valiosa

Crea relaciones

Personas de tu sector   Personas en tu red

16
de 100

Los profesionales de ventas en el sector de Formación profesional y capacitación tienen un **índice SSI medio de 16**, en el 1% más alto

Sin cambios desde la semana pasada

43
de 100

Las personas en tu red tienen un **índice SSI medio de 43**.

Estás en el 1% más alto

Sin cambios desde la semana pasada

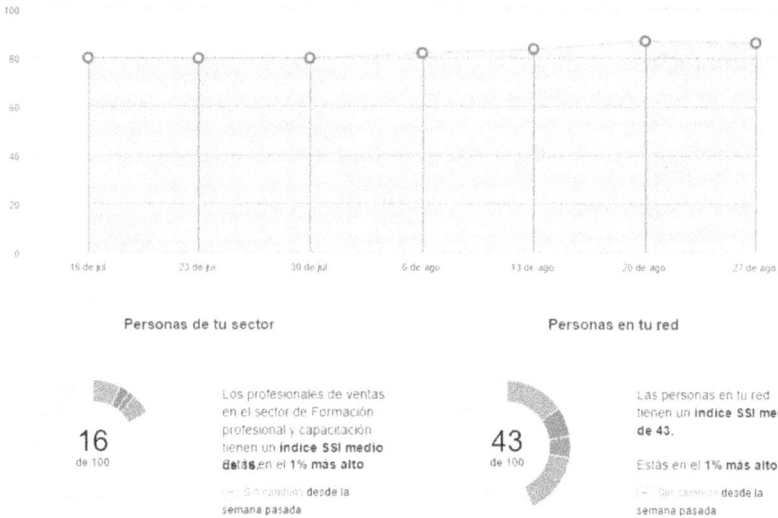

Estos indicadores evalúan tu actividad diaria en LinkedIn: cada vez que añades un contacto, compartes un contenido o publicas un *post* en Pulse, influye en estos valores.

En el caso de Esmeralda, se mantiene por encima de la puntuación media de su red de contactos (43 puntos) y de quienes trabajan en el mismo sector que ella (16 puntos). No obstante, esta puntuación es mejorable, especialmente porque hay bastante diferencia entre los cuatro factores que hemos mencionado.

Company Social Selling KPI =

Social Selling Index (SSI) + Company Strategy & Business Targets[54]

---

[54] Martin Meyer-Gossner - Web Entrepreneur - Digital Transformation - Social Selling - Event Moderator - Germany

5.3.1 Cómo mejorar el Social Selling Index

Se trata de optimizar cada uno de los 5 pilares del Social Selling.

Optimizamos todo lo referente a nuestra Marca Personal para hacerla más fuerte

a) Completar al 100% nuestro perfil de LinkedIn. Es decir, formación, experiencia laboral, extracto, titular..., etc. Te recomendamos el libro de Esmeralda *"Cómo tener un perfil 10 en LinkedIn"*.

b) Enriquecer tu perfil añadiendo elementos multimedia: como vídeos y presentaciones, así como una imagen.

c) Mejorar tus recomendaciones: incrementa el número de recomendaciones y *endorsements* (las habilidades y conocimientos que reconocen otros miembros de tu red).

d) Publica con **Pulse**: publica *posts* con Pulse; así compartirás tu *expertise* con otros miembros de LinkedIn. Además, si tienes un blog personal, también puedes darlo a conocer a través de links hacia el mismo o recomendaciones dentro del *post*. Puedes conocer más detalles de cómo publicar en LinkedIn Pulse visitando uno de nuestros *posts*.

Encuentra a las personas adecuadas en tu red

El SSI mide cuán correctamente interactúas en LinkedIn y estas conexiones determinan parte de tu "nota" de arriba. No se trata únicamente de acumular contactos, sino de "conectar" con ellos. Establecer "conversaciones" que te sirvan para fomentar futuras interacciones de negocio.

¿Cómo se hace esto?

a) Ponerse manos a la obra: hacer búsquedas nosotros mismos y no conformarnos con las recomendaciones de LinkedIn.

b) Usar filtros: usar filtros en nuestras búsquedas; por ejemplo, si estoy buscado profesionales de una determinada zona geográfica o con un nivel de experiencia concreto.

c) Seguir a quien te ve si te encaja su perfil: se recomienda revisar el perfil y generar *engagement* con las personas que hayan visto tu perfil siempre que te encajen.

Escucha, interactúa y comparte contenido de valor

Ser activos en LinkedIn es una condición *sine qua non* para tener éxito en nuestras campañas sociales. Si usas sabiamente tus conexiones, tus aportaciones, no solo incrementarás tu SSI sino que construirás sólidas relaciones y aumentarás tu credibilidad entre el público al que quieres llegar.

Para ello tienes que tener tu hoja de ruta diaria, que básicamente sería:

a) Interactúa cada día. Tómate 10 minutos todas las mañanas y comenta artículos y actualizaciones con contenido relevante. También puedes hacer "Like".

b) Comparte contenido de valor: no solo tienes que interactuar con el contenido de otros, también debes compartir contenido relevante de tu sector o *expertise*.

c) Alcanza el compromiso con tu comunidad: recuerda, comenta actualizaciones de estado, debates o contenidos de Pulse.

d) Únete a grupos: únete y participa activamente en grupos que pertenezcan a tu nicho.

Creación de relaciones de confianza

Como en todo en la vida, la CONFIANZA es un factor muy importante para cualquier tipo de relación. Es importante centrarse en la creación de una relación de confianza auténtica, para que ese público quiera "comprar tu producto" y así convertirte en un éxito de ventas. Para ello te sugerimos:

a) Ampliar tu red: conecta con tus públicos objetivos, pero también con tus compañeros de trabajo (público interno).

b) Céntrate en los "conectores": la fuerza de tus conexiones es un factor a considerar; por ello, es interesante que te enfoques en conectar con individuos fuertes, en lo que se refiere a LinkedIn.

c) Usa InMail: aprovecha los mensajes InMail para realizar conexiones interesantes. Ten en cuenta que a algunos usuarios es la única manera de contactarlos.

d) No tengas miedo a enviar invitaciones: ¿miedo al rechazo, si le envías una invitación a ese *influencer* de tu sector? No tengas miedo de enviarle una invitación; si realmente puedes aportar algo a su red, aceptará.

e) No hagas SPAM. Ten en cuenta que LinkedIn valora el porcentaje de personas que aceptan tus invitaciones y las que no. Por tanto, no envíes masivamente. Conecta con quien realmente te interesa y mejor si es de manera gradual. Esfuérzate en presentarte a uno o dos contactos al día, en lugar de enviar invitaciones sin cupo a todo el que se presente por delante.

5.3.2 Métricas Personales en LinkedIn

En este enlace puedes ver las visitas a tu perfil https://www.linkedin.com/me/profile-views/

Aquí tienes un ejemplo de cómo se ve.

Actualizaciones

- Publicadas
- Me gusta
- Comentarios
- Clics (si procede)

Post

- Publicados
- Me gusta
- Comentarios
- Clics (si procede)

Clientes Objetivo

- Contactos nivel 1
- Mensajes (Enviados/Contestados)
- InMail (Enviados/Contestados)
- Leads (Marcados/Conseguidos)
- Clientes conseguidos

Industria Objetivo

- Grupos participados
- Interacciones conseguidas
- Contactos conseguidos

Métricas Equipo

Publicaciones al mes

- Volumen
- Interacciones
- Clics (si procede)

Volumen objetivo de posibles Clientes

- Contactos nivel 1
- Mensajes
- Inmail
- Leads conseguidos
- Clientes hechos

Métricas Empresa

- Número seguidores página

Publicaciones

- Volumen
- Interacciones
- Compartir
- Clics (si procede)

5.4 La última novedad: Microsoft compra a LinkedIn

Dentro de los últimos movimientos en adquisiciones de empresas, tenemos que destacar por su importancia:

Microsoft adquiere LinkedIn el 13 de Junio del 2016 por 23 mil millones de dólares en metálico. [55]

En la foto podemos ver de izquierda a derecha a Jeff Weiner CEO de LinkedIn, Satya Nadella CEO de Microsoft y a Reid Hoffman Presidente de la Junta y *co-founder* de LinkedIn.

La importancia de esta fusión es por la unión de dos de los grandes de la tecnología que se complementan muy bien.

Microsoft no ha sabido acabar de hacer funcionar su parte de Internet para posicionarse como uno de los grandes jugadores, al menos, hasta la llegada de Satya Nadella en el 4 de febrero de 2014, cuando inició un cambio en la política de Microsoft enfocado a la nube y a Internet.

---

[55] Microsoft News Center – 13 Junio 2016 - http://news.microsoft.com/2016/06/13/microsoft-to-acquire-linkedin

Como ejemplo estos han sido algunos de los hitos conseguidos por Satya Nadella desde que ha llegado a Microsoft: [56]

- Establecer la filosofía de la movilidad y la multiplataforma como prioritaria.

- Dejar de ver a Apple, Linux y Salesforce como enemigos.

- Lanzamiento de Office y otras *apps* de Microsoft para iOS y Android.

- Reestructuración de la empresa entorno a: más personal computing, procesos de negocio y productividad, y cloud computing.

- Tener el Windows 10 en 1 billón de dispositivos para el 2019.

- Conseguir 20 billones en beneficios de cloud para 2020.

- Aumentar los beneficios anuales desde que llegó.

Imagen fuente Microsoft News 13 Marzo 2016

---

[56] Business Insider UK – 4 April 2016 - "Satya Nadella on why you'll love Cortana, how cars are like data centers and what's spurring all these global startups" por Matt Rosoff

5.4.1 ¿Por qué quiere Microsoft a LinkedIn? [57]

A fines de marzo pasado Microsoft tenía 105 mil millones de dólares en efectivo, mucho más que la competencia. Gastar parte de ese dinero en una empresa reconocida que trabaja en la nube para poder hacer la transición a su propio sistema de nube, que es enorme, le da a Microsoft una mayor relevancia en este mundo.

Microsoft tiene una gran presencia en el software empresarial, lo que le sitúa por delante de Google y Amazon, y el adquirir LinkedIn le va a ayudar en sus productos enfocados a Recursos Humanos (habrá que ver próximos movimientos), y en la planificación financiera. Además de las sinergias que se van a poder crear con Skype para los reclutadores y la organización de equipos.

Uno de los mayores tesoros que tiene LinkedIn es que ha identificado que el futuro del empleo es que habrá menos empleos para toda la vida y muchas personas trabajarán de forma independiente realizando consultoría y dispone de todos los datos de qué tipos de trabajos se están buscando y cuales realizan las personas.

Si además unimos a sus equipos de científicos, uno de los más prestigiosos en el sector de la tecnología, con toda esta información y los científicos que ahora trabajarán con otros colegas en áreas como la búsqueda *online*, videojuegos e inteligencia artificial, podemos prepararnos para ver muchas novedades.

5.4.2 Tres beneficios que los clientes de Microsoft conseguirán con la compra de LinkedIn [58]

Microsoft ahora va a tener acceso a los datos y análisis de LinkedIn que podrá usar de las siguientes maneras:

1) Con los datos del *feed* de noticias de LinkedIn, Microsoft podrá saber qué información es la que prefieren los trabajadores y cuales aumentan su eficacia (productividad). Los trabajadores, actualmente pasan mucho tiempo buscando la información que

---

[57] The New York Times - 14 Junio 2016 "Why Microsoft Likes LinkedIn" por Quentin Hardy
[58] Gartner Research – 16 Junio 2016 "Microsoft Customers Can Benefit From LinkedIn Buy in Three Ways"

necesitan para hacer su trabajo y se puede usar esa información para automatizarla y mejorar los resultados.

2) Los clientes de Microsoft Dynamics y Office 365 tendrán acceso a la API de LinkedIn de los perfiles de usuario y los gráficos de datos del negocio, con la ventaja de que otros proveedores de CRM no podrán acceder a los datos de la misma forma.

3) Se resuelve el problema de acceso a datos externos por parte del CRM de Microsoft. Los vendedores y los responsables de Recursos Humanos se verán beneficiados. Microsoft también integrará los datos de Delve, un sistema para descubrir a personas según sus intereses y comportamientos.

5.4.3 ¿Cómo nos va a afectar la compra de LinkedIn por parte de Microsoft?

Vamos a ir viviendo un proceso de integración paulatina entre las funcionalidades y pantallas de LinkedIn con el software de Microsoft. Ahora ya se puede integrar Microsoft Dynamics CRM con LinkedIn Sales Navigator.

En la próxima versión de Outlook, verás que al hacer clic en un email o un contacto, en la parte de la derecha de la pantalla aparecerá la ficha del Perfil de LinkedIn.

También se realizarán integraciones con todo el paquete de Office para aumentar las funciones de colaboración y compartición de documentos y la integración con Skype está asegurada. En LinkedIn ya tenemos disponible desde hace mucho tiempo la opción para añadir nuestra cuenta de Skype, pero veremos cómo se añaden nuevas funcionalidades.

Llamadas de Skype directamente desde el perfil de LinkedIn, concertar reuniones y que aparezcan apuntadas en Outlook con el recordatorio, que los mensajes enviados desde LinkedIn aparezcan en una bandeja en el Outlook, tener plantillas de mensajes en Outlook para hacer envíos en LinkedIn, etc.

También debemos tener en cuenta los movimientos y adquisiciones de Microsoft enfocados a toda el área de productividad.

Listado de empresas adquiridas por parte de LinkedIn: [59]

Fecha	Empresa	Importe
Jul 26, 2016	PointDrive	Unknown
May 5, 2016	Run Hop	Unknown
Feb 4, 2016	Connectifier	Unknown
Aug 27, 2015	Fliptop	Unknown
Apr 9, 2015	lynda.com	$1.5B in Cash & Stock
Apr 2, 2015	Refresh.io	Unknown
Mar 16, 2015	Careerify	Unknown
Jul 22, 2014	Bizo	$175M in Cash & Stock
Jul 14, 2014	Newsle	Unknown
Feb 6, 2014	Bright.com	$120M in Cash & Stock
Apr 13, 2013	Pulse	$90M (terms undisclosed)
May 3, 2012	LinkedIn SlideShare	$119M in Cash & Stock
Feb 7, 2012	Rapportive	$15M (terms undisclosed)
Oct 11, 2011	IndexTank	Unknown
Oct 5, 2011	Connected	Unknown
Jan 26, 2011	CardMunch	Unknown
Sep 22, 2010	ChoiceVendor	$4.99M in Cash
Aug 4, 2010	mSpoke	Unknown

[59] CrunchBase

Ahora vamos a analizar las últimas adquisiciones de empresas por parte de LinkedIn para ver hacia donde se están moviendo. En el 2016 se hicieron 3 adquisiciones:

Connectifier [60]

- Esta plataforma con los algoritmos de búsqueda que tiene, y el sistema de AI[61] que le permite un aprendizaje continuo, es capaz de conseguir entre dos y cuatro veces más posibles candidatos que LinkedIn.
- La adquisición ha sido, por una parte, para eliminar a un posible competidor en una de las áreas de negocio que más beneficio le reporta a LinkedIn[62] y potenciar sus herramientas de LinkedIn Talent Solutions con la fusión de esta AI y algoritmos en sus sistemas.

Run Hup [63]

- Una startup especializada en la distribución de contenido *online*. Sus esfuerzos son para que el contenido genere más interacciones entre los usuarios.

PointDrive [64]

- Permite crear presentaciones y enviarlas a través de su aplicación Web o un enlace de correo electrónico. El objetivo es presentar los archivos de una manera más organizada y visualmente, para así poder generar analíticas de cuándo, cómo y durante cuánto tiempo han visto la presentación los destinatarios.
- Actualmente es una herramienta muy usada por vendedores. Esta tecnología se integrará en la unidad de negocio de

---

[60] CIO from IDG – 30 Noviembre 2015 - "Is Connectifier the next LinkedIn for recruiters?" por Sharon Florentine

[61] AI - Artificial Intelligence– Inteligencia Artificial - https://es.wikipedia.org/wiki/Inteligencia_artificial

[62] Representa el 63% del total de la facturación, con un incremento del 41% entre el 2014 y el 2015 – LinkedIn Annual Report 2016

[63] The New York Times – 5 Mayo 2016 - "LinkedIn Buys Run Hop, Seeks to Make Feeds More Engaging" por Deepa Seetharaman

[64] Chicago Tribune – 26 Julio 2016 – "LinkedIn acquires Chicago-based PointDrive" por Meg Graham

LinkedIn Sales Solutions, lo que hará que se integre dentro de Sales Navigator.

La última compra que vamos comentar es la última que se hizo en el 2015.

Fliptop [65]

- Se trata de una solución para las Ventas y Marketing predictivo, para aumentar las ventas con los datos científicos y análisis predictivo. Ya se ha informado que esta tecnología se integrará en LinkedIn Sales Navigator.

Podemos ver claramente que los últimos movimientos son de contenidos que generen mucho alcance e interacciones y tecnologías todas enfocadas a las ventas, a potenciar al máximo a Sales Navigator.

Las adquisiciones de empresas y la asimilación de sus tecnologías dentro de las ya existentes, son procesos que duran bastantes meses. Calcula que veremos las nuevas versiones con estas funcionalidades en el cuarto trimestre del 2017 como pronto.

---

[65] VentureBeat – 28 Agosto 2015 – "LinkedIn acquires predictive marketing firm Fliptop to boost its Sales Solutions offering" por Ken Yeung

Capítulo 6

Twitter, el gran desconocido

"El fracaso más grande es nunca haberlo intentado"

Proverbio Chino

Otra red social a tener en cuenta es Twitter. Empezó en julio del 2006 y se ha posicionado como una red donde la información se publica de forma inmediata. Los medios de comunicación, partidos políticos, gobiernos, organismos oficiales, instituciones, empresas, políticos, empresarios, profesionales, etc., la usan para publicar sus noticias e informaciones oficiales.

Con 500 millones de usuarios y 65 millones de tuits (mensajes) publicados al día, es la otra red que tenemos que tener en cuenta a la hora de crear nuestra estrategia de Social Selling.

Con 800.000 búsquedas de información diarias en Twitter, es un lugar a tener en cuenta tanto para publicar la información que nos interesa, como para buscar información. Otro apartado en el que Twitter es muy potente, es en la parte de generar conversación, factor clave en la metodología de Social Selling, como verás más adelante.

Por experiencia propia, te podemos corroborar que el trabajo combinado y cruzado entre LinkedIn y Twitter ayuda mucho a la generación de oportunidades. Hemos conseguido visitas en grandes empresa gracias a usarlas de forma conjunta. Aquí no podemos darte más detalles, pero si coincidimos en alguna de nuestras formaciones, te explicaremos algún caso que nos ha pasado y que te sorprenderá.

La potencia de Twitter es sin duda grande. Se pueden hacer muchas cosas como publicar contenido, hablar con otros usuarios y marcas y hacer varios tipos de búsqueda.

En este enlace o escaneando el código QR, puedes ver en formato de infografía a resolución completa, todas las funcionalidades de Twitter

https://www.davidmcalduch.com/infografia-el-poder-oculto-de-twitter/

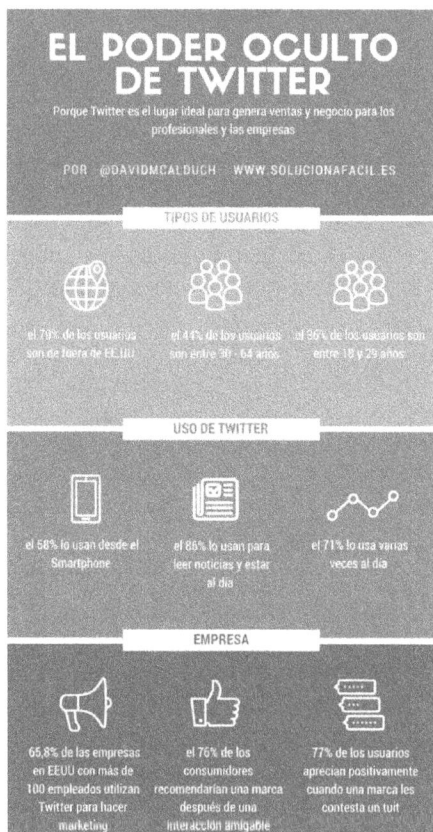

EL PODER OCULTO DE TWITTER

Porque Twitter es el lugar ideal para genera ventas y negocio para los profesionales y las empresas

POR @DAVIDMCALDUCH   WWW.SOLUCIONAFACIL.ES

TIPOS DE USUARIOS

el 79% de los usuarios son de fuera de EE.UU.

el 44% de los usuarios son entre 30 - 64 años

el 36% de los usuarios son entre 18 y 29 años

USO DE TWITTER

el 58% lo usan desde el Smartphone

el 86% lo usan para leer noticias y estar al día

el 71% lo usa varias veces al día

EMPRESA

65,8% de las empresas en EEUU con más de 100 empleados utilizan Twitter para hacer marketing

el 76% de los consumidores recomendarían una marca después de una interacción amigable

77% de los usuarios aprecian positivamente cuando una marca les contesta un tuit

EMPRESA

el 66% de los usuarios de Twitter han descubierto una pequeña empresa gracias a Twitter

el 94% planean comprar un producto de una empresa que siguen

el 64% ya han comprado un producto de una empresa que siguen

INTERACCIONES CON EMPRESAS

el 79% han retuiteado una publicación de un producto o servicio

El usuario promedio en Twitter sigue a cinco empresas

el 84% usan Twitter para buscar ofertas, opiniones de productos e ideas de regalo

TWITTER ADS

el 85% considera positivo el contenido patrocinado

el 68% sigue a las empresas después de ver el anuncio

el coste por interacción es muy bajo

AUMENTANDO INTERACCIONES

los tuits con imágenes reciben un 18% más de clics, un 89% más "me gusta" y un 150% más RTs.

el 60% de los usuarios espera que las marcas respondan a sus preguntas en Twitter en menos de una hora, el promedio es 1:24

Las empresas que usan Twitter para dar servicio al cliente incrementan la satisfacción hasta en un 19%

POR @DAVIDMCALDUCH WWW.SOLUCIONAFACIL.ES

Si quieres seguir profundizando, aquí tienes un artículo con más datos del potencial oculto de Twitter

https://medium.com/@davidmcalduch/el-poder-oculto-de-twitter-7108ac5d3dda

El 36% de todos los vendedores han encontrado un cliente a través de Twitter en 2013.

- Hubspot

La verdadera potencia de Twitter está por una parte en que almacena todos los tuits (mensajes), que se publican. Imagínate desde 2006 con 500 millones de tuits al día la base de datos que tienen. Cada tuit no es solamente el mensaje publicado (los famosos 140 caracteres), es quién lo publica (nombre usuario), fecha, hora, posición GPS, herramienta usada, idioma, etc.

Ni te imaginas lo que puede haber dentro de un tuit:

text,to_user_id,from_user,id,from_user_id,iso_language_code,source,profile_image_url,geo_type,geo_coordinates_0,geo_coordinates_1,created_at,time

La #TransformacionDigital de los negocios@clubmktmed Mhttp://ow.ly/Gcaw302CtDI@IL3_UB @UPV @euroforum @ESICValencia@ESICEducation @icemd

Esto da una potencia increíble para realizar búsquedas de información, tanto hacia atrás como la máquina del tiempo (estos tuits se pagan), como alertas sobre palabras clave que marquemos (esto es gratis), como por ejemplo si alguien ha nombrado mi empresa, mi marca, algún producto que vendo, etc., además de ser una herramienta fabulosa para saber qué está haciendo el mercado y la competencia.

Otra de las funcionalidades que tiene Twitter es la parte de publicidad (Ads/Advertising), las campañas que he realizado han conseguido grandes alcances, además de tener diferentes tipos de campañas dependiendo del objetivo que persigamos.

Otro de los puntos fuertes de Twitter (este sí que te interesa realmente), es que tiene una API (Application Programming Interface – Interfaz de programación de aplicaciones), muy potente. Para que lo entiendas, es como una librería de cosas que deja que puedan hacer otros programas que quieran usar los datos de Twitter.

Esto quiere decir, en lenguaje plano, que disponemos de muchas herramientas muy potentes, que nos van a hacer la vida muy fácil para sacarle partido a Twitter.

Más adelante veremos algunas de las más importantes y cómo usarlas para ahorrarte tiempo y para que trabajen para ti.

6.1 Tu marca personal en Twitter

Es importante que tu presencia en Twitter sea impecable. Por ello queremos darte una serie de consejos para mejorar tu Bio en Twitter y conseguir más seguidores.

#1. Proporcionar una biografía descriptiva en 160 caracteres

Una de las cosas que más le gusta hacer a los usuarios de Twitter es ver la Bio de sus seguidores y ver las Bios de quienes le siguen. Si la biografía no está completa o no es muy descriptiva, quizás se esté perdiendo potenciales seguidores.

Existen 160 caracteres lo mejor es aprovecharlos todos.

#2. Añadir la imagen al perfil

Si tu cuenta de Twitter no es utilizada como imagen de tu bufete, entonces no lo dudes, coloca tu foto. En muchos casos los seguidores lo hacen por la foto existente en tu perfil, porque les cae bien tu foto.

La gente quiere conectarse con gente NO con AVATARES. Lo peor que puedes hacer es no poner ninguna foto en tu perfil.

Anímate, esto aumenta tu imagen de credibilidad en las redes sociales.

Sugerencia: si posees un sitio o blog lo puedes agregar a la imagen para que se difunda con la foto.

#3. Utiliza tu nombre real

Esto es muy importante por dos motivos. Uno de ellos es para la gestión de la reputación, especialmente si tu nombre es la marca comercial. Además, si se está representando a una marca, tener un nombre detrás de la marca permitirá a la gente contactarse con la empresa a un nivel más personal.

Además existen buscadores que ya permiten encontrarte por nombre y apellido en la cuenta de Twitter. Uno de ellos puede ser LocalFollow.

#4. Colocar tu ubicación, donde vives... es muy importante

Simplemente no poner "Entre los campos de Castilla" o "En el mundo". Hay un montón de oportunidades para contactar con otros profesionales de tu localidad, para la creación de redes que de otro modo no podría hacerse.

#5. Coloca la URL de tu web, sitio personal o de negocios

Si actualmente no tienes página web, entonces te sugerimos que comiences a crearte una, mientras tanto puedes colocar el enlace a uno de tus otros perfiles de redes sociales (es decir, LinkedIn, Facebook, etc.). Esto permitirá a las personas averiguar más acerca de tu marca persona, tu empresa o tus intereses.

#6.- Aprovecha la portada y utilízala como BANNER publicitario o promocional

Cambiar la portada te permite mostrar mensajes a través de imágenes y textos que te ayuden a potenciar tu branding o que simplemente te identifiquen con algún hecho importante de ese día, mes o semana, por ejemplo, un congreso, conferencia, libro que hayas publicado, entrevista que te hayan hecho en la radio, etc.

Te recomendamos que prepares fotografías o fotomontajes de 1500 x 1500 px. Que tengan buena calidad para que no salgan pixelados.

#7.-Sigue a los que te gustaría que te siguieran

No sigas a otros usuarios al azar, busca aquellos que te interesa que te sigan a ti. Cuando haces *follow* en un usuario, lo que haces es suscribirte a sus tuits.

Comienza por seguir a las personas y empresas que ya conoces. Y después busca usuarios cuyos tuits te parezcan interesantes y sobre todo, relevantes para tu negocio.

Imprescindible seguir a:

- Tus clientes actuales y clientes potenciales.
- Partners con los que trabajas.
- Proveedores y colaboradores de tu empresa.
- Organizaciones profesionales a las que perteneces.
- Otros usuarios que trabajen en tu área de negocio.

6.2 El Social Selling en Twitter

El Social Selling no es únicamente LinkedIn. En Twitter "puedes sacar hasta petróleo" si inviertes tiempo y esfuerzo en crear tu marca y la de tu equipo. Los datos muestran que el 98% de los compradores son espectadores en Twitter.

Para empezar a trabajar en tu plan de Social Selling tienes que tener en cuenta al menos estos cuatro pasos:

1. Tu biografía debe estar actualizada y ser atractiva a la vista

Igual que el extracto de tu perfil de LinkedIn, la biografía de Twitter es tu carta de presentación al público y la primera impresión que se van a llevar las personas que visiten tu perfil, así como tu foto.

Igual de importante que tu biografía es tu foto. Asegúrate de que es profesional y reciente. No uses fotos de medio pelo.

2. Comunica un mensaje coherente y que aporte valor a tus clientes-objetivo

A la hora de diseñar tu estrategia de comunicación en Twitter, debes asegurarte que tu empresa y tu equipo siguen unas mismas líneas que te posicionen como referentes en vuestra industria.

Un 74% de los compradores elegirán siempre al comercial que les haya aportado valor antes de la compra.[66] De ahí que sea esencial que tus acciones en Twitter aporten valor a tus clientes-objetivo y no solo consistan en hablar de lo buenos que son vuestros productos.

3. Crea listas de Twitter

Es muy curioso pero la mayoría de la gente no usa las listas de Twitter, cuando tiene un potencial tremendo para realizar el seguimiento a distintos grupos de clientes-objetivo.

Las listas te permitirán elaborar tuits enfocados específicamente en cada grupo.

4. Interactúa con tus prospectos

La base del Social Selling está en construir y alimentar relaciones con tus clientes-objetivo. De ahí que sea esencial iniciar y mantener conversaciones con ellos en los distintos canales donde estés realizando acciones.

En Twitter estas acciones básicas consisten en: **Retuitear, Marcar Favorito y Mencionar**. Una vez la conversación avanza, el siguiente paso está en responder a las interacciones que tus prospectos

---

[66] Hubspot http://blog.hubspot.es/marketing/utilizar-twitter-para-el-social-selling

hayan tenido con tus tuits. Finalmente, cuando creas que el cliente-objetivo está listo termina la conversación con un Mensaje Directo en el que delimiten próximos pasos.

6.3 Búsquedas avanzadas y geolocalizadas

Una de las mejores cosas que tiene Twitter es su motor de búsqueda y es, por esta razón, que hay muchas herramientas que ayudan a hacer búsquedas en Twitter para hacerlas más fáciles.

https://twitter.com/search-home

Mira lo que sucede **en este momento**

Consejo: usa los operadores para la búsqueda avanzada.   Buscar

Si pulsamos "búsqueda avanzada" nos aparecerá esta pantalla:

Búsqueda Avanzada

Palabras

Todas estas palabras

Esta frase exacta

Cualquiera de estas palabras

Ninguna de estas palabras

Estas #etiquetas

Escrito en   Cualquier idioma   ‡

Personas

Desde estas cuentas

Para estas cuentas

Mencionando estas cuentas

Lugares

Cerca de este lugar   Añadir ubicación

Fechas

De esta fecha   a

Otro

Seleccionar: Positivo :)   Negativo :(¿Pregunta?   Incluir retweets

Buscar

Y si pulsamos "operadores" nos aparecerán algunas de las combinaciones que podemos hacer.

En el punto 16.9 Hootsuite para Social Selling podrás ver paso a paso cómo hacer búsquedas en Twitter desde Hootsuite de una forma muy sencilla.

6.4 Cómo buscar usuarios interesantes en Twitter

Accede a tu cuenta de Twitter https://twitter.com y arriba a la derecha escribe el nombre de la persona que estás buscando. Vamos a llevar a cabo un ejemplo desde el perfil de Twitter de David y buscaremos a Esmeralda:

Vemos cómo aparece la cuenta de Twitter de @EDiazAroca.

Podemos escribir el nombre de una persona, de una empresa, de una marca o cualquier otra palabra que deseemos buscar, como el ejemplo que vemos ahora:

Si pulsamos el botón de la lupa, nos aparecerá la siguiente pantalla donde tenemos en la parte de arriba un menú de opciones para ver qué queremos ver y una lista desplegable con más opciones: Destacados, Más recientes, Personas, Fotos, Videos, etc.

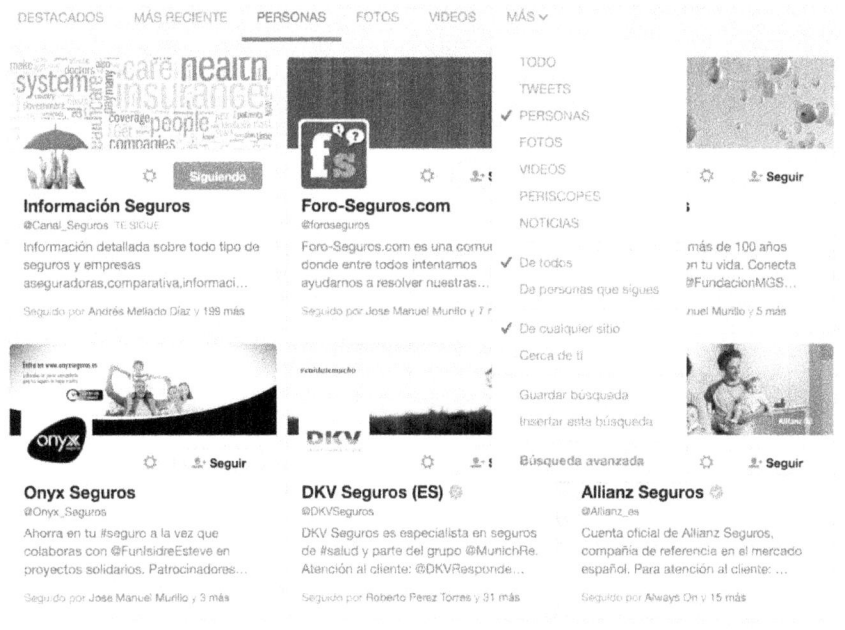

6.5 Generar Leads con Twitter

Como hemos visto, Twitter nos permite llegar a una gran cantidad de usuarios y ahora es el momento de llegar a contactos interesantes para nosotros. Más adelante verás tipos de contenidos que funcionan, cómo crearlos y cómo plantear una estrategia.

La forma más directa de encontrar contactos-objetivo es realizando búsquedas, bien directamente desde Twitter o llevarlas a cabo desde la herramienta denominada Hootsuite que te explicaremos con más detalle en la sección 16.9 Hootsuite para Social Selling.

¿Qué tipo de búsquedas puedes hacer? Pues verás que tienes varias formas de hacerlo:

- Búsquedas por nuestras palabras clave.
- Búsquedas de las interacciones con nuestra competencia.
- *Hashtags* de nuestro sector, eventos, etc.

Otra manera de hacerlo es con Twitter Ads es decir, mediante la realización de campañas de publicidad en Twitter, que por cierto, tiene hoy por hoy varias ventajas:

1. No es una plataforma muy usada para hacer campañas, por lo que los clientes lo verán con buenos ojos.
2. Son los usuarios de la red social donde aceptan más los anuncios y los consideran positivos.
3. El coste de la publicidad por interacción es muy bajo.
4. Para hacer difusión/Branding el coste <-> alcance es muy bueno

Esta es la dirección para crear y gestionar las campañas de Twitter Ads:

https://ads.twitter.com

Tenemos a nuestra disposición 7 tipos de campañas que nos ofrecen muchas posibilidades, dependiendo de nuestro objetivos.

Interacciones del Tweet

Reproducciones de video

Visitas al sitio web

Conversiones en el sitio web

Descargas o interacciones de
aplicaciones

Seguidores

Reconocimiento NUEVOS

Si quieres ampliar tus conocimientos en esta área aquí tienes un curso *online*: http://aulavirtual.davidmcalduch.com/collections/twitter

Capítulo 7

Otras redes interesantes para tu empresa

○ ○

"No puedo entender por qué la gente está asustada con las nuevas ideas. Yo lo estoy de las viejas"

John Cage

○ ○

7.1 Instagram

En este libro, dada la gran cantidad de información y conocimiento que necesitamos transmitirte, no teníamos pensado inicialmente el introducirte en Instagram.

Sin embargo, los resultados obtenidos con esta plataforma en lo últimos proyectos llevados a cabo con algunos de nuestros clientes, han sido tan positivos, que hemos decidido incluir un pequeño capítulo sobre Instagram para que conozcas detalles que te ayuden a sacar todo el partido para tu negocio, a aprender a usarla desde tu *smartphone* de una forma sencilla y, sobre todo, para ahorrar tiempo que también es uno de los objetivos que debemos conseguir.

Si hacemos una búsqueda de tendencias en Google Trends, comparando los ciclos de vida de LinkedIn, Twitter e Instagram veremos en la siguiente figura cómo se comportan las tendencias a lo largo del tiempo:

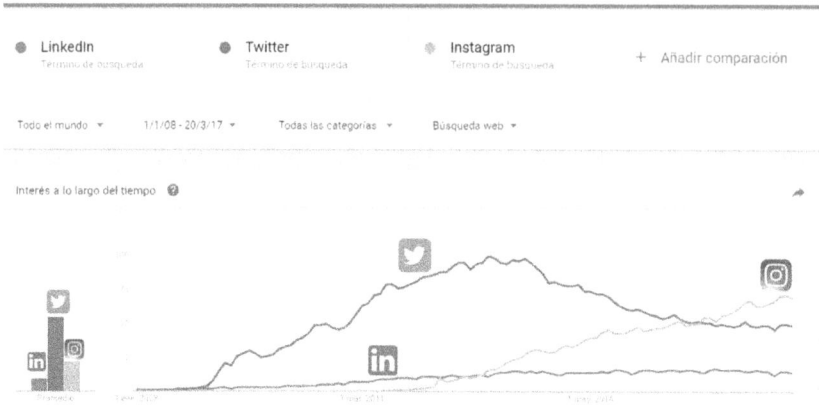

Los resultados muestran cómo Twitter ha tenido un descenso importante en sus tendencia mientras que Instagram evoluciona vertiginosamente.

Instagram tiene varios factores a su favor, el contenido es muy visual: foto, vídeo y *streaming* (vídeo en tiempo real) y esto hace que su calado sea más profundo y potente.

Otro factor importante es la posibilidad de amplificar la señal al publicar desde Instagram el mismo contenido en otras redes sociales.

Si ya tienes Twitter, lo ideal es que te des de alta en Instagram con el mismo nombre de usuario. Mira el ejemplo con David:

Twitter   **Instagram**

https://twitter.com/davidmcalduch   https://instagram.com/davidmcalduch

https://twitter.com/solucionafacil   https://instagram.com/solucionafacil

Para empezar abre tu *smartphone*, instala la aplicación de Instagram y ahora vamos a ver cómo hacer una publicación.

Paso 1 - Puedes publicar una foto que hagas en el mismo momento o que tengas en tu carrete o galería de imágenes. En la parte de abajo verás que puedes aplicarle filtros visuales. Pulsa el botón "Siguiente" que se encuentra en la parte superior derecha de la pantalla.

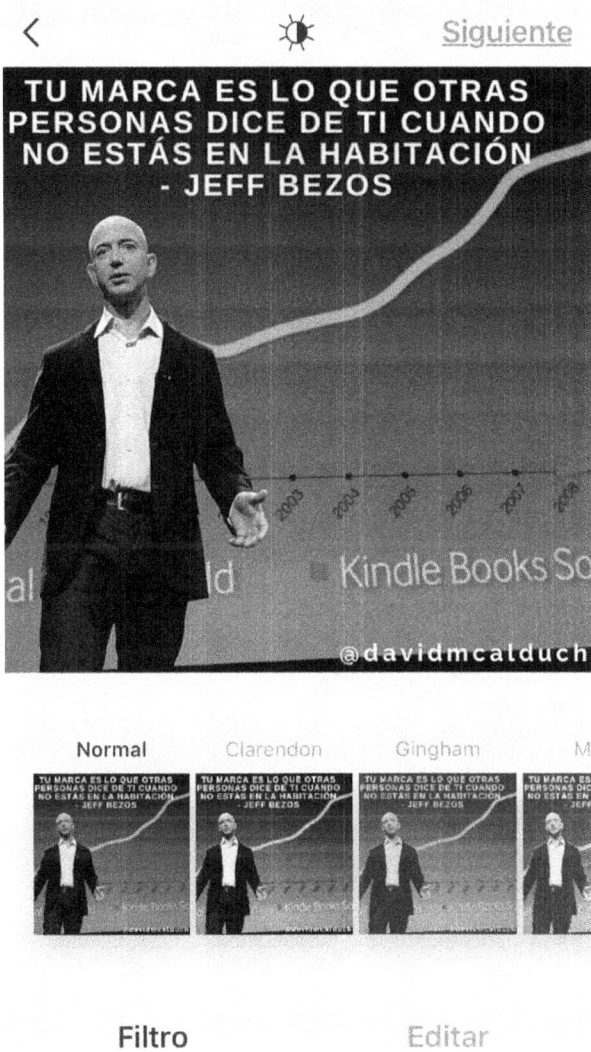

Paso 2 - Escribe el texto. Puedes nombrar y etiquetar a otras cuentas (personas o empresas), añadir la ubicación y, como puedes ver, también podrás publicar a la vez en otras redes sociales.

Instagram no publica automáticamente en ninguna de estas redes sociales, solamente publica en aquellas que hagamos clic en el botón de la derecha y lo activemos.

Además Instagram permite tener más de una cuenta a la vez. Así cuando trabajas con tu cuenta, publicas en tus redes sociales y cuando trabajas con la de empresa, publicas en las redes sociales de la empresa

Paso 3 - Instagram tiene una función muy interesante que nos ayuda. Cuando vamos escribiendo el *hashtag* que vamos a usar, nos indica cuántas publicaciones hay con este *hashtag* y nos recomienda otros. Así podemos seleccionar uno que esté teniendo más conversación.

Pie de foto   Aceptar

#socialselling

#socialselling   24.841 publicaciones

#socialselling16   114 publicaciones

#socialsellingmom   123 publicaciones

#socialsellingforum   48 publicaciones

#socialsellingpro   86 publicaciones

#socialsellingsummit   24 publicaciones

socialselling»

| q | w | e | r | t | y | u | i | o | p |

| a | s | d | f | g | h | j | k | l |

| ⇧ | z | x | c | v | b | n | m | ⌫ |

| 123 | ⊕ | ⬤ | espacio | @ | # |

Paso 4 - Estas son todas las redes sociales que puedes configurar para, cuando publiques desde Instagram, también puedas publicar en ellas de forma automática.

●●○○○ vodafone ES 🤝   17:25   ◢ 88 % ▇▇▋

Configuración Del Contenido C...

f	Facebook	David Martinez Cal... >
𝕐	Twitter	davidmcalduch >
t	Tumblr	dmartinez@soluciona... >
●○	Flickr	SolucionaFacil.es >
🐝	Swarm	David Martinez Calduch >
👁	新浪微博	>
	Ameba	>
m	ミクシィ	>
VK	VKontakte	>
🞈	OK.ru	>

⌂   ◌   ⊞   ♡   👤

7.2 Facebook

Aunque en este libro no nos vamos a dirigir a la red social de Facebook, si que debemos indicar que hay que ser cuidadoso.

Sobre Facebook te vamos a dar nuestra visión particular ya que hay dos formas de gestionarlo: para uso particular o para trabajo.

Por ejemplo, David ha elegido la manera más sencilla: solo trabajo.

Si no es tu caso y le estás dando un uso lúdico y para uso personal, ten mucho cuidado porque los clientes pueden echar una ojeada a lo que estás haciendo, lo que dices, lo que comentas, etc. Basta que digas que no te gusta el equipo A para que el cliente sea del B. Imagina el resulado si entras en temas de política, religión, etc.

Nuestro consejo es que tu vida particular, como dice la palabra, es particular. Y las redes sociales son sociales, abiertas.

Hemos tenido bastantes sesiones de consultoría de redes sociales con directivos para planificar su estrategia digital y esto, que parece tan obvio, no siempre se tiene claro.

Con quién te vas a cenar, si tienes hijos o no, dónde vas de viaje, etc. Nuestra opinión personal es que es cosa tuya, de tu familia y de tus amigos. ¡Otra cosa que seas Madonna!

Pero ni es nuestro caso ni creemos que sea el tuyo. Por supuesto aquí cada uno tiene que hacer lo que crea conveniente, simplemente te hacemos una reflexión para que revises tu muro de Facebook y decidas si lo que hay publicado te puede beneficiar o perjudicar.

Si estás pensando en las limitaciones de privacidad (y te lo dicen dos personas con más de 25 años de experiencia en tecnología), un secreto es un secreto porque no se cuenta .

Capítulo 8

Cómo hacer escucha activa de forma eficiente

◎ ◎

"Es un error capital teorizar antes de poseer datos. Uno comienza a alterar los hechos para encajarlos en las teorías, en lugar de encajar las teorías en los hechos"

Sherlock Holmes

◎ ◎

Las redes sociales son lugares de "conversación", lugares donde podemos llevar a cabo una "escucha activa" y conocer lo que está ocurriendo, por ejemplo, en nuestro sector.

Esta parte de escucha se puede automatizar gracias al uso de las herramientas actuales, incluso con las últimas herramientas que están apareciendo. Se dispone de alertas automáticas directamente en el móvil, mezclando la escucha activa con los nuevos CRMs que veremos más adelante en el capítulo XXX, dada la importancia que tienen y el ahorro de tiempo que suponen.

Cuando explicamos a nuestros alumnos qué es un **Panel de Escucha Activa**, antes de empezar siempre recomendamos a todos que bajen la tapa del portátil o apaguen el monitor del ordenador de sobremesa. Papel y boli son las mejores herramientas para empezar a definir de una forma muy clara qué es lo que queremos. ¡No es muy digital, pero es realmente útil!

Esquema de definición

Producto/Servicio

- Solo poner uno cada vez.
- Detallar de qué se trata.
- Cliente al que nos destinamos.
- ¿Tiene segmentación geográfica?
- Listado de palabras clave relacionadas.

Zona geográfica

- Solo una cada vez.
- Se trata de ¿un país, una región, una ciudad, una dirección?
- Cuál es el radio de acción que deseamos medir en km o metros.

Base de datos de contactos

- Unificar todos los contactos en una única base de datos.
- Analizar en qué redes sociales están.
- Definir en qué redes se van a monitorizar (opción de todas).
- Palabras clave que deseamos monitorizar.

Redes sociales (sobre toda la base de usuarios)

- ¿Qué tipo de dudas son las que plantean los clientes sobre este producto/servicio?
- ¿Cómo se expresan ante una falta de solución sobre este producto/servicio?
- ¿Quién es el responsable de la decisión de la compra de este producto/servicio? Las empresas suelen anunciar las nuevas contrataciones.
- ¿Cómo se suele pedir que alguien recomiende este producto/servicio?
- ¿Cómo se suele solicitar información de precios?

Competencia

- Listado de empresas que deseamos monitorizar.
- Listado de directivos que deseamos monitorizar.

- Listado de palabras clave que deseemos monitorizar.
- Otras opciones por ejemplo por tipo de contenido que están publicando.
- Identificar material que les reporta mucha visibilidad.
- Identificar qué influenciadores interactúan con ellos.
- Identificar con quién están interactuando y en qué parte del proceso se encuentran.

Industria

- Definir el sector al que nos vamos a dirigir (1 cada vez).
- Definir las temática, contenidos y palabra claves que nos interesa (productos, tecnologías, marcas, etc.).
- Definir las fuentes de noticias e información nacionales e internacionales.
- Definir las fuentes de noticias de organismos oficiales.
- Alertas que deseamos y con qué periodicidad.

Una vez que hayas recopilado todos los datos ya puedes empezar a crear tu sistema para nutrirte de información basada en tu objetivos.

8.1 Herramientas de escucha

8.1.1 Social Mention

http://www.socialmention.com/advanced_search

Social Mention es una herramienta web que nos permite monitorizar lo que se dice de nuestra marca personal en Internet.

Nos permite ver lo que se dice de alguien en concreto *online* en más de 80 sitios, entre ellos: Twitter, Facebook, LinkedIn, Google o YouTube.

Social Mention te va a permitir también ver cuáles son las palabras claves más utilizadas para encontrar lo que vas rastreando, te muestra los *hashtags* asociados a tu marca, los usuarios que te mencionan y las fuentes de tus menciones.

8.1.2 Google Alerts

Google Alerts (en español alertas de Google), es un servicio que ofrece el motor de búsqueda Google que permite supervisar contenidos y, de forma automática, notificarnos cuándo coincide un conjunto de términos asociados a nuestra marca personal, que hemos seleccionado previamente con el contenido de blogs, noticias, webs, grupos de discusión y videos.

Lo bueno es que no tenemos que estar pendientes. Simplemente nos avisa por correo electrónico. Es bastante cómodo y una de las herramientas más útiles.

https://www.google.es/alerts

Le indicamos qué queremos buscar, dónde lo queremos buscar y con qué inmediatez queremos que nos notifique.

En este ejemplo hemos puesto Social Selling, pero también podemos hacerlo usando las comillas: "social selling". La diferencia es que al usar las comillas obligamos a que el resultado aparezca exactamente igual y, sin ellas, puede aparecer en cualquier orden.

En el apartado "fuentes" podemos indicar si queremos hacer una búsqueda global o solamente en un lugar en concreto, por ejemplo Noticias, etc.

```
✓ Automático
  Noticias
  Blogs
  Web

  Vídeo
  Libros
  Foros
  Finanzas
```

Podemos hacer todas las búsquedas que deseemos ya que es totalmente gratis. El único requisito es tener una cuenta de correo electrónico de Gmail.

8.1.3 Whostalking (Mira quién habla)

Nos sirve para ver qué se dice de nosotros en las redes sociales. Lo bueno de *Who's Talking* es que no tenemos que crear una cuenta en particular, sino que simplemente basta con que introduzcamos un nombre para saber qué se está diciendo sobre esa persona/tema en cuestión en las redes sociales.

http://www.whostalkin.com

Es una forma rápida de tener lo que se dice de ti en un pantallazo. Podrías pensar que basta con buscar en Google, pero la ventaja de *Who's Talking* es que cuenta con un potente motor de búsqueda dedicado pura y exclusivamente a las redes sociales.

8.1.4 Reputación XL

Reputación XL rastrea y muestra la información sobre tu *personal branding* publicada en noticias, foros, webs, blogs y redes y lo guarda en un escritorio muy fácil de gestionar. Las alertas también se envían al correo electrónico cuando detectan noticias en la red, que coinciden con los temas especificados en la cuenta.

http://www.reputationxl.com/

Con estas herramientas, todas ellas gratuitas, podrás saber de forma rápida y sencilla lo que se dice de tu marca personal en Internet. Obviamente no tienes que usar todas estas herramientas de escucha a la vez. Nuestro consejo es que las pruebes y luego selecciones la que más te guste.

8.1.5 Hootsuite

Hootsuite es una plataforma de gestión de social media y, dentro de sus amplias funciones, tiene un sistema muy sencillo y potente para realizar búsquedas, haciendo búsquedas combinadas con operadores lógicos y geolocalizadas. Lo veremos más adelante en el punto **16.9 Hootsuite para Social Selling.**

8.2 ¿Y qué hacer con toda esta información?

Todos estos datos que estamos recopilando, son para poder generar una conversación efectiva con el cliente y tener una buena primera impresión. Nunca reveles la información que tienes de ellos ni cómo eres capaz de conseguirla, ya que puede costarte la venta.

Fíjate cuál es la realidad de hoy: el 42% de los comerciales/vendedores creen que no tienen la información suficiente sobre su cliente-objetivo antes de realizar una llamada.[67]

Recuerda que la información es poder y ahora la tienes a tu alcance.

La manera más eficaz de conseguir información de tus contactos y sus empresas es integrando las múltiples fuentes de información vía las redes sociales. De esta manera tendrás una visión global de ellos, de sus intereses y del contexto de la empresa.

Esta escucha te a va a ayudar a entender y ver el momento apropiado para poder iniciar la conversación, un email, un comentario en un grupo o foro, un tuit, etc.

Ten muy en cuenta que el 90% de los clientes potenciales eliminan los emails de personas que no conocen.[68]

Si el cliente-objetivo ya ha tenido alguna interacción contigo, será mucho más fácil para ti poder llegar hasta él y que te atienda en la primera llamada/acción.

---

[67] CSO Insights
[68] Inside view

Acciones que puedes llevar a cabo:

- Contestar sus preguntas para demostrar tus conocimientos y tu disposición a ayudarle.
- Síguelo en todas las redes sociales en las que lo encuentres, porque seguramente él hará lo mismo y tendrás la oportunidad de que vea los contenidos que vas publicando.
- Intenta interactuar con sus publicaciones, pero no te excedas (me gusta, compartir y retuitear). Recuerda que menos es más.

"El Social Selling no se basa en conversaciones banales; se trata de aprovechar relaciones y conocimientos para crear una experiencia mejor de venta".

- Ralf VonSosen – LinkedIn

A la hora de establecer tus búsquedas, debes tener en cuenta los siguientes aspectos:

- Un comentario negativo de un cliente sobre tu competencia es una oportunidad.
- Preocupación o frustración sobre un problema que necesitan solucionar.
- Preguntas sobre temas relacionados con tu sector o tu producto/servicio.
- Monitoriza las preguntas de clientes potenciales con las interrogantes ¿?
- Peticiones de recomendación.

Saber el momento exacto para interactuar con el *Lead* es muy importante. Identificar en qué momento se encuentra, qué tipo de acción está realizando (visitando tu web, leyendo el email que le mandaste, descargando el PDF, etc.), puede ser "la palanca" o el "detonante" que haga que todo empiece a funcionar.

Capítulo 9

Cómo cautivar a tu audiencia: tu estrategia de contenidos

* *

"No he fracasado. He encontrado 10 mil formas que no
funcionan"

Thomas Edison

* *

Generar contenidos de calidad, útiles y atractivos para el cliente-objetivo es sin duda una gran ventaja. Es como un gran IMÁN que atrae a los clientes potenciales porque se les está ofreciendo algo realmente bueno. Si a esto le unimos la participación efectiva, podemos iniciar el embudo de ventas y el calentamiento del proceso, para ir llevándolo por el camino que consideremos más efectivo hasta conseguir la venta.

Un buen marketing de contenidos hecho, proporcionará credibilidad a ti y a tu empresa, haciendo que tu marca esté siempre en el radar mental de tus contactos, de manera que cuando necesiten comprar un producto/servicio, pensarán de forma inconsciente en tu marca por la experiencia y fiabilidad que le has transmitido durante todo el tiempo.

Sin embargo, a pesar de la importancia que tiene el contenido, no se está utilizando como se debiera dentro de la metodología Social Selling. La parte buena es que una vez más nos encontramos con una oportunidad a explotar y posicionarnos por delante de la competencia.

De ahí la importancia que tiene plantear una buena estrategia de marketing de contenidos. Por ello vamos a dedicar tiempo a trabajar en ella a lo largo de este capítulo.

El 71% de las empresas B2B utilizan el marketing de contenidos para generar leads.

- MarketingProfs

9.1 ¿Qué es el marketing de contenidos?

El marketing de contenidos, que es uno de los pilares del Inbound Marketing, consiste en crear contenidos que despierten un interés en nuestros clientes potenciales/seguidores/fans y de esta manera sean atraídos hacia nuestra marca.

El marketing de contenidos requiere una labor de "coolhunting" y un importante esfuerzo en su diseño y composición, así como su análisis y medición para conseguir encontrar qué es lo que más desean nuestros clientes/clientes potenciales.

El marketing de contenidos se trata de un proceso continuo y debe formar parte de la estrategia de marketing global.

Con el marketing de contenidos generarás confianza, credibilidad y autoridad. Una vez que tengas ganada esta batalla, al presentar una oferta para un producto y/o un servicio, encontrarás menos resistencia a lo largo del proceso de la venta.

El objetivo del marketing de contenidos es que consigas atraer a nuevos clientes potenciales y, al mismo tiempo, fidelices a los actuales. Ellos ganan y tú también. Por eso tener una estrategia de contenidos se ha convertido en algo vital.

9.2 Tipos de contenidos

Podemos decir que el CONTENIDO DIGITAL tiene muchas versiones. A continuación vamos a proporcionarte algunas de las más útiles:

Blog

De acuerdo con la definición de Wikipedia, un blog (del inglés *weblog*) o bitácora web es un sitio web que incluye, a modo de diario personal de su autor o autores, contenidos de su interés, actualizados con frecuencia y, a menudo, comentados por los lectores.

Los contenidos de un blog se llaman "post". Un *post* se traduce en español como 'artículo', aunque se suele utilizar con la terminología inglesa o el nombre de 'entradas' en las publicaciones hechas en blogs.

El blog es una de las mejores herramientas para llegar con mucha más fuerza a tus clientes objetivo y atraerles luego a tu página web que es donde puedes "vender" tus productos/servicios.

eBook

Hoy en día no hace falta depender de una editorial. Tú mismo puedes "editar" tus propios libros e incluso, si quieres, venderlos a través de plataformas como AMAZON. Escribe un ebook con un contenido interesante y cuidado para tus clientes-objetivo, algo que forme parte de tu *expertise* profesional, que sea diferente, que no lo ofrezcan otros.

No necesitas escribir 200 páginas. Basta con que tenga VALOR. Hay pequeños ebooks de 50 páginas que tienen mucho que decir.

Puedes incluirlo de forma visible en tu web o blog para que los visitantes se lo descarguen y, a cambio, dejen su email.

Si tienes interés, súbelo también a la mayor librería del mundo: Amazon. Obtendrás una gran visibilidad y ayudarás a potenciar tu negocio. Quizá te interese el libro de **Ana Nieto** (WEBEMPRESA 2.0): *Triunfa con tu ebook*. Cómo escribir, publicar y vender tu libro con éxito en el que te enseñan a lograr que tu libro se convierta en un bestseller y potenciar tu negocio o marca personal. En este enlace o en código QR, puedes acceder al libro:

https://goo.gl/ALVoR1

También te puede interesar el libro de **Alejandro Capparelli** «Edición indie. Cómo ser un escritor independiente»:

https://goo.gl/LA9tjI

Newsletter

La Newsletter es el complemento ideal a tus *post* del blog, vídeos e infografías. Te ayudará a dar visibilidad de tus contenidos a los "leads" y contactos que ya tienes fidelizados, enviándoles periódicamente información de valor que estás publicando, haciéndoles llegar la Newsletter.

Vídeos

El vídeo es y será tendencia este 2017. Es el contenido REY ya que es el que neurocomunica mejor. Los vídeos bien optimizados por palabras clave, se suelen posicionar incluso mejor que los *post* de un blog.

Infografías, imágenes y gifs animados

Las infografías son un tipo de contenido visual muy apreciado. Es bueno también generar imágenes para tus contenidos en texto que publiques vía tu blog o realizando microblogging (publicación de mensajes en las redes sociales). Siempre tendrán más calado si se acompañan de elementos visuales como las infografías y las imágenes.

PDFs

Son de los contenidos más agradecidos desde el punto de vista del posicionamiento y de los más desconocidos. Te recomendamos que para ciertos *post* o contenidos ofrezcas la doble opción de contenido y pdf descargable (optimiza también el pdf con palabras clave).

Presentaciones en SlideShare

SlideShare es una red social que no nació como tal. Se creó el año 2006 y fue concebida como un sitio web para alojar diapositivas y compartirlas bien en público o bien en privado. Al principio estaba destinado para profesionales con la intención de que compartieran más fácilmente diapositivas entre ellos, pero fue evolucionando hacia un concepto diferente que desembocó en lo que conocemos ahora: una verdadera red social.

En sus inicios se le conocía como el YouTube de las presentaciones pero la verdad es que, con el tiempo, se puede decir que no tienen nada que ver una con la otra, más allá de ser ambas unas estupendas redes sociales para compartir contenidos.

SlideShare es algo más que una plataforma para compartir documentos como DocStoc, Scribd, Ziddu y Google Drive, pero con unas características muy especiales sobre todo cara al posicionamiento y al *branding*.

Cualquier presentación que utilices en formato PowerPoint o similar, súbelo a SlideShare.

Webinars

Un webinar es una conferencia, taller, curso o seminario en formato digital que se imparte a través de Internet, permitiendo la interacción entre el conferenciante y los asistentes.

Los webinars se imparten en directo, en una fecha y horario específico. Normalmente la persona que da la conferencia interactúa con los usuarios, que pueden comentar o preguntar cualquier cosa que se les ocurra en relación al discurso del conferenciante.

Los webinars cada vez se usan más ya que el tipo de *lead* que se consigue a través de un webinar suele ser de mucha calidad. La gente que se apunta y recibe tu webinar es porque está muy interesada en lo que ofreces y tiene que hacer un esfuerzo por asistir a él, cosa que demuestra aún más su interés.

Para realizar un webinar solo necesitas una plataforma que permita la conexión y distribución del mensaje (Google Hangouts, Gotowebinar, etc.), y una conexión a Internet. Por parte del usuario, dependiendo del webinar necesitará también una conexión a internet, instalar el software o acceder a la plataforma a través de la clave de acceso que se le facilite.

Lo que hace al webinar un formato de éxito es la cercanía y capacidad de conexión con el usuario. Permite un trato de tú a tú entre el ponente y los asistentes que facilita la comprensión y asimilación de conceptos. Además, permite establecer relaciones profesionales que pueden llegar a convertirse en oportunidades de negocio.

El webinar es una de nuestras herramientas favoritas para ofrecer contenido de valor a personas que de alguna forma ya has fidelizado a través de otros contenidos.

Genera confianza y credibilidad. Dos atributos excelentes para provocar la venta.

Un ejemplo de esto es la plataforma www.rockyourblogbinar.com en la que Esmeralda actúa como anfitriona de diferentes webinars impartidos por diversos especialistas relacionados con el mundo del marketing digital y de los blogs. El objetivo de esta plataforma es crear webinars que atraigan la atención y asistencia de muchas personas que son posibles clientes de la *app* BLOGSTERAPP para bloggers. Los webinars quedan grabados en YouTube y pueden ser redifundidos nuevamente. El contenidos de los webinars es sumamente útil y valioso, por lo que se genera bastante tráfico e interés.

Productos alternativos

Aplicaciones para móviles, informes sectoriales, resultados encuestas, etc., son otros contenidos que pueden resultar muy interesantes para tu público objetivo.

Podcast

Un podcast es un archivo de audio gratuito, que puedes descargar y oír en tu ordenador o en un reproductor MP3.

El marketing en podcast ha dado un giro considerable a la comunicación web. Gracias a esta herramienta se ha creado una nueva vía de transmisión de información que nada tiene que ver con los medios convencionales.

Lo que verdaderamente da valor a los podcast es su facilidad de distribución. Es decir, gracias a iTunes, Google Play, Ivoox o Sticher, por ejemplo, tras la publicación de un podcast, ya puede distribuirse. Además, descargarlos es una tarea fácil para cualquier persona, sin necesidad de ser un experto en tecnología.

Si quieres saber más, en el código QR y enlace siguiente tienes un ebook de Ana Nieto (WebEmpresa 2.0), donde explica paso a paso cómo crear un podcast con éxito.

https://goo.gl/N6bMMU

9.3 Generando contenido

Como verás, hay muchos tipos de contenidos y tenemos que ser capaces de crear contenido de una forma sencilla o utilizar contenido de terceros alineados con nuestro *expertise*. Veremos cómo hacerlo en los siguientes capítulos.

Hay dos maneras de generar contenidos, bien creándolos tú mismo o bien buscando contenido de terceros, relacionado con tu *expertise* o actividad. A esto último se le llama también "curación de contenidos".

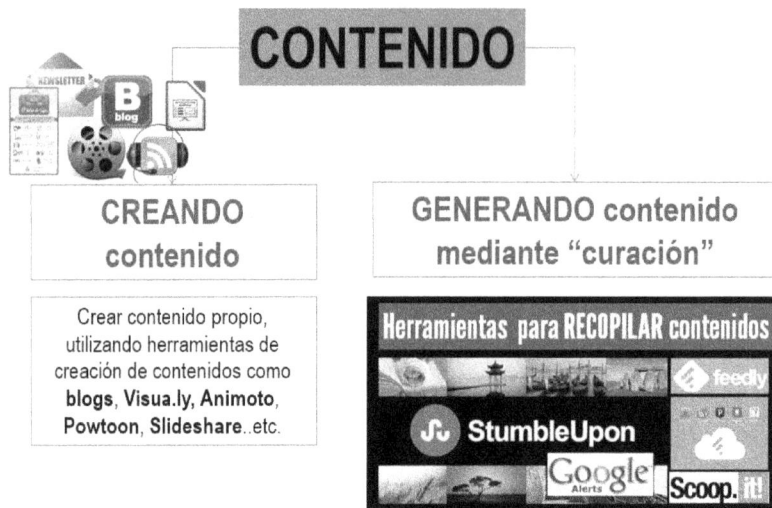

CONTENIDO

CREANDO contenido

Crear contenido propio, utilizando herramientas de creación de contenidos como **blogs, Visua.ly, Animoto, Powtoon, Slideshare..etc.**

GENERANDO contenido mediante "curación"

Herramientas para RECOPILAR contenidos

feedly
StumbleUpon
Google Alerts
Scoop.it!

9.3.1 Cómo crear contenido VISUAL que seduzca a tu audiencia

Como ya hemos comentado anteriormente, las imágenes y elementos visuales son capaces de hacer más TANGIBLE un mensaje y por lo tanto son capaces de NEUROCOMUNICAR mejor que un simple texto.

Las imágenes y elementos visuales juegan un papel muy importante en la respuesta de tu audiencia. Un mismo mensaje con o sin imágenes produce diferente respuesta.

Las imágenes/contenido visual son claves en la captación de atención y, en consecuencia, es su capacidad de atraer a las personas.

El secreto está en cómo diseñar elementos VISUALES que logren nuestros objetivos: conseguir más *clics-throughs*, más Followers, Fans, más comentarios, etc.

Vamos a ver diferentes maneras de crear contenido visual para conseguir hacer contenidos más atractivos.

"Crear un contenido más atractivo fue la iniciativa más importante para los vendedores B2B".- Instituto de Marketing de Contenidos

9.3.1.1 Crear Imágenes usando Canva

Canva es la forma más sencilla de diseñar del mundo, gracias a Canva vas a convertirte en un gran diseñador. Te permite crear cualquier documento de forma *online* de una forma muy práctica e intuitiva.

Canva.com es una herramienta *online* sencilla y potente, para diseñar imágenes impactantes, accesible desde el navegador y ahora desde una *app* en el *smartphone* y *tablet*. Para trabajar hay que iniciar sesión, bien creando un usuario (la mejor opción como medida de seguridad), o utilizando el *login* de Facebook.

Está pensado tanto para personas con conocimientos de *image editor* como para personas más noveles.

Su punto fuerte son las plantillas con tamaños social media, es decir, si no sabes de qué tamaño son las imágenes en Twitter, Facebook, Google plus, Canva te lo pone fácil con plantillas predefinidas cogiendo los tamaños más comunes de cualquier red social.

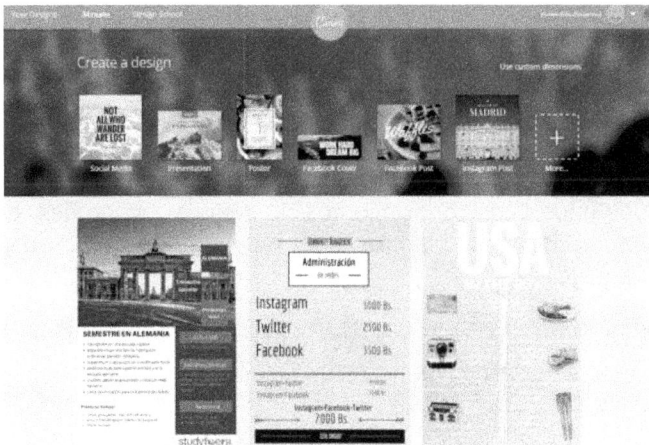

Canva es un programa totalmente gratis con el que, simplemente con registrarnos, podemos empezar a desarrollar ideas.

Si entras en esta dirección o escaneas el código QR podrás ver algunos ejemplos de diseños:

https://goo.gl/gSiihb

Esta *app* dispone de más de 10 millones de usuarios y aquí tenemos algunas opiniones:

"El programa de diseño más fácil del mundo

- The Webbys (The leading international award honoring excellence on the Internet including Websites, interactive advertising and online film and video)

"Con Canva, todos podemos ser diseñadores"

- PSFK

Lo que nos permite hacer Canva.com es trabajar en cada red social, con las medidas exactas y con plantillas que ya están creadas por diseñadores, con lo que conseguimos reducir el tiempo de diseño. No necesitamos unos altos conocimientos de colores, tipografías, etc., solo debemos seleccionar la plantilla que más nos gusta y adaptarla a nuestro mensaje.

A continuación podemos ver algunas de las plantillas que nos ofrece cuando seleccionamos hacer un diseño para Instagram.

Con Canva puedes crear diseños en cualquier formato que se te ocurra. Aquí te ponemos una lista de lo que puedes hacer:

Portadas de discos.	Membretes.
Banners.	Portadas de revistas.
Portadas de libros.	Collages de fotos.
Flyers.	Postales.
Folletos.	Pósteres.
Tarjetas de visita.	Presentaciones.
Cheques regalo.	Imágenes para redes sociales.
Infografías.	

Si quieres aprender a usar Canva.com aquí tienes un curso *online*. Escanea el código QR de más abajo o accede a este enlace:

https://goo.gl/91ptHh

9.3.1.2 Enfatizar las imágenes con tipografías atractivas

Una buena herramienta para esto es Picmonkey. Es un editor de fotos *online* que día a día cautiva a más gente.

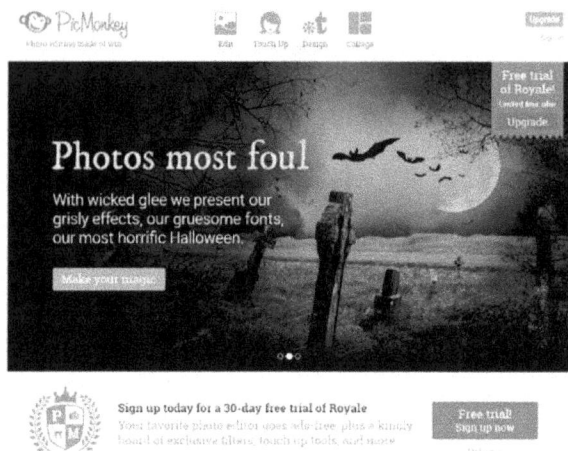

Puedes incorporar una amplia gama de tipografías y hacer que tus fotos adquieran aún más relevancia.

PicMonkey no requiere ninguna descarga y es gratuito.

Permite hacer un collage con varias imágenes o hacer los siguientes cambios a una imagen o collage:

- Agregar textos a una imagen con una variedad de fonts.
- Cortar.
- Rotar.
- Cambiar tono, claridad y colores.
- Ajustar el tamaño de la imagen.
- Agregar efectos especiales tipo Instagram.
- Cambiar las esquinas o utilizar efectos de marco alrededor de la imagen.
- Agregar diferentes texturas.
- Suplementar la imagen con iconos y temas especiales (invierno, San Valentín, clásico, etc.).

9.3.1.3 Diseñar imágenes a través de tu teléfono móvil

¿Necesitas crear contenido visual divertido, creativo y en pocos segundos?

Los tiempos han cambiado mucho. Cada vez recurrimos más al móvil para hacer de todo. Hasta nos hemos vuelto potenciales creadores de contenidos visuales con un *smartphone*.

En España hay 22 millones de usuarios activos de *apps* y cada día se descargan cuatro millones de aplicaciones para móviles de las cuales, muchas son para retocar fotos. Pero también proliferan las que te ayudan a crear imágenes impactantes con el móvil.

Phonto es una aplicación sencilla que hace su trabajo y bastante bien. Aquellos que no se quieran complicar la vida encontrarán en Phonto variedad de fuentes, estilos y colores para crear el texto perfecto para nuestra fotografía. Además, si las 200 fuentes no te convencen, siempre podrás instalar más.

Phonto is a free app that allows you to add text to photos.

Puedes hacer imágenes muy atractivas con Phonto: http://www.phon.to/ (disponible para Android y Apple)

WordSwag crea increíbles diseños de texto que normalmente tomaría minutos – o incluso horas –, con solo un toque. WordSwag tiene el exclusivo motor generador de diseños tipográficos, Typomatic ™, que lo hace posible. No son plantillas, WordSwag genera nuevos diseños cada vez que entras a la *app*. Es perfecta para crear contenido original en segundos y compartirlo en tus redes sociales.

Wordswag es la aplicación que te permite hacer una combinación perfecta: el poder visual de una imagen con la fuerza de las palabras.

http://wordswag.co (solo Apple)

Hootsuite Enhanced es una herramienta que ha lanzado Hootsuite. Es una *app* gratuita. Es como un Canva.com pero para el *smartphone*. Actualmente solo está disponible para iOS.

https://goo.gl/4DrP2T

Aquí tienes un vídeo tutorial para aprender a usarlo: https://goo.gl/qZiSUJ

9.3.1.4 Crear presentaciones en SlideShare, que realmente proporcionen una utilidad

Slideshare es una de las piezas clave en una estrategia de Marketing de Contenidos que, sin duda, contribuye a la difusión y a la viralización. Fíjate:

- Es la comunidad más grande de presentaciones en PowerPoint .
- Es tan popular como YouTube lo es para Videos : Slideshare es el YouTube de los sitios para compartir documentos.
- Es el sitio más popular para compartir documentos: cuenta con un AlexaRank de 152, 130 millones de páginas vistas, 60 millones de visitantes mensuales y un Alexa Ranking Mundial de 144 con los visitantes de la India, EE.UU., Brasil, México, España, Indonesia, Reino Unido, Colombia, Rusia, Canadá, Australia, Francia, Alemania, Japón, Sudáfrica y más.
- Es compatible con dispositivos móviles: los contenidos subidos a SlideShare están optimizados para una fácil visualización en iPads, iPhones y dispositivos Android.
- Te permite amplia variedad de contenido: no se limita a documentos de Word y PDF. Puede albergar igualmente presentaciones y videos.
- Indexa muy bien en GOOGLE: el contenido SlideShare aparece con frecuencia en los resultados de búsqueda de Google.

Mira por ejemplo esta presentación sobre **"12 *tips* para crear presentaciones irresistibles"**

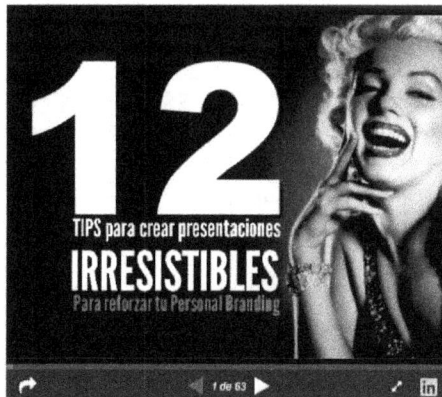

12 tips para presentaciones irresistibles y potenciar tu personal Branding from Esmeralda Diaz-Aroca

https://goo.gl/vw92WJ

Slideshare.net fue comprada por LinkedIn. Tiene 70 millones de usuarios con 18 millones de contenidos publicados y está entre las 100 webs más visitadas del mundo. Es un pieza fundamental dentro de una estrategia de posicionamiento SEO, tanto a nivel de marca personal como a nivel corporativo.

Fíjate el gran alcance que tiene:

* https://goo.gl/O8cr64 15.693 visitas en los últimos 12 meses.
* https://goo.gl/nx3pDx 15.939 visitas en los últimos 12 meses.
* https://goo.gl/dMUjcx 49.196 visitas en los últimos 12 meses.

SlideShare permite conseguir varios objetivos a la vez, que abarcan: SEO, creación de marca, medios sociales, marketing de contenidos y la construcción de vínculos.

Para que un contenido en Slideshare esté en la primera página de resultados de búsqueda de Google (como se muestra en la imagen anterior), hay definitivamente algunas palabras clave importantes en juego. ¿Dónde deben estar estas palabras clave? ¿Cómo se asegura que los motores de búsqueda entiendan y sean capaces de determinar qué palabras clave forman parte del contenido en tu SlideShare? Creemos que es muy importante que conozcas estos detalles.

Título. En primer lugar, se debe optimizar el título de su contenido para SEO. Para el título aunque Google indexa 70 caracteres, trataremos de optimizarlo en menos de 55 ya que Google suele añadir la palabra "Slideshare" también y esto hace que nuestro título se quede "acortado". Los títulos no deben exceder por lo tanto de 50-55 caracteres y deben incluir las palabras clave, si es posible, al principio. Los expertos recomiendan usar también palabras clave "long tail", ya que ayudan a posicionar mejor.

URL debe contener palabras clave. La URL se construye a través del título. Si el título está optimizado la URL se construirá con las palabras del título. Hay que tratar de construir la URL obviando artículos, preposiciones… que no contribuyen a mucho y ocupan espacio.

Vemos un ejemplo:

Esta presentación **"12 *tips* para presentaciones irresistibles y potenciar tu *personal Branding"*,** tiene un título de 74 caracteres, de los cuales solo va a indexar Google unos 50, es decir "12 *tips* para presentaciones irresistibles".

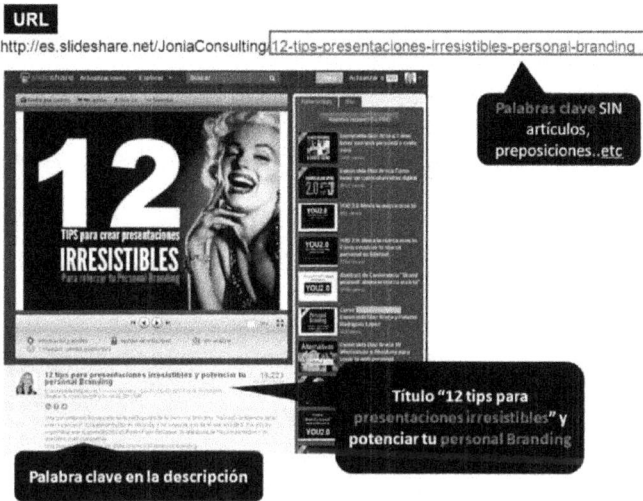

Etiquetas. Puedes añadir más de 10 etiquetas. De hecho, tienen hasta 20 etiquetas para utilizar. Las etiquetas ayudan a la gente a encontrar tu sitio dentro de Slideshare.

Descripción. Redacta una descripción breve del contenido de tu presentación. Procura que en los primeros 156 caracteres estén concentradas tus palabras clave.

Anchor Text/URL con hipervínculos. Unos de los factores SEO más importantes son los enlaces de tu web hacia fuera. Incluye dentro de tu presentación enlaces con el formato http://www.mistio.com. No lo hagas sin el http:// porque no son rastreables por las arañas.

Incluye enlaces dentro de tu sitio. Por ejemplo, un enlace en todas las diapositivas de tu presentación.

- Tipos de enlaces.
- Textos hipervinculados.
- Un vínculo directo "http://" tipo (URL alias con hipervínculos).

- Un objeto vinculado: fotografía, vídeo, etc.

Categoría. La categoría es específica SlideShare y solo es importante para el SEO en Slideshare. Ubicar tu presentación en la categoría adecuada hace que tu presentación sea encontrada con mayor facilidad por su audiencia. Sin embargo, todo hay que decirlo, la estructura de categorías en Slideshare es bastante pobre y, a veces, no se adecua a nuestra presentación, es decir, no le encontramos una ubicación exacta.

Transcripción. SlideShare transcribe tu presentación. Esta es la manera que SLIDESHARE tiene para que los motores de búsqueda "vean" las presentaciones y las indexen. Esta parte es crucial y para ello tenemos varios trucos:

- Asegúrate que tu presentación contiene : textos ricos en palabras clave.
- Si metes imágenes, incluye (además de un hipervínculo a un site que te interese), un texto, porque la imagen no es "vista" por los buscadores.
- Las notas de PowerPoint tampoco son "leídas".
- Utiliza el campo de encabezado o pie de página en PowerPoint para incluir tus palabras clave, pero con moderación.
- Utiliza tipografías básicas. La League Gothic en mayúscula por ejemplo no la "lee".

Para potenciar y reforzar tu marca personal, tienes que pensar en diseñar contenido de utilidad y subirlo a Slideshare para que también pueda ser viralizado por terceros.

Para ello la premisa clave es construir una URL, TÍTULO y DESCRPICIÓN que lleven la palabra clave principal repetida, es decir, el nombre de tu MARCA. Esto es importante porque cuando estos medios utilicen el contenido, favorecerás el branding si haces las cosas bien.

9.3.1.5 Crea tus propias infografías y recuerda que el secreto es que sean útiles

Recuerda lo que no es útil no se usa, ni se lee, ni se comparte. La infografía es una de las mejores "armas secretas" del marketing de contenidos. Una infografía bien hecha, con un gran diseño y la información necesaria para que los usuarios puedan aprender mucho de ella, tiene muchísimas posibilidades de convertirse en un elemento de marketing viral en tu estrategia de contenidos.

Si quieres conocer herramientas para hacer infografías, te recomendamos visites esta presentación de Esmeralda: "10 herramientas para hacer tus propias infografías"

10 Awesome Infographics Tools by Esmeralda Diaz-Aroca from Esmeralda Diaz-Aroca

https://goo.gl/QEnR1i

9.3.1.6 Crea GIFs animados

¿Por qué triunfan los gifs? Porque son expresivos, muy divertidos y las posibilidades creativas son ilimitadas. Puedes hacer gifs mostrando tus productos, jugando con tu logo o extraer los mejores momentos de tus vídeos.

Hay varias herramientas que permiten hacer Gifs animados como https://makeagif.com/ un servicio *online* donde crear Gifs animados a partir de distintas fuentes de imagen: fotografías, un video, un video de YouTube o un video de tu webcam. También puedes subir a esta página los *gifs* que has creado manualmente desde tu ordenador para crear tu propia librería de *gifs*.

Otra opción es recolectar Gifs animados de la librería de Twitter o capturarlos de tuits realizados por usuarios de esta red. Para ello te tienes que descargar en tu *smartphone* la *app* **"download for twitter"**. Este es el *link* para Android: https://goo.gl/J4ZJcq

9.3.2 Cómo crear contenido VISUAL-Vídeos

El vídeo va a jugar un papel muy importante dentro de las estrategias de marketing de las empresas. La primera razón es que es un contenido que neurocomunica, es decir, es capaz de llegar, captar la atención y seducir al cerebro decisor: el cerebro reptil.

La toma de decisiones no es en modo alguno "racional". Lo que mueve a los seres humanos es la emoción, no la razón. El 95% de los procesos mentales del ser humano se producen en su mente no consciente y es precisamente allí, donde residen los mecanismos que condicionan su decisión.

El cerebro reptil, tiene más de 400 MM de años y funciona por debajo de la conciencia, como un CRM ultraespecializado, responsable de nuestra supervivencia. Es 250 veces más rápido que el cerebro racional (neocortex), es multitarea y nunca se desconecta.

Hay 6 elementos/estímulos que condicionan la decisión del cerebro reptil y estos elementos pueden ser perfectamente activados con el VÍDEO:

1. El video permite tangibilizar los mensajes.

2. El video es 100% visual. Esto es importante porque de toda la información procesada por el cerebro, el 90% es visual.

3. El vídeo permite la creación de un Storytelling que permita llegar al "YO" del cliente-objetivo, empatizar con él y hacerle sentir protagonista.

4. El vídeo permite crear emociones de forma más intensa que cualquier otro medio, creando más fácilmente CONEXIONES EMOCIONALES con los consumidores.

5. El vídeo permite llevar a cabo "contraste" a través de la música, voz en off, tipografías, imágenes, etc. Es decir, puede jugar con muchos elementos para crear ese contraste que hace que la atención del cerebro reptil sea plena.

6. El vídeo permite la inclusión de mensajes clave que muestren la ganancia al público objetivo, teniendo en cuenta que en la curva de atención, la retención es alta al principio y al final.

El vídeo permite, por lo tanto, trabajar la comunicación de otra manera, para evocar emociones y provocar a los sentidos, usar el lenguaje visual y dialogar con las personas. El vídeo es un gran aliado de la estrategia de marketing digital de una empresa.

9.3.2.1 Creación de vídeos corporativos

Hay muchas maneras de crear vídeos. En este libro te vamos a mostrar cómo llevar a cabo vídeos a bajo coste.

Videolean es una plataforma *online* que dispone de plantillas para crear vídeos para nuestro negocio. Su uso es muy fácil; solamente tenemos que seleccionar la plantilla que se adapte más al mensaje que queremos realizar. Si quieres información más detallada puedes escanear el código QR o acceder a este enlace: https://goo.gl/CjX4KK

Plantillas destacadas

Quick Logo Intro

Estas son algunas de las categorías disponibles: vídeo corporativo, Eventos, Blogs y noticias, Fotografía, Vídeo Promoción, Tienda *online*, Curriculum, Vídeo vertical, etc.

Aquí tienes dos ejemplos de vídeo hechos con Videolean. Escanea los códigos con tu *smartphone* para visualizarlos:

También puedes acceder vía URL:

https://goo.gl/g7dQPA

https://goo.gl/01ZPr3

Y aquí tienes uno de lo muchos casos de éxito que tiene VIDEOLEAN:

https://goo.gl/zsSq1Y

En 2015 tuvo 203.194 visitantes en un mes, más del doble que el Guggenheim de Bilbao

367.138 reproducciones

👍 Me gusta   💬 Comentar   ↪ Compartir   🔲 Hootlet   👤 ▾

👍😊😮 1.218   Comentarios destacados ▾

Su uso es tan sencillo que incluso personas que no están acostumbradas a crear vídeos para su difusión *online* pueden utilizarlo.

Simplemente, escogemos entre las varias plantillas que tenemos a nuestra disposición, las adaptamos y personalizamos, y podremos obtener un vídeo borrador para ver el resultado o bien, conseguir el vídeo final en calidad HD para poder distribuirlo en nuestro canal de YouTube.

Estas son algunas de las plantillas disponibles.

Lo primero que tenemos que hacer es seleccionar la plantilla que queremos.

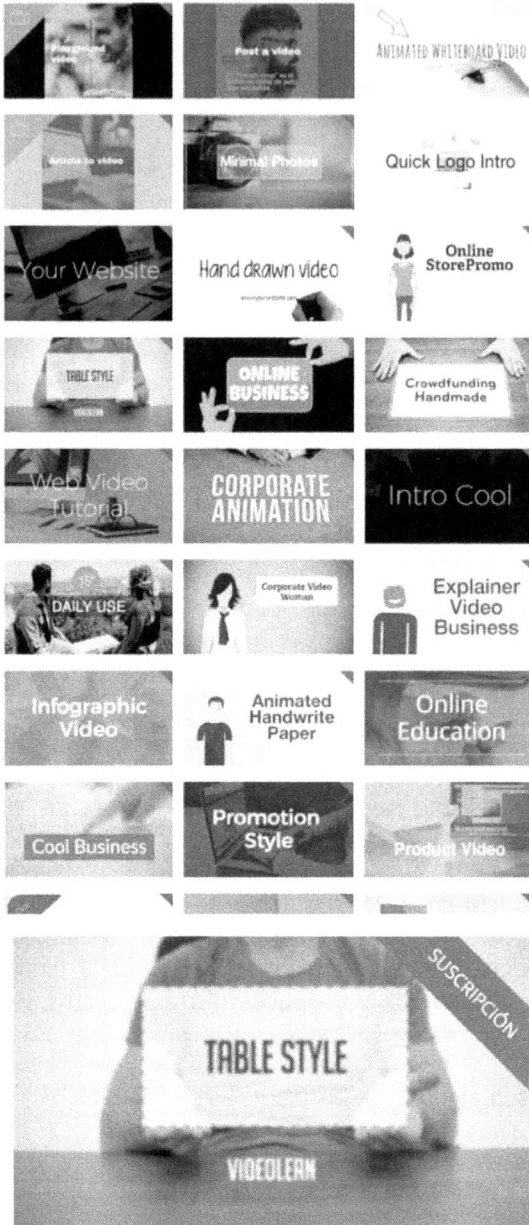

Al situarnos encima de la plantilla, nos indica su estructura, cuantos textos vamos a poder poner, cuantas imágenes y cuantos vídeos.

Hacemos clic en la plantilla y ya entramos en el asistente para crear el vídeo. nos aparecerá la posibilidad de ver un ejemplo de un vídeo creado con esta plantilla para ver cómo quedará.

Hacemos clic en "PERSONALIZAR AHORA" y lo primero que nos pregunta es el nombre que queremos para nuestro vídeo.

Añade un título a tu vídeo:

Título del vídeo

Y al ponerlo ya vamos al asistente para crear el vídeo.

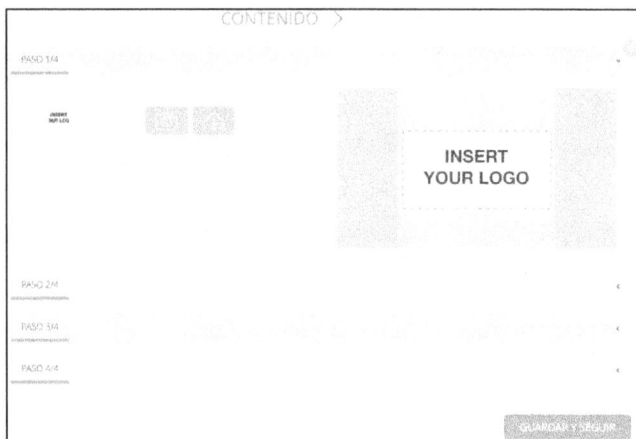

9.3.2.2 Creación de vídeos desde el *smartphone* con plantillas

 Magisto es una *app* móvil de las que más nos gustan. Digamos que es la hermana menor de su versión *online* https://www.magisto.com/, y que sirve para crear montajes de vídeos a partir de fragmentos de vídeo y fotografías.

Tan simple como elegir los archivos a incluir, la canción de fondo y Magisto hará todo el trabajo de edición en pocos minutos.

Si no sabes editar vídeo y quieres una *app* que trabaje por ti, en Magisto encontrarás un aliado para encantar a todos con tus vídeos.

Puedes descargarla tanto en Android como en IOs. Escanea los siguientes códigos para hacerlo.

O si prefieres accede a través de las URL's:

iTunes: https://goo.gl/goy2Sf
Play Store: https://goo.gl/6M50Tw

Instala la *app* de Magisto en tu *smartphone* y vamos a ver cómo funciona. También se puede usar desde su página web.

Paso 1 - Aquí tenemos la galería de las plantillas y, si hacemos clic en el icono de abajo izquierda (círculo con un triángulo de play), podemos ver un ejemplo de cómo quedará. Elegimos el que queremos usar y hacemos clic.

Paso 2 - Seleccionamos las fotos y los vídeos del carrete de nuestro *smartphone*.

Hacemos clic donde pone "Add A Title" para escribir la frase que queremos que aparezca al principio del vídeo.

Paso 3 - Pulsamos "MAKE MY MOVIE!" (es mejor hacerlo conectado a la wifi). Magisto enviará las fotos y vídeos seleccionados a su servidor para crear el vídeo. Una vez esté creado nos avisará y podremos verlo.

Aquí tienes un vídeo creado con Magisto:

https://goo.gl/BMjjnQ

9.3.2.3 Creación y edición de vídeos desde el *smartphone*

GoPro también permite a sus usuarios editar los vídeos resultantes directamente en el móvil. Incluso no necesitas una cámara del fabricante: Quik es una *app* completa, sencilla, universal y, sobre todo, gratuita.

GoPro Quik permite la edición de vídeo sencilla con efectos y filtros

Una vez abierta la aplicación, Quik nos instará a que añadamos contenido. Podemos incorporar un total de 200 fotografías y clips por película. Imagina todas las posibilidades que se abren ante ti. Todo el contenido que añadas se va sumando a la línea de tiempo porción tras porción.

Puedes mover cada porción en el orden que prefieras además de aplicar distintos efectos o estilos de película.

Puedes acceder a la web https://quik.gopro.com/es/ o escanear el código QR directamente desde tu *smartphone*.

Está disponible para iOS y Android.

Puedes acceder también a través de las URL's:

iTunes: https://goo.gl/sCUOF5
Play Store: https://goo.gl/7sx5Jz

Utilizar esta *app* es muy sencillo:

Paso 1 - Seleccionamos las fotos y los vídeos que queremos usar.

Paso 2 - Sobre los vídeos seleccionados podemos recortar qué trozo queremos usar.

Paso 3 - Seleccionamos qué efectos queremos crear.

Paso 4 - Y se creará el vídeo

9.3.3 Cómo crear contenido VISUAL-Vídeos en Vivo

Una de las tendencias que está creciendo muy fuerte es la emisión en vivo, lo que se llama *Live* o *Streaming*. Hace unos años para emitir vídeo en vivo, se necesitaba de unos equipos bastante complejos y unos costes muy altos, y líneas de comunicaciones dedicadas.

Primero vamos a ver posibles formas de hacer la emisión de vídeo en vivo y después veremos estrategias para usarlo.

9.3.3.1 Cómo hacer Video en Vivo

LinkedIn se ha apuntado también a la "fiebre del vídeo" lanzando LinkedIn Record.

LinkedIn va a permitir que se puedan grabar videos de hasta 30 segundos siempre de temas que tengan que ver con actividad profesional y laboral, si bien también permitirán contenidos educativos, de diversidad o innovación.

LinkedIn Record, ya disponible en iOS (en breve estará en Android también), será la que permitirá grabar y subir los vídeos con la posibilidad de comentarlos y compartirlos.

El usuario podrá utilizar el vídeo como una herramienta más para construir su reputación, compartiendo unas palabras en un corto vídeo en vez de un texto de mil palabras.

Puedes descargártela escaneando el código QR o accediendo a través de la URL: iTunes

https://goo.gl/Yjs8Y1

Periscope es la nueva aplicación de moda. Se descarga gratuitamente desde App Store o Google Play (pesa unos 13Mb), y se asocia con nuestra cuenta de Twitter. Éste es uno de los 'peros' que ponen los críticos a Periscope.

Hay que tener una cuenta de Twitter para poder emplear la aplicación. La instalación se realiza de forma fácil e intuitiva: se nos muestran quiénes de nuestros contactos están usando Periscope y si queremos, o no, seguirlos.

Y si quieres también puedes indicar que se te avise con notificaciones siempre que estén emitiendo.

Puedes acceder vía: https://www.periscope.tv/ o escanear el código QR:

La utilización de la aplicación es muy sencilla. Con un interfaz similar al del propio Twitter, en la parte superior de la pantalla de tu móvil se muestran cuatro iconos: un televisor que te muestra las visualizaciones y emisiones recientes; un mapa que te permite ver las emisiones de Periscope que se están produciendo o se han producido recientemente cerca de ti o bien en una zona determinada de la ciudad en la que vives y pinchar en las que te interesen.

También te muestra un índice con las retransmisiones que se están haciendo en directo ordenadas por su relevancia (en función del número de seguidores que tenga el usuario de Periscope o si les sigues); y un menú de usuarios que muestra usuarios destacados y tendencias y permite buscar a determinadas personas.

Puedes descargarte la *app* en iOS y Android:

También acceder vía URL:

iTunes https://goo.gl/e3sfGP
Play Store: https://goo.gl/ZFO3L7

Si en nuestro *smartphone* tenemos instalado Twitter y Periscope, Twitter lo detecta y nos permite iniciar la emisión en vivo directamente desde Twitter.

Como ya habrás oído hablar, **Instagram** es la red social de moda junto a Snapchat, las dos llamadas Coolmedia (redes sociales de moda).

Estas redes sociales actualmente son las que más crecimiento tienen y el tiempo de dedicación que hacen sus usuario de ellas es bastante elevado.

Son de las *apps* más descargadas y hay multitud de *apps* que son realizadas para mejorar su usabilidad haciendo esta comunidad día a día más grande.

Puedes acceder vía: https://www.instagram.com/ o a través del código QR:

Instagram Live Stories es una manera excelente de comunicar todo lo que te interese en tiempo real y con límite de una hora, igual que ocurre en Facebook Live.

Al contrario de lo que ocurre en Periscope, las retransmisiones no están disponibles para volver a verlas una vez han terminado, sino que al menos de momento no se pueden recuperar, algo que seguramente en el futuro se podrá hacer, pero al fin y al cabo es el primer día del servicio y funciona bastante bien.

Está disponible para iOS y Android:

También puedes acceder vía las URL's:

iTunes: https://goo.gl/ovIy96
Play Store: https://goo.gl/UdDTjO

f LIVE   **Facebook Live** es la nueva herramienta que ha introducido Facebook para la emisión de vídeos en directo desde dispositivos móviles.

Con ella puedes compartir cualquier acontecimiento que esté ocurriendo simplemente con tu móvil. Las personas que estén viendo la retransmisión pueden interactuar mediante las reacciones (Me gusta, Me encanta, etc.), o con comentarios.

Facebook está dando cada vez mayor importancia al vídeo, estos tienen más alcance *(engagement)*, que otro tipo de publicaciones. La retransmisión en directo capta aún más la atención de los usuarios, por lo que Facebook "premia" este tipo de contenido.

Facebook Live se puede ejecutar desde el *smartphone* y también desde el ordenador.

9.3.3.2 Estrategias para hacer vídeo en vivo

Ventajas:

1. Novedad.
2. Bajo coste.
3. Alta respuesta por parte de las personas y alta audiencia.
4. La inmediatez, si me lo pierdo, no puedo interactuar, preguntar, etc.
5. Posicionarte como experto.

Qué hacer y cómo:

1. Estar conectado a una wifi y probar que va bien. Para ello podemos hacer un test de velocidad con la herramienta SpeedTest:

iTunes: https://goo.gl/0HbS0m

Play Store: https://goo.gl/xMDHtl

2. Acostumbrar a la audiencia a la periodicidad (establecer un día la semana, un día al mes), siempre a la misma hora.

3. Avisar con varios días de antelación de que vamos a realizar la emisión y qué temática vamos a tratar.

4. El mismo día, publicar un recordatorio en nuestras redes sociales.

5. Cuando inicies la emisión, es muy importante el título de la emisión y *hashtags.*

6. Una vez acabada la emisión guárdala en el carrete de tu *smartphone* para no perderlo.

7. Posibilidades a la hora de publicar el vídeo:

a) Ahora puedes publicarla en la red social donde has hecho la emisión, para que el resto de personas la puedan ver.

b) Puedes publicar el vídeo en tu canal de YouTube y, a partir de ahí, publicar el enlace del vídeo en tus redes sociales.

9.3.4 Cómo crear tu propio BLOG

El blog es una de las mejores herramientas y una de las primeras que se deben poner en marcha dentro de una estrategia de comunicación en Internet.

Podríamos decir que el blog es al átomo lo que los electrones son a la social media. El blog permite aglutinar una gran parte del contenido, esencial hoy en día para posicionarse adecuadamente en los buscadores, además de atraer leads, generar *engagement*, etc.

Si un post contiene más de 1500 palabras, conseguirá un 68,1% más de tuits y un 22,6% más de "me gusta" en Facebook en comparación a los que son menos extensos.

- Hubspot

Cuando se habla de contenido mucha gente se refiere solamente al texto porque es el más relevante para el SEO, pero hay muchos tipos de contenidos que podemos crear para atraer a nuestros usuarios, como los que a continuación señalamos.

Texto. Sin duda el texto es lo más relevante para los buscadores y es importante que nuestros artículos/*posts* tengan una extensión adecuada para "alimentar" a los buscadores, pero por supuesto no es lo único.

Foto. ¿Qué es un *post* sin imágenes? Poca cosa. Las imágenes no solamente son útiles para posicionar, también ayudan a que la experiencia del usuario con la página sea más visual y atractiva.

Audio. Los formatos de audio probablemente no sean los más atractivos, pero generan una audiencia muy fiel.

Vídeo. Los vídeos son una estupenda herramienta para retener al usuario en nuestra página y que interactúe con la misma.

Infografía. Las infografías exigen algo de detenimiento por parte del usuario, funcionan muy bien sobre todo si son útiles, porque pueden conseguir que tu página sea compartida a través de las redes sociales más fácilmente.

Imagen animada. Crean experiencia del usuario y dan también muy buen resultado. Las imágenes animadas ya sean GIFS o *Cinemagraphs* proporcionan respuestas diferentes a las que se tienen con imágenes estáticas.

9.3.4.1 Herramientas para crear un Blog: aplicaciones y sitios web

En Internet podemos encontrar una gran cantidad de plataformas que nos permiten crear una página web gratuita o crear un blog gratis (o ambas opciones al mismo tiempo).

Si se quiere implementar un blog (por ejemplo para publicar regularmente información), existen aplicaciones específicas muy utilizadas: WordPress (la versión alojada, lista para usar *online* y que no requiere de instalación alguna), Blogger, Tumblr, Ghost y otras muchas alternativas.

Una plataforma que está creciendo mucho para escribir *post* (con un enfoque minimalista y enfocado en el texto), es MEDIUM. Se trata de una plataforma de blogging creada por los fundadores de Twitter. Lo más novedoso es su entorno sencillo y que grandes marcas y personas relevantes la están usando. Puedes echar un vistazo al blog de David: https://medium.com/@davidmcalduch

Si analizamos las tendencias en Google Trends, veremos la evolución de estas plataformas a lo largo del tiempo. Veremos que Tumbrl está siendo tendencia desde el 2011. Sin duda debido a su sencillez y a por ser una plataforma muy usada por *millennials*.

Comparar Términos de búsqueda ▾

| WordPress.com | Blogger | Tumblr | + Añadir término |
| Website | Website | Website | |

Beta, la medición del interés de búsqueda de diferentes temas es una función beta que proporciona rápidamente medidas precisas sobre el interés de búsqueda general. Para medir el interés de búsqueda de una consulta específica, selecciona la opción "término de búsqueda".

Interés a lo largo del tiempo

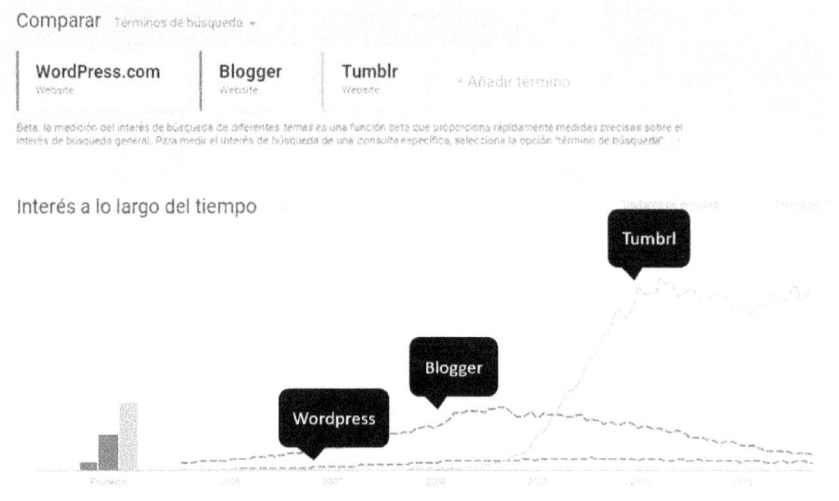

9.3.4.1.1 Crear un blog con Worpress.com

WordPress es el sistema más popular y extendido para la gestión de blogs y esto se debe a su potencialidad.

Hemos tomado la valiosa opinión del blogger José Faccin (http://josefacchin.com/) sobre las ventajas que para él tiene la plataforma Wordpress:

a) Es fácil de usar: ella nos permite tener nuestro sitio o blog con una apariencia muy profesional, gracias a un increíble número de plantillas prediseñadas que podremos instalar gratuitamente desde su propio repositorio de temas.

b) SEO amigable o *friendly*. Esta es la opción que mejores prestaciones (dentro de sus limitaciones), podrá ofrecerte en temas de posicionamiento SEO en buscadores.

c) Disponer de un nombre de subdominio gratuito, el cual puedes cambiar a tu propio dominio personalizado cuando quieras (comprándolo en la misma plataforma o a otras empresas que se ocupan de vender y gestionar dominios).

d) Acepta código HTML y en sus versiones Premium también se puede mejorar el CSS u otros aspectos de diseño.

e) Planes Premium: planes extras de suscripción anual que ofrecen más control y opciones de personalización adicionales.

f) Atención al cliente propia y una red de foros y blogueros especializados en WordPress.com que podrán solventar tus dudas o ayudarte con posibles inconvenientes.

g) Aplicación móvil para Android e IOS.

h) Es una de las plataformas para hacer un blog o página web gratuita que más usuarios tiene en el mundo (+50.000 cada día..., desde sitios de pequeñas empresas, blogs personales o de artistas de prestigio a medios de comunicación como TIME y CNN).

Hemos recabado la opinión de la famosa bloguera la *La Orquídea Dichosa* (http://serblogger.laorquideadichosa.com/) sobre las ventajas e inconvenientes de estas plataformas:

Lo mejor de Wordpress.org

- Total control sobre tu blog.
- Multitud de diseños gratuitos disponibles en la red, fácil instalación.
- Puedes modificar totalmente el diseño de tu blog.
- Infinidad de plugins gratuitos y de pago disponibles para hacer TODO lo que se te pueda ocurrir.
- Editor de entradas avanzado.
- Escalable, puedes comenzar con un blog muy básico e ir mejorándolo hasta convertirlo en un sitio web profesional.
- Absolutamente orientado al SEO.
- *App* para móvil buena que permite una gestión completa del blog.

Las desventajas de wordpres.org

- Complicado para bloggers novatos.

- Necesidad de contratar un dominio y un alojamiento para poder comenzar.
- Muy vulnerable a ataques si no lo configuras adecuadamente.
- Modificar las plantillas es difícil. Hay que editar directamente el CSS..
- Hay una versión gratuita de WordPress, la que se encuentra en wordpress.com; en este caso, igual que sucede con Blogger, puedes registrarte y dar de alta un blog gratuito, sin necesidad de instalar nada.

Lo mejor de Wordpress.com

- Se puede comenzar con coste cero
- Muy fácil migración a wordpress.org.
- Editor de entradas avanzado.
- Escalable, puedes comenzar con un blog muy básico e ir mejorándolo hasta convertirlo en un sitio web profesional.
- Absolutamente orientado al SEO.

Las desventajas de wordpres.com

- Complicado para bloggers novatos.
- Muy limitado, no puedes gestionar casi nada ni instalar plugins sin pagar.
- Pocos diseños gratuitos.
- Personalización del diseño muy limitada, permiten solo pequeños cambios como el logo o el fondo.
- Para usar tu propio dominio hay que pagar (además del dominio).

Aquí tienes un curso completo de cómo hacer una web y un blog en Wordpress: https://goo.gl/DVZrQz. Y aquí tienes un cupón del 25% de descuento para hacer el curso booksocialsellingwordpress:

El mejor hosting especializado en Wordpress con 2 meses gratis con el plan anual: http://ow.ly/5rH7305lRMq

El mejor lugar donde comprar temas profesionales para Wordpress: http://ow.ly/52FE305lKl0

9.3.4.1.2 Crear un blog en Blogger.com

a) Esta es la plataforma para diseñar tu Blog gratuito propiedad de Google. En Blogger tienes muchas plantillas diferentes para configurar tu bitácora de manera muy sencilla. Esta herramienta permite editar el CSS y el HTML.

b) Permite cambiar el subdominio que ofrecen por defecto y poner uno propio.

c) Al ser propiedad de Google también es amigable al SEO, pero curiosamente no proporciona ninguna ventaja más adicional cara al SEO.

d) Más audiencia y servicios: al ser un servicio de Google, Blogger se conecta perfectamente con cualquiera de los otros productos de la Marca como Google plus, Drive, Gmail, Hangouts, etc. Lo que te permitirá tanto aumentar la difusión de tu contenido como las prestaciones de tu blog. Además, puedes mostrar los comentarios de Google+.

e) Publicidad y monetización. Google ofrece la posibilidad de monetizar tu plataforma gracias a otro de sus productos estrella → Google AdSense (muestra anuncios publicitarios relevantes a tus lectores o visitantes).

Lo mejor de Blogger

- Muy fácil de poner en marcha. Ideal para novatos.
- Diseños atractivos y fácilmente modificables en el gestor.
- Multitud de diseños gratuitos disponibles en la red, instalación muy sencilla.
- Manejo sencillo e intuitivo, muy visual.
- Editor de entradas fácil de gestionar.
- Totalmente gratuito; puedes comenzar tu blog con coste cero.
- Integración con todos los servicios de Google muy fácil.

Las desventajas

- Pocos plugins.
- Increíblemente poco orientado a SEO.
- No tienes control sobre el blog.
- Si quieres profesionalizarte en seguida tocas techo.
- La *app* para móvil es mala, rozando lo peligroso.

- Le pueden poner publicidad sin tu permiso ni beneficio.

9.3.5 Contenido interno proporcionado por tu empresa

Tienes la opción de no crear tus propios contenidos (no es obligatorio), aunque sería recomendable dada su sencillez.

Una buena solución es contactar con tu Jefe de Ventas y/o el Departamento de Marketing para que ellos te faciliten material que ya está creado. Con esto matamos dos pájaros de un tiro. Por una parte, eliminas el trabajo de tener que crear estos contenidos y, por otra, estás seguro que el material ha sido aprobado por la compañía.

En muchas compañías, para evitar que cualquier persona de la empresa cree sus propios contenidos y, de alguna manera, tenerlos bajo control, se procede de dos maneras que veremos a continuación.

9.3.5.1 Crear manuales de estilo y protocolos de actuación

A través de manuales de estilo (ten en cuenta que no son para diseñadores profesionales), con un lenguaje muy natural y fácil se definen los colores corporativos, cómo usar el logo, el tipo de letra, el slogan de la compañía, etc.

Y con los protocolos de actuación se indica cómo se debe publicar en cada red social, qué horario es mejor para publicar en cada una de ellas, cómo nombrar y citar a la empresa, si hay un *hashtag* oficial, qué líneas de producto/servicio debemos o no promocionar, dónde guardar los Leads cuando se generen, etc.

De acuerdo con nuestra experiencia, lo mejor es utilizar un lenguaje natural, nada recargado, sin tecnicismos, (que se lea y se entienda a la primera), incluyendo, a ser posible, capturas de pantalla indicando dónde hacer clic, todo de una forma directa y sencilla. Si decides llevar a cabo un protocolo de actuación, conseguirás que los demás ahorren tiempo y te ahorrarás el tener que contestar un montón de dudas.

Para implementarlo puedes hacerlo creando documentos de Word y, a partir de ahí, crear PDFS compartidos en una carpeta compartida del servidor de la empresa o en una carpeta compartida de Dropbox.

Otra forma de hacerlo, que es como lo hacemos nosotros, es con Evernote. Tenemos creada una Libreta con el nombre de "Manuales de Procedimiento", esta libreta está compartida a través de invitaciones con los emails de los empleados y con permisos de solo ver.

La razón de esto es, porque cuando compartes con Dropbox (en caso de no ser la cuenta Business), todos los usuarios tienen todos los permisos y cualquiera con un despiste puede borrar un documento.

La otra razón es que a nivel de gestión documental Evernote es muy sencillo y potente. Evernote lo llevamos en nuestros ordenadores, *tablets* y *smartphones*, con lo que conseguimos que los documentos siempre se pueden consultar. Y al compartirlo por email, ellos no pueden compartirlo con nadie. Si quieres saber más sobre Evernote, accede a : https://www.solucionafacil.es/evernote

9.4 Tipos de contenidos y su potencia

Dependiendo del tipo de contenido que utilices, conseguirás mayor o menor influencia. Vamos a ver cuales son en la siguiente lista, ordenados de menor a mayor potencia:

1. Texto.
2. Texto con enlace.
3. Foto.
4. Foto con texto (texto dentro de la foto).
5. Vídeo: 5.a Vídeo normal, 5.b Vídeo formato cuadrado con música de fondo y con texto haciendo un Storytelling, 5.c Vídeo en directo (*streaming*), 5.d Vídeo VR 360º, 5.e Foto VR 360º Interactiva, 5.f Vídeo VR 360º Interactivo.

Del punto 1 al punto 5c, inclusive, es relativamente fácil de crear este tipo de contenidos como podrás ver en el libro.

Vamos a explicarte un caso que le ocurrió a David, para que veas la importancia del tipo de contenido, aún siendo el mismo mensaje. Publicó en LinkedIn una actualización de su estado donde escribió una cita de una persona. Realmente sin pena ni gloria, David no consiguió ningún "me gusta", ni ningún otro tipo de interacción (comentarios, compartir).

David abrió en su ordenador un programa de retoque fotográfico e hizo un rectángulo gris, escribió dentro con letras blancas el mismo texto que antes y lo volvió a publicar en LinkedIn unos días después. El resultado es que ahora sí que consiguió interacciones.

Como puedes ver, el tipo de contenido, con el mismo mensaje, hace que su efectividad cambie y se multipliquen las interacciones.

Si estás interesado en contenidos del tipo d, e y f te recomendamos que visites:

- www.aeroreport.es
- http://aeroreport.es/realidad-virtual-vr360o/video-360o/
- http://aeroreport.es/realidad-virtual-vr360o/tour-foto-360o/

9.5 Buscando contenido de terceros: curación de contenidos

Ya sabes qué contenido relevante y de calidad es muy importante a la hora de crear una imagen de marca fuerte. De esta manera conseguirás más *engagement* y más visibilidad.

Existen varias herramientas estupendas que te van a permitir localizar contenidos de tu interés para que estés siempre al día. Esta tarea se denomina también CURACION de CONTENIDOS, aunque la verdad, la traducción es muy mala, ya que en inglés se denomina "Content Curation".

La curación o gestión de contenidos (*content curation*), es el proceso de descubrir, filtrar y publicar información acerca de un área de interés en particular. La curación de contenidos permite reducir la cantidad de información que existe en la web estableciendo filtros para hacerla más específica a los intereses del usuario, lo que posibilita encontrar contenido relevante de una manera más rápida y eficiente.

Vamos a facilitarte algunas herramientas muy útiles para que puedas hacer una curación de contenidos en un abrir y cerrar de ojos.

9.5.1 Feedly

Feedly, https://feedly.com/ es un lector de RSS o *feeds*. Es decir, una herramienta que nos permite agregar *feeds* o RSS de distintos sitios web, para que puedas leer todas las noticias que te interesan desde un solo lugar, sin tener que ir visitando una web tras otra:

Los RSS o *feeds* son archivos que se actualizan cada vez que se publican nuevos contenidos. Por eso, usando Feedly te aseguras de que estarás siempre al día.

Para usar Feedly primero debes crear una cuenta con tu correo de Gmail. Una vez introduzcas los datos, ya estarás dentro de Feedly y puedes empezar a añadir blogs.

Para añadir nuevos blogs o contenidos empieza por el cuadro de búsqueda introduciendo una URL, en el caso que sepas la dirección del blog que quieres seguir. Por ejemplo, www.elpais.com. En este caso Feedly te mostrará directamente el blog que quieres seguir.

Una palabra: por ejemplo, "Realidad Aumentada". Aquí aparecerán varias sugerencias de blogs sobre Realidad Aumentada que puedes seguir.

Un *hashtag*: por ejemplo, #socialmedia. Igual que antes, verás varios blog sugeridos en torno al *hashtag* que has elegido.

Pincha en el blog que te interese para ver los últimos contenidos publicados. Para suscribirte, solo tienes que presionar el botón +feedly y ya estará todo listo para recibir novedades.

9.5.2 Scoop.it

Es una plataforma poderosa en la que los usuarios añaden artículos que ven en la web bajo determinados *topics*. Scoop.it (www.scoop.it), nos ayuda a encontrar contenidos referentes a los distintos temas y crear nuestras propias revistas digitales en las que otros usuarios se pueden inspirar y conseguir buen contenido:

Scoop.it es un servicio de curación de contenidos web basado en el filtrado colaborativo, en donde se realizan predicciones automáticas sobre los intereses de un usuario mediante la recopilación de las preferencias de otros muchos usuarios.

La premisa básica de este tipo de filtrado es que "si el usuario A tiene la mismas preferencias que el usuario B, es más probable que A esté igualmente interesado que B en un tema X." De este modo Scoop.it nos muestra contenido de acuerdo a las recomendaciones que realizan otros usuarios con gustos similares a los nuestros.

Una vez registrados, podemos empezar a crear gratis dos MAGAZINES basados en "palabras clave" o temática específica como es, por ejemplo, Social Selling.

Así, por ejemplo, en el Scoop.it de Esmeralda, la url sería: http://www.scoop.it/u/esmeralda-diaz-aroca y tiene creados dos magazines: Social Selling y Marketing de Contenidos.

En cuanto al aspecto de la página, lo podéis ver en la captura superior: dos columnas conteniendo los bloques de publicaciones. Se puede personalizar mínimamente, cambiando el color de fondo o añadiendo una imagen y modificando el icono que representa a la página.

9.5.3 Pulse: la revista de LinkedIn

A finales de 2013, LinkedIn lanzaba la *app* Pulse, https://www.linkedin.com/pulse/. Una aplicación que permitía a los usuarios de la red social profesional acceder a noticias personalizadas de esta red. En su inicio, Pulse solo permitía que *influencers* reconocidos publicarán en Pulse. Ahora se está abriendo, mediante invitación personalizada, al resto de miembros de LinkedIn.

En la imagen de abajo te mostramos cómo puedes también usar PULSE para publicar tus contenidos.

Pulse permite acceder a noticias profesionales de nuestro sector. Asimismo, su formato de lectura es muy cómodo e intuitivo. Sin embargo, a pesar de todas sus ventajas, no es posible hacer una selección personalizada, sino que viene predeterminada por nuestra red.

Solo tienes que agregar noticias, seleccionarlas e ir revisándolas. Las que hayas leído se marcan en un color más oscuro y el resto se quedan del mismo color.

Es tal la importancia de LinkedIn Pulse, que LinkedIn ha añadido estadísticas detalladas para ver el éxito de tus publicaciones. Recuerda que antes tienes que pasar el entorno a inglés.

Las analíticas de LinkedIn están disponibles en la *app* móvil y en la web accediendo a las estadísticas desde el propio perfil. En la pestaña

'Yo' podrás ver en tiempo real información sobre tus publicaciones y artículos.

Puedes acceder a estas estadísticas si estás dentro de tu perfil de LinkedIn. Si no publicas en PULSE te saldrá "CERO".

https://goo.gl/QdSS0c

Entenderás mejor cómo funcionan tus artículos viendo quién los lee, para qué empresas trabajan las personas que los han leído, sus puestos, en qué zona se encuentran y cómo encontraron tu contenido.

También te crea una URL personalizada como autor de contenido en LinkedIn Pulse:

https://www.linkedin.com/today/author/socialmediaesmeraldadiazaroca

https://www.linkedin.com/today/author/davidmcalduch

Otro cambio que ha introducido LinkedIn ha sido el aspecto totalmente nuevo a la hora de publicar los *posts*, con un entorno muy limpio, muy al estilo de Medium.

Se integra perfectamente con Facebook y Twitter y, además, es perfecta para acceder a todas las noticias profesionales de nuestro sector.

iTunes: https://goo.gl/NxvEZT
Play Store: https://goo.gl/Uq2K7p

LinkedIn Pulse tiene su propia aplicación para *smartphone*:

También puedes acceder escaneando estos códigos QR:

9.5.4 Pocket

Es un lector de noticias gratuito, https://getpocket.com, perfecto para recopilar artículos que queremos leer más tarde. Es capaz de guardar vídeos, imágenes, mensajes en Twitter y cualquier página web, y todo ello en modo lectura para evitar distracciones.

Pocket hace de "bolsillo", donde guardas todos los artículos que no puedes leer ahora mismo, para luego regresar a ellos cuando sí tengas el tiempo, sin miedo a que desaparezca en la avalancha de información y enlaces que se comparten día a día en Facebook, Twitter y demás redes sociales. Para nosotros , Pocket es indispensable y me suministra mucha lectura en momentos de silencio, como antes de dormir o mientras estoy en la cola del banco. Se puede usar simplemente para guardar artículos o bien, se le puede sacar provecho extra con algunos trucos.

Si eres de los que leen en el móvil o en la *tablet*, también puedes cambiar el brillo de la pantalla o escuchar los artículos si no te apetece leerlos.

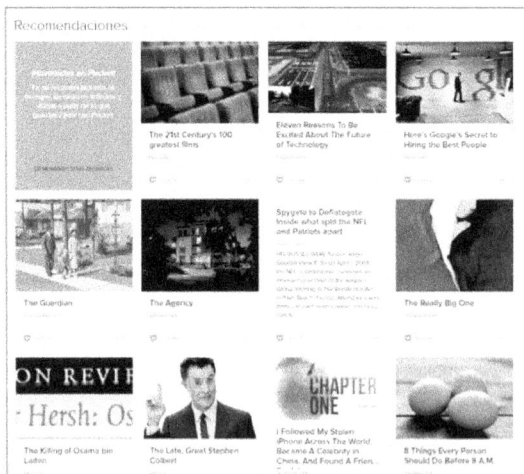

9.5.5 Flipboard

Flipboard, https://flipboard.com, está a mitad de camino entre el lector de *feeds* de RSS y un gestor de redes sociales, ya que ofrece de un simple un vistazo, el acceso a toda la información que te interesa.

Solo tienes que acceder creándote un usuario y empezar a seleccionar las categorías que más te interesan. Desde su portada podrás acceder a las últimas noticias de los temas que más te interesan e ir desplazándote por las diferentes páginas de contenido.

Puedes configurar el tamaño del texto, las notificaciones push, las opciones de lectura, etc. Y puedes vincular tu cuenta de Flipboard con tus perfiles de Google+, Twitter, Facebook, LinkedIn, Instagram o YouTube, simplemente agregando cuentas. Si quieres, también puedes publicar actualizaciones en las redes sociales que tienes vinculadas en tu perfil.

Es como si estuvieras viendo toda la información en una revista personalizada, ya que su navegación es estilo magazine, lo que favorece la lectura. Te permite pasar páginas para acceder a toda la información que quieras. Puedes seleccionar el tipo de noticias que quieres ver, las categorías y subcategorías, y hasta seleccionar temáticas relacionadas para después poderlas compartir directamente en tus redes sociales (Twitter y Facebook).

9.5.6 Plataformas colaborativas/Employee Advocacy, Embajadores de Marca

Aquí entramos en otro nivel. Este tipo de plataformas se están empezando a usar en multinacionales y grandes empresas y ya vemos algunas PYMEs que ven su alcance.

Hemos comentado la importancia de realizar un proyecto de Transformación Digital de Employer Branding. Ahora vamos a hablar de la parte operativa dentro de la compartición de contenidos.

En este tipo de plataformas el objetivo es tener bajo control, por parte del Departamento de Marketing y Digital, todo lo que se vaya a publicar, pudiendo hacer así partícipes a los empleados de la compañía. En el caso concreto que nos centramos ahora, en el Departamento de Ventas, consiguiendo así descargarles de trabajo.

El proceso de funcionamiento es el siguiente:

1) Se dan de alta en la aplicación los responsables de contenido (Marketing y Digital).

2) Se dan de alta a los empleados que van a participar (en nuestro caso los vendedores).

3) Los empleados se instalan la aplicación en sus *smartphones*.

4) Se crea un muro de noticias (accesible desde esta *app*) donde los responsables publican el contenido y los empleados pueden ver el contenido aprobado por la compañía.

5) Directamente desde ese muro (accesible al abrir la *app*), haciendo clic en un contenido y lo pueden publicar en sus propias redes sociales (personales o profesionales).

6) Internamente, Marketing y Digital tienen analíticas en tiempo real del alcance e impacto que se están consiguiendo con estos contenidos.

7) También se dispone de una carpeta en la nube, las carpetas tienen permisos de acceso (por departamento, etc.), donde se deja más material para poderse consultar y/o publicar.

Este tipo de soluciones se va a ir imponiendo, ya que las empresas demandan tener un control de lo que está ocurriendo, quién está publicando, cuál es el retorno que se está obteniendo, etc.

9.6 Cómo publicar tus contenidos: utiliza herramientas que trabajen para ti

Compartir contenidos en LinkedIn/Twitter es la mejor forma no solo de ser VISIBLE sino de crear conversaciones y, por lo tanto, a la larga, de conseguir *engagement* si lo que publicamos es interesante y ÚTIL.

Para llevar a cabo este punto es muy importante diseñar lo que se llama una buena estrategia de contenidos, pero para los que se inician esto puede sonar "complejo" (que lo es), pero no inalcanzable.

Generar contenido y compartirlo lleva trabajo, y se convierte muchas veces en el paso crítico en el que la mayoría de las personas, tienen más reticencia por la falta de tiempo.

Empecemos por lo más sencillo: si tienes un blog propio o tu empresa lo tiene, puedes compartir los *post* de forma automática en tu *timeline*, sin que tengas que estar pendiente de ver cuándo salen. ¿Cómo se hace esto? Pues con la ayuda de determinadas herramientas.

Vamos a ver a continuación un "Set de Herramientas" que, sin duda, te van a facilitar la vida:

9.6.1 Herramientas de DIFUSIÓN automática

Dlvr.it: Usa el feed/RSS para publicar automáticamente blogs/artículos en tus medios sociales entre ellos LinkedIn, Facebook, Google Plus y Twitter. ¡Una verdadera maravilla! Y no te costará ni un solo euro. Aquí puedes conocer más detalle: http://www.alguada.com/dlvr-it/

IFTTT: Su nombre son las siglas de "if this then that", lo que viene a significar "si pasa esto, entonces se produce esto otro". Pues ese es el sistema por el que se configuran las reglas para automatizarlas.

Para usarlo solo hay que registrarse en la web de IFTTT.com e ingresar los datos de tus redes sociales. Funciona con Facebook, Instagram, Twitter y LinkedIn.

Aquí tienes una guía de cómo funciona:

https://goo.gl/buX5Fo

IFTTT tiene muchas utilidades en las redes sociales.

Twitter:

Podemos añadir automáticamente a una lista a todos los usuarios que hablen sobre un *hashtag* específico, así tendremos listas sobre temas de nuestro interés a los que podremos seguir o con los que entablar relación. También puedes añadir a una lista a quienes te han mencionado. Añadiendo a usuarios a listas se generan más leads. Puedes hacer RT de # que te interesen sobre un tema en concreto. Publicar un tuit automáticamente cuando hayas subido contenido nuevo a tu blog (Wordpress), que incluye el título, la url e incluso la foto del *post*.

Instagram:

Publicar tus fotos de Instagram en tu *timeline* de Twitter, se verán como publicadas directamente en el *timeline* y no como un enlace a Instagram. Resultado: más *engagement* y un *timeline* en Twitter mucho más interesante.

Lo mismo puedes hacer en tu *timeline* de Facebook

También puedes recibir una notificación cuando alguien que te interese mucho publique una foto. Recuerda que interactuar con los usuarios es muy importante en tu estrategia de marketing.

Para usar IFTTT, lo primero que tienes que hacer es crearte una cuenta y, a continuación, irte a "my recipes". Allí aparece un panel que indica que "si WordPress, entonces Twitter", lo que viene a decir que lo que publiques en Wordpress, aparecerá en Twitter.

Veamos un ejemplo para LinkedIn: si, por ejemplo, me interesa que cuando publique un artículo en WordPress se publique también en LinkedIn, escribiré en el recuadro "search" varios elementos, por ejemplo, las palabras WordPress y LinkedIn y le daré a "buscar".

Como todo el mundo que está en IFTTT puede crear diseños, nos ofrece varios resultados. Con el primero será suficiente, "share your latest *post* on LinkedIn". Pulsamos "connect" (damos por supuesto que previamente has conectado la cuenta de LinkedIn y has dado permiso de acceso).

Aparece un cuadro donde introduciremos todos los datos. Puedes configurar cómo quieres que sea el *post* de LinkedIn, por ejemplo el *link* será la URL que quieres compartir, el comentario será el "Post Title", la imagen de la URL, etc. Así, ya hemos creado una *recipe*; volvemos a "My Recipes" y ya lo tenemos. No hay que hacer nada más.

Es importante que tengas en cuenta que todo el trabajo que estamos haciendo es para crear una Marca Personal consistente que te ayude. Utilizar herramientas de automatización no está mal si lo haces con mesura y lo equilibras con otras acciones, ya que te puede penalizar de una forma muy fuerte, porque puedes parecer una "lanzadera" robotizada y perder la parte ·humana· tan importante para construir relaciones.

No queremos decir que no haya que automatizar, pero el uso de herramientas que son exclusivamente para automatizar va a perjudicar tu marca, ya que cuando yo te siga y lea lo que publicas, mi objetivo es tu experiencia y conocimiento. Si automatizas al 100%, no hay nada de eso, es un robot, no eres tú y, por lo tanto, ya no me interesará seguirte, además de devaluarte como experto.

9.6.2 Herramientas para ahorrar tiempo: PROGRAMA TUS MENSAJES

Lo que está claro es que no podemos vivir en las redes sociales las 24 horas, pero sí podemos poner a trabajar herramientas que lo hagan por nosotros. Vamos a ver a continuación las herramientas que facilitarán tu visibilidad digital.

Hootsuite - Es una herramienta fantástica para programar tus mensajes, monitorizar y muchas cosas más. Es la que yo uso. Aquí te dejo un mini tutorial de cómo se usa por si te interesa.

Tiene una parte gratuita que "da para mucho". Puedes verla en este enlace: https://goo.gl/7obkUd o escaneando el siguiente código QR:

Alguna de las ventajas que ofrece Hootsuite, es que no penaliza tu marca aunque realices automatizaciones. Y tiene varios niveles de publicación: manual, programada a mano, programada automáticamente sobre la mejor hora para cada red social, automática desde fuentes de datos propios y/o externos, y programación sobre contenidos *trending topics* sugeridos.

Gracias a su avanzado panel de administración con HootSuite es posible escribir actualizaciones, incluir enlaces, subir fotos, monitorear comentarios y seguir conversaciones en las redes sociales donde te encuentras, entre muchas otras funciones.

Debido a que es una aplicación web, es posible acceder a ella tanto desde sistemas operativos Mac como Windows, ya que todo funcionará sin problemas en el navegador que utilices.

Si quieres aprender a usar Hootsuite dispones de un curso completo en este enlace o en el código QR:

https://goo.gl/YW4mdE

Hootsuite Suggestions – Es una aplicación para usuarios de Hootsuite PRO que nos permite indicarle con unas palabras clave, qué tipo de contenido estamos buscando para publicar, y Hootsuite Suggestions buscará cuál es el contenido en este momento que sea *trending topic* (el que más se está compartiendo e interactuando con él).

Para que podamos publicarlo en este mismo instante desplazando el dedo sobre el contenido hacia la derecha.

O que él averigüe cuál es la mejor hora para publicarlo en nuestras redes sociales para conseguir las máximas interacciones, arrastrando el dedo hacia la izquierda.

Si quieres saber más, en el siguiente enlace o código QR tienes acceso a un vídeo de cómo funciona Hootsuite Suggestions: https://www.youtube.com/watch?v=sTTBr_cYq0Y

Puedes descargarla a través de este enlace:

iTunes: https://goo.gl/iiJzAi

buffer Buffer App - Es una herramienta flexible que acepta las principales redes sociales (una sola cuenta por red en su versión gratuita). Es muy intuitiva y puedes programar por separado cada una de tus redes. También puedes hacerlo en conjunto y ahorrar así mucho más tiempo.

En el siguiente enlace y en el código QR tienes un tutorial sobre cómo programar contenidos con Buffer:

https://goo.gl/Xlpeyj

BlogsterApp: la herramienta ideal para personas que tengan un blog

Ya sabemos la importancia de definir y ejecutar estrategias Social Selling con el objetivo de generar oportunidades de negocio y cómo con ésta aceleramos el proceso de captación de leads, sin depender de un posicionamiento SEO (estrategia más a largo plazo).

Dentro de la estrategia de Social Selling, es imprescindible que nuestros perfiles sociales sean nutridos con contenido de calidad que nos ayude a posicionar nuestro *expertise* y nuestro *know-how* frente a la competencia. La fuente principal de este contenido debe ser nuestro blog o el blog corporativo de la empresa en la que trabajamos.

En este sentido, el blog es una pieza clave a la hora de llevar tráfico cualificado a nuestro sitio web. Hay diversas maneras de atraer tráfico: SEO, SEM, etc. Pero las redes sociales son un canal gratuito capaz de generar visitas a corto plazo. Por ello, una buena estrategia de planificación de contenidos en redes sociales es necesaria. Pero, ¿cómo hacerlo de manera ágil, inteligente y productiva?

La respuesta la encontramos en la herramienta BlogsterApp, con la que podemos automatizar la planificación de contenidos a partir de las entradas ya publicadas en el blog y noticias del sector, manteniendo vivo por ejemplo tu perfil de LinkedIn mientras tú te encuentras de viaje, por ejemplo.

BlogsterApp actúa como un INTERCOMUNICADOR INTELIGENTE entre tu blog y las redes sociales. Es la única aplicación del mercado que permite difundir los *posts* de un blog a las redes sociales sin necesidad de programación manual.

Esta característica hace que BlogsterApp sincronice de forma automática todas las entradas de un blog, sin necesidad de estar alimentándolas a mano. Tan solo hay que indicar una sola vez a qué hora se quieren difundir, en qué red y con qué frecuencia, y la aplicación comenzará un ciclo de lanzamiento de todos los *posts* "evergreen" de un blog de manera que siempre tendrán visibilidad en las redes sociales.

Una vez hecho este trabajo inicial, nunca más habrá que preocuparse del blog, ya que es BlogsterApp quien trabaja en la difusión de los *post*. Es por tanto la única herramienta del mercado que evita la programación manual y, por consiguiente, no se pierde tiempo en ello.

La principal diferencia de BlogsterApp respecto a las otras aplicaciones del mercado es que automatiza el proceso de agendación de todos los *posts* del blog, algo que es manual en el resto de aplicaciones que permiten compartir contenidos a las redes sociales. No hay que subir fotos, no hay que copiar y pegar urls, no hay que escribir nuevamente los mensajes.

Otra de las características es que se pueden configurar hasta 5 titulares por publicación y poder comparar mediante BlogsterApp Analytics, qué titular produce mayor *engagement*.

BlogsterApp cuenta con difusión hacia Twitter, Facebook FanPage, LinkedIn y está prevista la incorporación inminente de Pinterest, Facebook Grupos, Google+ y LinkedIn Empresas.

Al igual que otras herramientas, BlogsterApp tiene una versión gratuita y otras de pago. Si tienes interés, aquí puedes ver los planes:

https://blogsterapp.com/es/planes/

Resumiendo, las principales características son:

- Sincronización automática del contenido del blog (WordPress y Blogger).
- Gestionar las entradas del blog como relevantes, caducadas o promocionar.
- Ajustar de los parámetros de difusión para cada una de tus redes sociales.
- Difusión en LinkedIn Perfil, LinkedIn Empresa, Twitter, Facebook y Pinterest.
- Añadir hasta 5 titulares diferentes para un mismo *post*.
- Curación de contenidos.
- Extensión de Google Chrome para añadir noticias de terceros a golpe de clic.
- Plan de Promoción para los nuevos *posts* publicados en el blog.
- Estadísticas para medir el tráfico generado.
- Bandeja de salida editable.
- Indexación automática de los nuevos *posts*.

¿Qué conseguimos con todo esto? Tener una presencia de calidad en los perfiles sociales, ahorrar tiempo y generar visitas al blog, tanto hacia los *posts* antiguos como a los nuevos. Al final, esto supone un incremento notable en las posibilidades de generar nuevas oportunidades de negocio a través de tus redes sociales, sin tener que esperar por el SEO ni pagar tráfico a través de la publicidad *online*.

En definitiva, y por nuestra experiencia también con el uso de otras herramientas, BlogsterApp ahorra a los profesionales muchísimo tiempo en el proceso de planificación de contenidos a las redes sociales y es el complemento ideal para el Social Selling.

Pruébala gratis en https://blogsterapp.com/socialselling/

En este enlace podrás ver, si lo deseas, un tutorial sobre cómo funciona BlogsterApp: http://blog.blogsterapp.com/guia/

9.7 Guión de trabajo para la publicación de contenidos

Hemos visto ya las herramientas profesionales que tenemos a nuestro alcance. Ahora tenemos que tener un plan de difusión concreto y pensado.

A la hora de ponernos manos a la obra a publicar contenidos, lo primero que vamos a hacer es crear un guión de trabajo, para lo cual, es mejor que nos centremos en 1 y hasta un máximo de 3 productos/servicios sobre los que vamos a trabajar. Por ejemplo si trabajas en el sector asegurador y estás en el último cuatrimestre del año, céntrate en los Planes de Pensiones y/o Planes de Previsión Asegurados (PPAs), ya que es la temporada alta para las aportaciones extraordinarias o para contratar nuevos planes de pensiones.

Céntrate en esto para generar contenido de valor para el usuario, como fiscalidad, beneficios fiscales, cómo seleccionar el mejor plan de pensiones, qué se debe tener en cuenta para contratar un plan de pensiones, *tips* para identificar un buen plan de pensiones, etc.

Si es la primera vez que haces esto, elige uno y empezamos poco a poco. Es más importante saber hacer bien las cosas que ir a lo loco. Esto vas a necesitarlo hacer incluso antes de la creación de los contenidos.

Creación de Plan de Trabajo (ejemplo):

- Seleccionar el Producto/Servicio: Planes de Pensiones/Planes de Previsión Asegurados (PPAs).
- Tipo de cliente al que nos vamos a dirigir: Empresas (planes de pensiones colectivos de empresa) y particulares (profesionales por cuenta ajena y autónomos).
- Cuáles son las motivaciones del cliente*: Seguridad económica en la jubilación. Mejorar la cobertura que ofrece

el sistema de pensiones nacional. Desconfianza del sistema de pensiones oficial. Ahorro sistemático.

- Cómo vamos a ofrecer al cliente el mensaje que cubre esa motivación: Mensajes orientados a solucionar los problemas que preocupan al cliente.
- Qué formato (tipo de contenido) vamos a usar (podemos usar varios diferentes, no te cierres solamente a uno): Blog con soluciones y consejos, PDF con una guía práctica de preguntas respuestas, vídeo *tips* con mensajes de 50 segundos, etc.
- En qué redes vamos a publicar (podemos publicar en varias): Donde se encuentre nuestro *target*.
- En cada red establecer el día y hora (la mejora hora), a publicar buscando el máximo resultado.

*Cuando decimos motivaciones (en inglés también se llama *Triggers*, los disparadores), nos referimos a lo que motiva al cliente a tomar acción. Debes de ponerte en los pies del cliente, cómo piensa, qué busca, qué le motiva, qué le interesa, qué está buscando, cuáles son los factores determinantes y cuáles los superfluos, y a partir de aquí ya podemos continuar.

Vamos a ver un ejemplo: Imaginemos que vamos a ofrecer un seguro del hogar nuevo. Este seguro tiene ciertas cualidades interesantes, se puede pagar en cuotas mensuales sin un coste adicional, si no lo usas durante 3 años seguidos tienes unos descuentos acumulables, nuevos servicios que se han visto interesantes por la demanda que están teniendo los clientes, etc.

Y dentro del guión del trabajo, nos decantamos por acercarnos a mujeres que tienen hijos en edad de colegio y/o instituto, y el mensaje que vamos a transmitir gira alrededor del ahorro económico. En ningún caso decimos que no vaya a funcionarnos este tipo de mensaje. Pero ahora lo vamos a hacer de otra manera.

Hacemos un vídeo del tipo 5b donde contamos la problemática de la privacidad de las redes sociales en los menores, la necesidad de poder identificar a acosadores, el tener la necesidad de poder borrar su actividad en las redes sociales y que todo esto nuestro seguro lo cubre.

¿Más efectivo para este tipo de cliente? Seguro.

En este ejemplo, puedes ver cómo juntar la necesidad con el mensaje, con el formato del tipo de contenido.

Y lo mejor de todo, es que todo esto que hemos comentado se puede hacer en unos 20-30 minutos desde el ordenador, sin tener conocimientos de edición de vídeo.

9.8 ¿Cuál es la mejor hora de publicación en cada red social?

9.8.1 Horarios para publicar en Twitter

En términos generales, para conseguir un máximo de retuits publica a las 12:00, 17:00 y a las 18:00. Además entre las 12:00 y las 18:00 se consiguen más niveles de clic.

Los mejores días para hacer tuits enfocados de B2B son los lunes y viernes, para B2C es mejor los miércoles y los fines de semana. [69]

Entre las 12:00 y las 15:00 de lunes a viernes y entre las 17.00 a las 18.00 los miércoles.[70]

Todos los días a las 17:00 se consigue una alta cantidad de retuits. [71]

9.8.2 Horarios para publicar en LinkedIn

Martes y jueves entre las 17:00 y las 18:00 es el momento más álgido. [72]

Martes, miércoles y jueves entre las 7:00 y las 8:00 y entre las 17:00 y las 18:00. [73]

Desde las 08:00 hasta las 17:00 para conseguir lo mayores resultados. [74]

---

[69] Huffingtonsport "The Best Times to Post on Social Media" 4 Abril 2016 por Catriona Pollard
[70] Hubspot "The Best Times to Post on Facebook, Twitter, LinkedIn & Other Social Media Sites" 6 Enero 2016 por Lindsay Kolowich
[71] Kissmetrics "The Science of Social Timing Part 1: Social Networks"
[72] FastCompany "The Best (And Worst) Times To Post On Social Media"
[73] Business2Community "Best Times to Post on Social Media" 30 Abril 2016 por Warren Knight

9.8.3 Horarios para publicar en Instagram

A cualquier hora de lunes a jueves entre las 15:00 y las 16:00.[75]

Miércoles a las 17:00.[76]

Todos los días entre las 06:00 y las 12:00.[77]

9.9.4 Horarios para publicar en Facebook

Jueves y viernes entre las 13:00 para conseguir más compartir y a las 15:00 para conseguir más clics. [78]

De lunes a jueves entre las 18:00 y 20:00.[79]

De jueves a viernes desde las 13:00 hasta las 15:00. [80] [81]

---

[74] Forbes
[75] Huffingtonsport "The Best Times to Post on Social Media" 4 Abril 2016 por Catriona Pollard
[76] Tech Times "When Is The Best Time To Post On Instagram" 26 Feb 2015 por Lauren Keating
[77] Hootsuite Blog "The Best Time to Post on Facebook, Twitter, and Instagram in 2016" 14 Abril 2016 por Dara Fontein
[78] AdWeek.com "What are the Best Times to Post on #Facebook, #Twitter and #Instagram?" 6 Ene 2016 por Shea Bennett
[79] Optimizely "How to Find the Best Time to Post on Facebook" 8 Julio 2015 por Baraa Hamodi
[80] Business Insider "The best times to post on Facebook, Instagram, and Twitter" 29 Julio 2015 por Steven Benna
[81] Hubspot "The Best Times to Post on Facebook, Twitter, LinkedIn & Other Social Media Sites" 6 Ene 2016 por Lindsay Kolowich

9.9.5 Tabla de horarios

>RT	>clics		Hora	lunes	martes	miércoles	jueves		viernes		sábado	domingo
Todos los días				Twitter B2B		Twitter B2C			Twitter B2B		Twitter B2C	Twitter B2C
			0:00									
			1:00									
			2:00									
			3:00									
			4:00									
			5:00									
		Instag	6:00									
		Instag	7:00	LinkedIn		LinkedIn	LinkedIn					
		Instag	8:00	LinkedIn		LinkedIn	LinkedIn					
		Instag	9:00									
		Instag	10:00									
		Instag	11:00									
Twitter	Twitter	Instag	12:00	Twitter	Twitter	Twitter	Twitter		Twitter			
	Twitter		13:00	Twitter	Twitter	Twitter	Twitter	Facebok	Twitter	Facebok		
	Twitter		14:00	Twitter	Twitter	Twitter	Twitter	Facebok	Twitter	Facebok		
	Twitter			Twitter	Twitter	Twitter	Twitter	Facebok	Twitter	Facebok		
	Twitter		15:00	Instagram	Instagram	Instagram	Instag					
	Twitter		16:00	Instagram	Instagram	Instagram	Instag					
Twitter	Twitter					Instagram						
Twitter	Twitter		17:00	LinkedIn	LinkedIn	Twitter	LinkedIn					
Twitter	Twitter			LinkedIn	LinkedIn	Twitter	LinkedIn					
			18:00	Facebok	Facebok	Facebok	Facebok	Facebok				
			19:00									
			20:00									
			21:00									
			22:00									
			23:00									

@davidmcalduch   Twitter LinkedIn Instagram Facebok   www.socialselling.es

9.9 Sorteos como herramienta para conseguir contactos interesados/Leads

En ciertos escenarios y con determinados productos la realización de un sorteo es una estrategia muy interesante.

Llevar a cabo un sorteo implica plantear una estrategia, unos objetivos a conseguir y, a partir de ahí, qué tipo de sorteo vamos a usar.

Los sorteos permiten promocionar acciones fundamentales para captar *leads* como suscribirse a una *newsletter*, conseguir datos como el teléfono móvil de los propios usuarios, aumentar las ventas o captar la atención de esos mismos usuarios de una manera original y creativa.

Si quieres conocer más detalle sobre los sorteos, te invitamos a visitar este enlace o escanear el código QR.

https://www.solucionafacil.es/sorteos

Si te registras, en este enlace hay un acceso a un sorteo básico gratuito.

Hay muchas maneras de hacer sorteos, por ejemplo a través de plataformas especializadas como Easypromos, permitiéndonos hacer los siguientes tipos de sorteos, concursos, cuestionarios y otros formatos promocionales:

SORTEOS

- SORTEO CON REGISTRO
- SORTEO EN FACEBOOK
- SORTEO EN TWITTER
- SORTEO DE UN LISTADO
- SORTEO EN YOUTUBE
- MOMENTO GANADOR

CONCURSOS

- CONCURSO DE FOTOS
- CONCURSO DE TEXTOS
- CONCURSO DE VÍDEOS
- CONCURSO DE HASHTAGS
- VOTA TU FAVORITO

CUESTIONARIOS

- TRIVIA
- ENCUESTA
- CUESTIONARIO TIPO TEST
- QUINIELAS
- ENCUESTAS FACEBOOK LIVE

OTRAS APPS

- CUPONES
- CÓDIGOS PROMOCIONALES
- VALIDA TU CÓDIGO
- RECLUTADORES
- PINTEREST APP

Vamos a ver algunos casos de éxito de empresas para que puedas ver las posibilidades:

Objetivo perseguido	Tipo de empresa	Resultados	Cómo lo hicieron
Conseguir personas interesadas en sus servicios	Escuela de Idiomas, Argentina	1.500 usuarios	http://ow.ly/JphX3 089zzX
Dar a conocer las características de una *app* móvil	BBVA, España	1 mes: 3.155 usuarios 51.089 páginas totales vistas durante la campaña	http://ow.ly/YeDb 3089zSp
Cómo incentivar la compra y aumentar la afluencia de clientes físicos a un centro comercial	El Centro Comercial AireSur - Sevilla, España	5.000 asistentes 1.040 usuarios registrados *online*	http://ow.ly/rmk j3089Afv
Dar a conocer un programa de fidelización de clientes a través de un concurso de reclutadores	MAPFRE teCuidamos, España	Ampliar el conocimiento del Programa Incrementar el número de seguidores Cualificar la base de datos de MAPFRE teCuidamos	http://ow.ly/rmk j3089Afv

Existen muchos más casos de éxito, es solamente una muestra, para que conozcas sus posibilidades.

Más casos de éxito aquí: https://goo.gl/3PwfSf

Si quieres aprender cómo hacer sorteos: https://goo.gl/ftkwfA

9.10 Recopilando datos de posibles contactos

Combinando los contenidos y tipos de acciones dentro de esta estrategia, podemos crear un formulario de contacto para conseguir datos de los contactos que, de alguna manera, "reaccionan" a las acciones de captación implementadas.

Typeform Typeform es una aplicación en la nube que nos permite, Ask awesomely de una forma muy sencilla, el crear formularios para recopilar datos.

Puedes acceder a ella a través de este enlace o escaneando el código QR: https://www.typeform.com

Los formularios que diseñemos son 100% compatibles con *smartphones* y *tablets*.

En el siguiente enlace tienes uno de ejemplo para que lo pruebes desde tu *smartphone*:

https://davidmcalduch.typeform.com/to/gMipGS

Ahora vamos ver un ejemplo de cómo crear un formulario:

Paso 1 - Nos damos de alta y pulsamos sobre el signo "+" para crear nuestro primer formulario.

Paso 2 - Ahora nos pregunta si queremos hacer el formulario desde cero o trabajar sobre una plantilla. Para empezar seleccionaremos una plantilla.

Ahora nos aparecerá el listado de las plantillas, y en la parte de la derecha tenemos una lista desplegable organizada por categorías.

Para nuestro ejemplo seleccionamos el que tenemos en la esquina inferior derecha "Contact Form".

En la parte de la derecha de la pantalla nos aparece esta opción: "Pop me a message", para probarlo antes de decidir trabajar con él. No te preocupes si se ve en inglés, ahora lo pasamos a castellano.

I think you'll agree, there's nothing better than a message from a complete stranger. It's an opportunity to get to know someone and make a new friend.

If you're interested in me and what I do, get in touch.

press ENTER

Si ya tenemos claro que este es el que queremos, en la parte de abajo de la izquierda de la pantalla tenemos este botón y lo pulsamos.

En la parte de la izquierda de la pantalla tenemos todos los tipos de preguntas que podemos hacer.

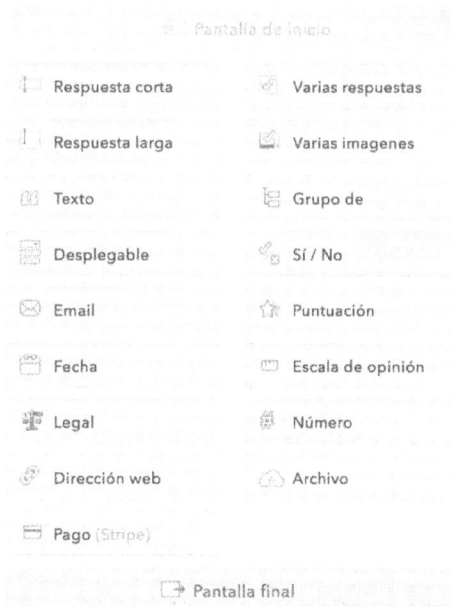

Respuesta corta	Varias respuestas
Respuesta larga	Varias imagenes
Texto	Grupo de
Desplegable	Sí / No
Email	Puntuación
Fecha	Escala de opinión
Legal	Número
Dirección web	Archivo
Pago (Stripe)	

Pantalla final

Y en la parte de la derecha tenemos el formulario ya creado.

		I think you'll agree, there's nothing better than a message from a complete stranger. It's an opportunity to get t
1		* What's your first name, stranger?
2		* What's the best email address for you, {{answer_41135718}}?
3		What's your message about?
4		What's your message?

Arrastra y suelta las preguntas aquí

Arrastra y suelta la pantalla finales aquí
Escribe un mensaje de agradecimiento y haz sencilla para los visitadores o comparte tu typeform

Haciendo clic en cada una de las preguntas, podemos traducirlas y escribir lo que deseemos. Si queremos añadir más, es tan fácil como coger de la parte de la izquierda cuál es la que queremos, arrastrarla hasta la parte de la derecha y ponerla en el orden que queramos que aparezcan.

En este momento estamos en el paso 1, como puedes ver en el menú superior.

Construir	Diseñar	Configurar	Compartir	Analizar

Una vez hayamos acabado, hacemos clic en "Diseñar" para poner los colores que deseemos (¿corporativos?); después "Configurar" por si queremos que una vez rellenado le mandemos un email, etc.; "Compartir" para publicarlo o incluirlo en una página web de nuestra web y la última es "Analizar".

Cada persona que cumplimente el formulario será detectada por Typeform y, de forma automática, la aplicación nos mandará un email con todas las respuestas y datos introducidos.

¿Para qué podemos usar los formularios?

- Encuestas para tomar pulso al mercado y tener información de primera mano.
- Ofrecer un PDF, Guía, un estudio sobre su caso, etc., a cambio de sus datos.
- Validar posibles clientes interesados basados en sus respuestas.
- Etc.

Typeform está también disponible para *smartphone* para crear nuestros formularios.

iTunes: https://goo.gl/WnJ03a
Play Store: https://goo.gl/bQK6uX

Capítulo 10

Cómo llevar a cabo desde tu móvil tu plan de Lean Content y estar siempre en la mente de tus clientes

"La vida es peligrosa, no por los que hacen el mal, sino por los que se sientan a ver lo que pasa"

Albert Einstein

10.1 Tipos de Publicaciones en LinkedIn y su potencia

LinkedIn ofrece dos posibilidades de compartir contenido: lo que podríamos considerar Microblogging y la opción de Blogging a través del blog de LinkedIn (LinkedIn Pulse).

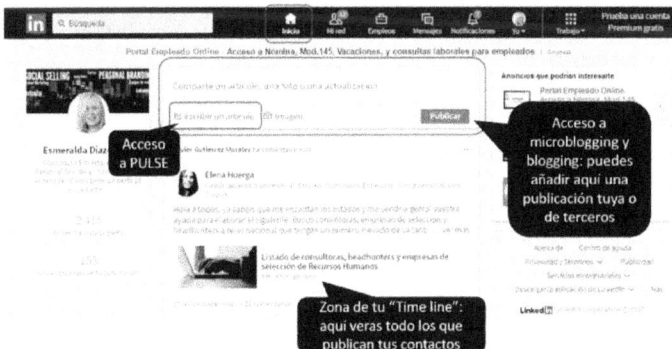

Escribir o publicar un artículo en la plataforma de publicación de LinkedIn constituye una oportunidad para reforzar tu imagen profesional y visual.

Si quieres que tus publicaciones tengan mayor alcance y sean más visitadas, tendrás que utilizar elementos muy visuales y construir titulares atractivos, tanto si publicas en modo blogging, vía Pulse, como si compartes contenidos externos.

El "corta-pega" , que es lo que hace la mayoría de la gente, solo conduce a más de lo mismo, es decir a que lo que compartas quede inmerso en el torrente de publicaciones de tu *timeline*.

Para evitar esto, te aconsejamos que utilices elementos muy visuales, imágenes, vídeo, presentaciones, etc.

Cómo compartir contenido en tu *timeline* (microblogging)

En tu *timeline* puedes compartir contenido tuyo o de terceros que estén en otras plataformas externas a LinkedIn. LinkedIn te permite colocar un titular, texto explicativo, una imagen y una URL (enlace al artículo).

Por motivos que desconocemos, si la imagen la intentas cargar después de haber colocado el enlace, no funciona, de manera que el enlace mostrará un visor con la imagen pequeña y el contenido reducido del mensaje.

Ahora bien, si el enlace lo pones al final y subes la imagen antes, tu publicación quedará perfecta, será mucho más visual y conseguirás mayor *engagement*.

En el siguiente ejemplo te mostramos cómo llevar contenido de un blog externo a tu *timeline*.

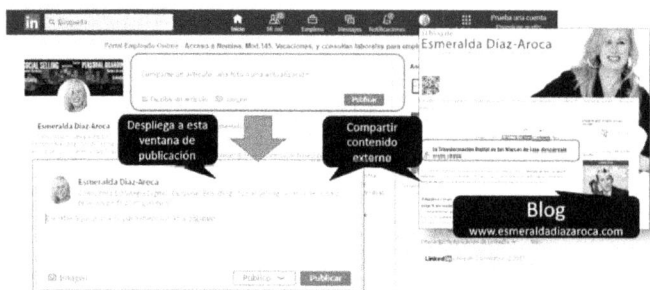

Los pasos serían:

1) Construye un titular atractivo. No copies y pegues tal cual el del artículo. Dale un punto de personalización.

2) Añade unas líneas del cuerpo de texto del artículo.

3) Sube la fotografía. Procura que no sea pequeña. Trata de que tenga no menos 800 x 400 píxeles. Añade el enlace.

4) Publica.

El resultado será el que te mostramos a continuación:

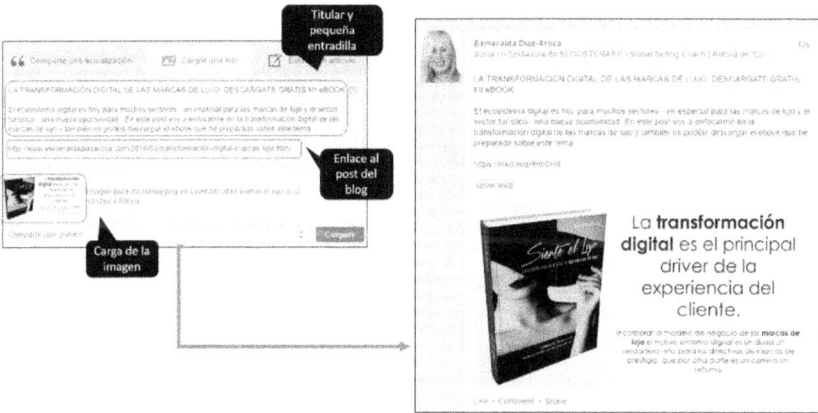

También puedes compartir vídeos y la verdad es que quedan geniales, ya que el enlace desde YouTube, por ejemplo, se "expande" visualmente en LinkedIn. Te mostramos a continuación un ejemplo, colocando directamente el enlace.

Cómo publicar en el blog de LinkedIn (Pulse)

Para acceder al blog de LinkedIn, no hay más remedio que poner el lenguaje de la plataforma en inglés. Es realmente increíble que LinkedIn tenga todavía sin actualizar esta posibilidad al idioma español.

Un vez que tengas cambiado el idioma, te aparecerá la posibilidad de escribir (*write an article*).

ATENCIÓN: Si te aparece el aviso: "Oops. An error occurred while saving your article. Please try again later", es debido a las *cookies* almacenadas en el navegador cuando cambias constantemente el idioma.

Lo único que tienes que hacer para solucionarlo:

1) Cambiar el idioma de tu configuración de LinkedIn en inglés y dejarlo así.

2) Eliminar todas las *cookies* de tu navegador, eliminar el caché y actualizar el navegador.

3) Esperar aproximadamente 2 o 3 días sin cambiar el idioma a español y el error desaparece.

4) Y para que no te vuelva a pasar, debes mantener la configuración de LinkedIn en inglés.

En la siguiente imagen te mostramos qué verás una vez que tienes el acceso.

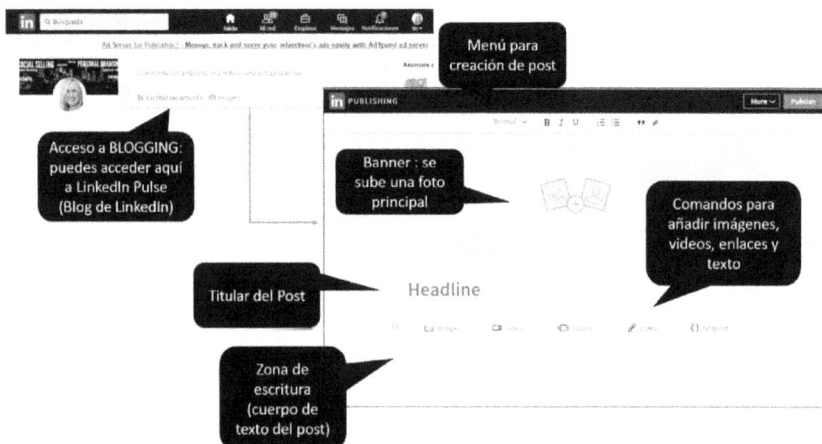

Una vez que ya tienes el acceso, podrás ver un menú muy sencillo para la creación de tu *post*. Podrás añadir una imagen principal, un titular para tu artículo, el cuerpo de texto, fotos, enlaces, etc. Es bastante sencillo.

En la siguiente imagen te mostramos cómo queda publicado un *post* y cómo se reflejan todas las publicaciones que hagas en tu perfil de LinkedIn.

Las publicaciones en LinkedIn Pulse, generan bastante *engagement*. En nuestra experiencia podemos decir que el usuario de LinkedIn es un buen "consumidor" de contenido. Te mostramos en la siguiente imagen las estadísticas que LinkedIn te ofrece por cada una de tus publicaciones.

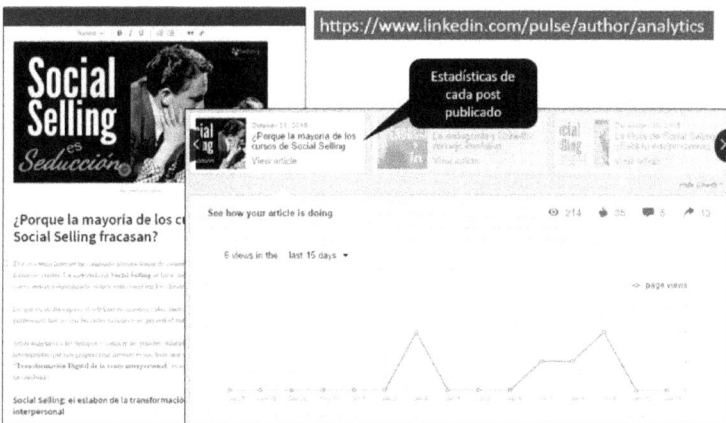

¿Por qué crees que merece la pena todo este esfuerzo?

1) LinkedIn es hoy por hoy la única red social que permite editar y publicar un *post* y esto hace que Linkedin se convierta en la mejor plataforma de distribución de contenidos para ti y para tu empresa.

2) El alcance de tus publicaciones es proporcional al número de usuarios que estén conectados en ese momento. No tiene las cortapisas de un EDGERANK como le ocurre a Facebook.

3) Los datos de *engagement* son verdaderamente notables. Si dividimos interacciones entre alcance, obtenemos nuestro % de *engagement*.

Cómo publicar en tu *timeline* desde tu *smartphone*

No siempre vas a tener tu PC delante y lo más habitual es que trabajes desde tu *smartphone*.

Para ello, tienes que tener preparado tu teléfono y tenerlo todo a mano. Nuestra recomendación es que te bajes al menos las siguientes *apps*:

<u>Tus redes sociales</u>

LinkedIn

Twitter

Instagram

<u>Curadores /recogedores de contenido</u>

Feedly

Hootsuite Suggestions

Scoop.it

Pocket

Plataformas para albergar contenidos

LinkedIn Pulse

YouTube

Slideshare

Blogger

Dropbox

Google Drive

Plataformas para conversar

Skype

Google Hangouts

GotoMeeting

join.me

appear.in

Apps para crear contenido visual

Canvas

Magisto

Quik

Una vez que tu *smartphone* está preparado con todo lo que necesitas, es hora de ponerse manos a la obra.

Para publicar en LinkedIn bastará que abras el editor y sigas las indicaciones que te damos en la imagen siguiente.

10.2 Tipos de Publicaciones en Twitter

En Twitter tenemos mucha más versatilidad en cuanto a la creatividad de la publicación, tanto desde WEB como desde la *app* de tu *smartphone*.

La única limitación que vas a tener es que no puedes pasarte de 140 caracteres, por lo que te exige una gran dosis de creatividad a la hora de diseñar tu mensajes.

Desde web, puedes subir directamente imágenes, vídeos, Gifs animados, hacer encuestas e incluir emoticonos.

Hay varias formas de publicar:

A) Subiendo imágenes y vídeos directamente, como te mostramos en las dos imágenes de abajo.

B) Si tienes un blog, puedes difundirlo directamente desde la *app* BlogsterApp, que lanzará a Twitter y *post* incluyendo en automático la imagen y la url del *post*.

C) Puedes lanzar un Gif animado para reforzar una idea o comentario, recomendar algo o simplemente para dar las gracias.

En el ejemplo de abajo hemos puesto a aplaudir ni más ni menos que a Michelle Obama.

Cómo publicar en Twitter desde tu *smartphone*

Twitter lleva ventaja en este aspecto a LinkedIn, ya que te permite ser mucho más operativo.

Te permite no solo subir una foto, sino también vídeo en directo a través de Periscope, añadir Gif animados, hacer encuestas y añadir tu ubicación geográfica.

10.3 Las reglas para publicar

Llegado el momento de compartir contenido una de las cosas que debemos decidir es: ¿Qué comparto? ¿Mi contenido? ¿El de otros? ¿En qué proporción? No existe una ciencia exacta que nos dé las respuestas y dependerá de cada usuario o marca que funcione mejor una estrategia u otra.

Lo que no funciona nunca es que solo hables de ti.

Así que es recomendable que pruebes diferentes formas de compartir y elijas la que mejor ha funcionado.

10.3.1 Regla 80-20

Este método quiere decir que de las publicaciones que hagamos, el 80% deben ser de terceros y el 20% sobre nosotros (nuestro blog, vídeos, canales, etc.).

10.3.2 Regla 5-3-2

Esta regla nos proporciona una mezcla de contenido ajeno, propio y actualizaciones personales.

5 Sería el contenido de terceros.

3 Contenido propio.

2 Actualizaciones personales.

10.3.3 Regla 4-1-1

Esta regla intenta buscar una buena relación entre el contenido ajeno y el propio.

4 Publicaciones relevantes de otros usuarios.

1 Retuit por cada publicación propia.

10.3.4 Regla 55+

Este sistema está enfocado en equilibrar las publicaciones a lo largo del día y añade variedad a nuestro *timeline*.

5 Publicaciones propias, ya sean de contenido o actualizaciones personales.

5 Publicaciones de otros.

5 Interacciones o respuestas.

+ Mensajes diversos que aporten valor como por ejemplo un #FollowFriday.

10.3.5 Regla de los tercios

Esta regla es una manera muy equilibrada de dividir nuestros mensajes en redes sociales.

1/3 Son sobre ti y tu contenido.

1/3 Son publicaciones de terceros.

1/3 Son interacciones personales que ayudan a crear tu marca (personal o de empresa).

10.3.6 Regla 30-60-10

Este sistema es parecido al 5-3-2 con alguna pequeña diferencia en los porcentajes y el contenido.

30% Contenido propio (artículos, fotos, vídeos...).

60% Contenido curado.

10% Contenido promocional (llamada a la acción).

Capítulo 11

Potenciando tu email

* * *

"Pide consejo al que sabe corregirse a sí mismo"

Leonardo Da Vinci

* * *

Los correos electrónicos relevantes aportan 18 veces más ingresos que los correos electrónicos de difusión.

- Jupiter Research

El 49% de los vendedores B2B invierten más tiempo y recursos en el correo electrónico que en otros canales. Y el 59% de ellos confirma que es el canal más eficaz para generar ingresos.

- BtoB Magazine

Tener una firma de correo electrónico profesional y visual es uno de los factores clave que forman parte de tu marca personal.

Te recomendamos **WiseStamp**, una herramienta muy sencilla de usar y que te permitirá crear una firma personalizada de forma muy sencilla, incluyendo la información que consideres oportuna y, por supuesto, enlaces a tus redes sociales para poder captar más seguidores y que se descubran tus canales.

https://www.wisestamp.com

WiseStamp brindará un estilo profesional a tu firma de correo electrónico. Puedes acceder a esta *app* escaneando también el código QR.

Con Wisestamp podrás incluir tu firma en varias cuentas de correo electrónico (Gmail, Yahoo, Hotmail). Para automatizar la firma en todos tus correos debes instalar un complemento o *plugin* en tu navegador denominado "WiseStamp". Actualmente está disponible para Firefox, Chrome y Safari.

Aquí tienes algunos ejemplos. Como puedes ver, puedes poner tu foto, enlaces y los iconos de tus redes sociales.

http://www.wisestamp.com/signature-examples

David Martínez Calduch *Social Selling C-Level & Digital Business Transformation, Soluciona Fácil*
34 960 501 215 | ▨▨▨ ▨▨▨ ▨▨ ▨▨▨ | Si es posible imaginarlo, es posible hacerlo | dmartinez@solucionafacil.es | www.solucionafacil.es | Skype: davidmcalduch

Esmeralda Díaz-Aroca

C/ Velázquez 27, 1º Ext. Izda. 28001 Madrid
Tel. 91 436 13 04 –Móvil: XXXXXXXX

Díaz-Aroca
& asociados

Consultoría · Formación · Comunicación

Está claro que el *mail* forma parte de nuestra rutina diaria y que a lo largo del año enviamos una cantidad muy importante de emails. Probablemente estemos hablando de miles de emails. Es por esta razón, por lo que es necesario diseñar una forma atractiva y profesional de nuestra firma que incluya los enlaces y el mensaje que deseemos.

Te damos algunos datos que te ayudarán a mejorar las interacciones de tu email:

- El incluir una foto aumenta un 32% más las contestaciones.
- El incluir iconos de tus redes sociales aumenta un 10% el alcance.
- Los usuarios que programan una reunión a través de una *app* incrementan un 15% la generación de *leads*.

WiseStamp está disponible para muchos sistemas de email:

Outlook Email Signature

http://www.wisestamp.com/outlook-signature

Gmail Email Signature

http://www.wisestamp.com/gmail-email-signature

Android Email Signature

http://www.wisestamp.com/wisestamp-for-android

iPhone Email Signature

http://www.wisestamp.com/ipad-and-iphone-email-signature

Mac Mail Signature

http://www.wisestamp.com/mac-mail-signature

Yahoo Email Signature

http://www.wisestamp.com/yahoo-email-signature

Email Signature Generator

https://webapp.wisestamp.com/

WiseStamp nos permite agregar módulos dinámicos que cambian el contenido, por ejemplo que incluya un enlace al último *post* de nuestro blog, el último vídeo de nuestro canal de YouTube, citas, etc.

11.2 Dos herramientas para averiguar cuándo abren los emails

Uno de los problemas más habituales cuando mandamos un email, es saber cuándo han abierto nuestros clientes los emails. En los inicios de internet, esta opción estaba disponible en todos los programas de email. Pero las empresas desactivaron desde sus servidores de correo electrónico, al enviar las notificaciones de recepción y de apertura de los emails por parte de sus trabajadores.

Esto hace que ahora, para poder disponer de estas notificaciones, debamos usar aplicaciones que nos ofrezcan esta posibilidad.

Mailtrack https://mailtrack.io/es/ nos ofrece los dos signos de verificación del Whatsapp en nuestro email. Es una extensión que tenemos que agregar a nuestro navegador, que la tenemos disponible en su web.

En este ejemplo podemos ver cómo se ve en Gmail. Tenemos una verificación que nos marca que se ha recibido y otra cuando han abierto el email.

En esta imagen podemos ver la diferencia entre un email, que solamente se ha recibido y en la siguiente, que se ha recibido y se ha leído.

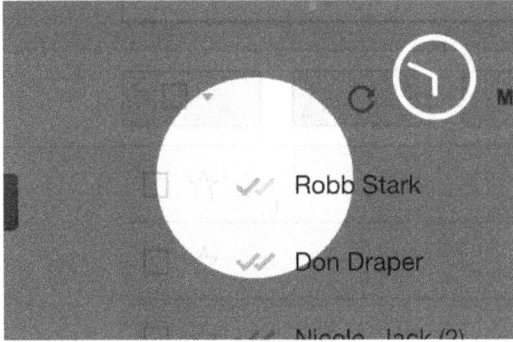

Cuando se abren los emails, Mailtrack nos lo notifica. Además, en su web, si entramos con nuestro *login*, tenemos el listado de todos email enviados, cuándo se han abierto, etc.

Yesware es otra aplicación que también nos permite saber cuándo se abren nuestros emails, en este caso solamente para Gmail y Outlook.

Yesware es una **extensión para Chrome,** que se integra con la bandeja de entrada de Gmail, para hacer seguimiento de cada correo electrónico que envías, informando si lo han abierto, si te respondieron, agregando recordatorios y muchas otras opciones.

Visita la web oficial de **Yesware**: http://www.yesware.com para instalar la extensión, aunque también la puedes conseguir en la **Chrome Web Store.** Si vas a la web verás que tienes un botón naranja que dice "*Try Yesware with Gmail*", haz clic ahí e instálala. Recuerda que solo funciona para Chrome así que debes estar en este navegador.

Para activar Yesware en Gmail tienes que hacer *login* en tu cuenta. Una vez dentro verás una ventana emergente igual a la de la imagen que te indicará que debes activar Yesware.

Esto aparecerá en cada cuenta de correo de Gmail que configures. Tendrás una cuenta gratuita con 100 eventos (notificaciones), mensuales.

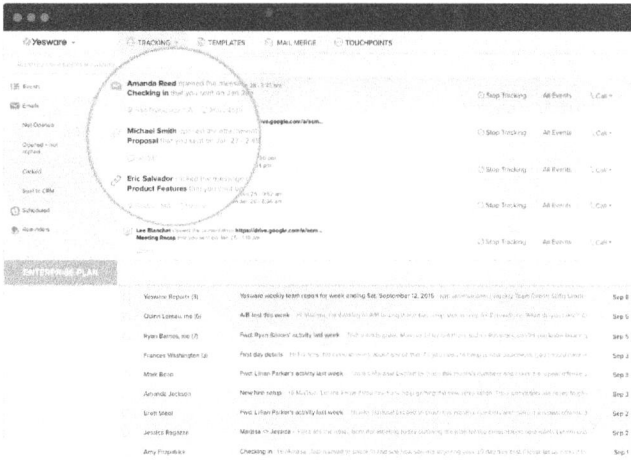

Además Yesware ofrece más funciones en sus versiones de pago, plantillas, estadísticas, etc.

11.3 Ampliando los datos de nuestros contactos

Cuando trabajamos con nuestro correo, una función que es muy útil es tener a la vista una ficha con todos los datos de la persona del email que estamos viendo.

Una forma de conseguirlo lo tienes en el apartado de LinkedIn Sales Navigator para Gmail.

rapportive Otra muy útil es **Rapportive** https://rapportive.com/ , propiedad de LinkedIn y que trabaja a través de una extensión /plugin para Gmail, buscando automáticamente los perfiles de redes sociales de los remitentes y destinatarios de tus correos, y te muestra información sobre ellos a la derecha de la pantalla. Sencillo sí, pero muy útil.

Rapportive es una extensión para Firefox y Chrome, y funciona con Gmail.

Como podemos ver, en la parte de la derecha de la pantalla, nos aparece una ficha con los datos de la persona que está en el email que tenemos abierto. En la parte de abajo verás que aparecen sus redes sociales.

¿Qué información proporciona Rapportive?

Depende. Si la dirección de e-mail que está analizando Rapportive no está asociada a ninguna cuenta de Twitter o LinkedIn, simplemente no muestra nada. Pero si está asociada, puede proporcionarnos los siguientes datos:

- Nombre y apellidos.
- Fotografía.
- Lugar de residencia.
- Empresa y cargo.
- Cuenta de Twitter, Facebook y LinkedIn.
- Contactos que tienes en común (a través de LinkedIn).

Otra extensión que nos puede ayudar es **FullContact** for Gmail™ http://ow.ly/CHyS308X4bs (extensión Chrome ordenador). Nos crea una ficha de contacto en la parte derecha de la pantalla de Gmail.

En www.fullcontact.com puedes conectar tus fuentes de contactos, Gmail, G-Suite, iCloud y Exchange.

Entre la información mostrada tenemos el nombre, la localidad, el cargo, la compañía, la dirección de email, los enlaces a redes sociales, los últimos tuits, las últimas publicaciones en Facebook y las últimas fotos en Instagram. También es capaz de mostrar información sobre la empresa en la que cada contacto trabaja, con datos como el número de empleados, teléfono, dirección, etc.

En la parte de interacción, destaca la posibilidad de incluir a los contactos a nuestra agenda, seguirles o dejarles de seguir, clasificarlos con etiquetas e incluir comentarios personales bajo cada uno.

La extensión es gratuita, pero solo para quienes tienen hasta 5.000 contactos, siendo necesario pagar 10 dólares al mes para ampliar ese límite.

Connectifier Con https://connectifier.com/ tenemos disponible una extensión de Chrome para el ordenador, que nos amplía la información de nuestros contactos en la pantalla del email.

Connectifier, una extensión gratuita para nuestro navegador de Internet, que añade nuevas funcionalidades a nuestro LinkedIn y a otras redes sociales como Twitter y Github, entre otras. Nos permite contar con muchos más recursos a la hora de acercarnos a futuros contactos.

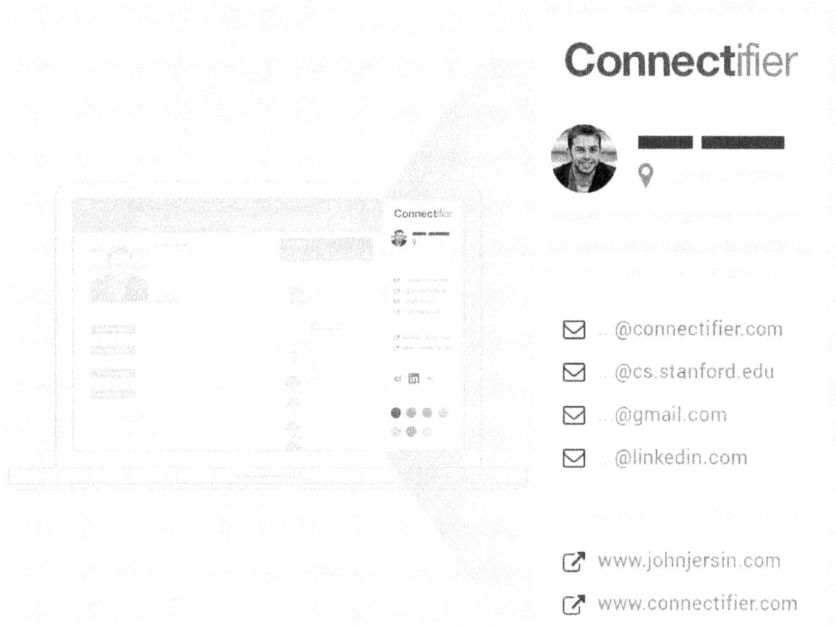

Connectifier crea una barra lateral en la parte derecha de nuestro navegador donde muestra, además del nombre y el título profesional del perfil que estamos consultando, las direcciones de correo electrónico de las que dispone y las redes sociales en las que la persona está presente.

Además, debajo de toda esta información, encontramos una serie de iconos que nos permiten guardar el perfil como favorito, marcarlo como "ya contactado" o agregar notas sobre el mismo. Todas estas acciones se verán luego reflejadas en un panel de control al que podremos acceder a través del *link* de la parte inferior del complemento.

11.4 Ocho herramientas imprescindibles para adjuntar y enviar documentos

Cuando enviamos un email, suele ser habitual incluir documentos. La función más habitual es adjuntar el documento. Aquí nos podemos encontrar con el problema de que nuestro servidor de email o el del destinatario, tengan una limitación en el tamaño o por el tipo de documento. Vamos a ver algunas formas de cómo solucionarlo.

Wetransfer https://wetransfer.com/ nos permite enviar un conjunto de documentos a uno o varios destinatarios, y nos notifica cuándo se realiza la descarga.

La ventaja esencial es que puedes usar el servicio sin tener la necesidad de crear una cuenta y la persona que lo recibe tampoco necesita registrarse.

Con WeTransfer, ni tú ni tu destinatario necesitaréis de una cuenta para poder intercambiar el archivo. El servicio es totalmente gratuito, si envías archivos que no superen 2GB, lo cual permite realmente un uso profesional (diseñadores, agencias, imprentas), y con la cuenta Plus tendrás hasta 20 GB.

También está disponible para:

Play Store https://goo.gl/qPLiIw

iTunes https://goo.gl/DjceM4

Dropbox es un servicio de alojamiento de archivos multiplataforma en la nube. El servicio permite a los usuarios almacenar y sincronizar archivos en línea, entre ordenadores, y compartir archivos y carpetas con otros usuarios, con tablets y móviles.

Existen versiones gratuitas y de pago, cada una de las cuales tiene diferentes opciones. La versión móvil está disponible para Android, Windows Phone, Blackberry e iOS (Apple).

Puedes darte de alta gratis en https://www.dropbox.com para conseguir 2GB gratis para compartir documentos.

Libro Evernote

Para: Correo electrónico o nombre   Acceso de edición

No hay enlaces creados   Crear un enlace

Añadir usuarios con quienes compartir

Configuración de carpeta

Está disponible como aplicación para Mac, Windows, iOS y Android.

Podemos compartir una carpeta o solamente un documento. Al hacer clic con el botón de la derecha encima del fichero, seleccionamos "compartir" y nos crea creando un enlace que podemos mandar, como podemos ver en la imagen inferior.

Para: Correo electrónico o nombre

Acceso de edición

✓ Acceso de edición
Los usuarios pueden editar, eliminar, comentar y añadir el archivo a su Dropbox

No hay enlaces creados

Acceso de lectura
Los usuarios pueden ver, descargar y comentar

Pero si deseamos tener más control (el poder decidir qué personas van a tener acceso), lo debemos de hacer agregando sus emails e indicando qué queremos que puedan hacer.

Podemos darles acceso para que los puedan modificar y colaborar con ellos o que solo puedan verlos y descargar.

SlideShare **SlideShare** ya la hemos visto para publicar contenidos, pero además podemos publicarlos de forma privada y enviar el enlace por email, de manera que así solo tiene acceso la persona que tiene el enlace. También podemos habilitar que solo se pueda ver el documento o que también que se pueda descargar.

Edit Details   Privacy Settings   Re-upload   Add Youtube Video

Visibility   🔓 Public   🔒 Private

Who can view   Only me
on SlideShare   Only you can view this SlideShare

◉ People with the secret link
Only people with the secret link and password (optional) can view your content.

https://www.slideshare.net/secret/............   Copy

Protect with a password

Make content public on   Date   🗓 Time   🕐 GMT+0T:00 (CET)
Select a date and time above if you want this content to be made public automatically.

Allow users   No
to download?   ◉ Yes

Marcamos el contenido como "Private", activamos que solo lo puedan ver las personas que tenga el enlace privado "People with the secret link" y, abajo del todo, puedes decir si quieres que se pueda descargar el documento o no.

SalesHandy™ **SalesHandy** https://www.saleshandy.com/ tiene una opción para el envío de documentos adjuntos con nuestro sistema de email y, además de avisarnos cuando abren el correo, nos ofrece funciones avanzadas para el envío de documentos.

Podemos indicar que nos avise cuando se abre el email, si permitimos que se pueda descargar y si es necesaria una contraseña.

EVERNOTE **Evernote** es una aplicación (*app*), gratuita multiplataforma (Mac, Windows, iPhone, Android, Windows Mobile, Blackberry, iPad), que sirve a diversos propósitos. Puede ser usada como un archivo digital, como una herramienta para tomar notas a diario, como un sistema de gestión de tareas o de proyectos, para guardar recetas, ideas, apuntes y más.

www.solucionafacil.es/elefante

Todo lo que haces en Evernote queda guardado y sincronizado en la nube.

Es por eso, debido a que tiene tantos usos y características, que Evernote le gusta a muchas personas. Tiene también opciones de colaboración y de compartir notas y libretas (hay varios niveles de permisos). Podemos compartir una Libreta o solo una nota. Dentro de la nota podemos adjuntar uno o varios documentos.

Podemos hacerlo a través de un enlace, que da acceso solamente a las personas que lo tienen, o bien invitar por email para dar niveles de acceso.

DocSend **DocSend** https://docsend.com es una verdadera joya. Nos permite enviar documentos, saber cuándo se han abierto, cuándo se han leído y, lo mejor de todo, el tiempo que se ha estado leyendo cada página.

Lo que tenemos es una herramienta de análisis, tipo Google Analytics, pero que en vez de servir para monitorizar páginas web como tal, sirve para hacer lo propio con documentos de texto.

Para ello, subiremos nuestro documento Word a la plataforma, para que DocSend genere un enlace único y privado que compartiremos por email con nuestros socios o clientes.

Tras hacer eso, el receptor podrá leerlo *online*, con la peculiaridad de que nosotros podremos ver, en tiempo real, quienes lo han abierto y cuánto tiempo han pasado mirando cada página, para así poder llegar a la conclusión sobre qué partes le han resultado más interesantes y cuáles menos.

Además, al tratarse de un documento *online*, podemos reeditarlo, aún después de enviado, para mejorarlo de cara a futuros clientes.

Y además tenemos el detalle del tiempo dedicado a cada página, como puedes ver la imagen de abajo.

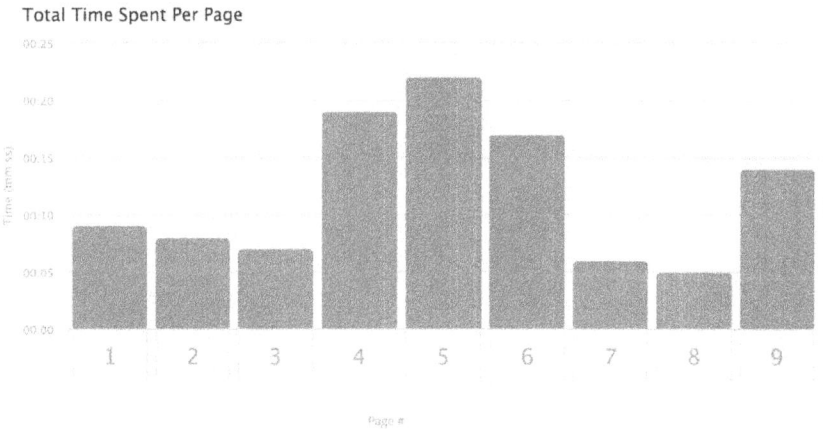

Docsend tiene integración con Gmail, LinkedIn y Salesforce, además se integra con las siguientes aplicaciones:

	Gmail			Outlook
	Quickly create and send links to any of your DocSend documents right within Gmail.			Quickly create and send links to any of your DocSend documents right within Outlook.

	Salesforce			LinkedIn
	Sync all of your DocSend visit data straight back to your Leads, Contacts, and Opportunities in Salesforce.			Get the most out of LinkedIn InMails with DocSend links in your messages. Automatically have your links named after the recipient.

	Zapier			IFTTT
	Connect DocSend to hundreds of web apps, including all major CRMs, marketing automation systems, and communication tools.			Connect DocSend to your favorite apps and devices and unlock all new use cases using our IFTTT triggers.

También existe una extensión para Chrome

https://goo.gl/Ws4YF2

Attach   https://attach.io/   es   una   *app*   que   hace básicamente lo mismo que Docsend.

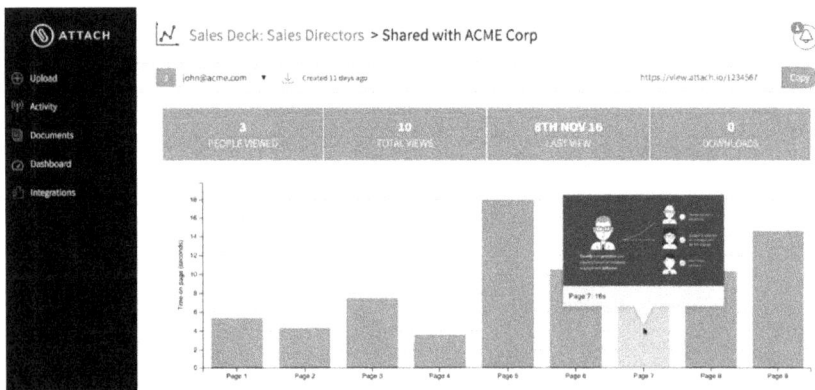

Google Drive y OneDrive

Entre las numerosas opciones en términos de almacenamiento en la nube no hay ninguna duda de que dos de las soluciones más destacadas son Onedrive y Google Drive. Sus propietarios, Microsoft y Google respectivamente, han hecho méritos suficientes como para que sean plataformas a las que tomar muy en serio en un amplio y diverso abanico de situaciones.

Si usamos Google Drive o OneDrive de Microsoft, también podemos compartir carpetas y/o documentos con varios niveles de permisos. Como ejemplo vemos las opciones de Google Drive.

✛ Abrir con ›	**Compartir con otros**	Obtener enlace para compartir ⊖
⚭ Compartir...		
⊖ Obtener enlace para compartir	Personas	
▣ Mover a...	Introduce nombres o correos...	✎ ▾
★ Destacar	Compartido con David M Calduch	✓ Puede organizar, añadir y editar
⊛ Cambiar color ›		Solo puede ver
▨ Cambiar nombre...	**Listo**	Avanzada
⬇ Descargar		
🗑 Eliminar		

11.5 Programar los envíos de emails

Al enviar un email, los envíos se realizan de forma inmediata, pero es posible que necesitemos que el email se envíe más tarde, al día siguiente. Si es un email internacional puede ser que queramos ajustar la hora de llegada al destinatario para que no le suene el móvil en la madrugada.

Boomerang Con http://www.boomerangapp.com podemos programar cuándo queremos que se envíe el email usando Gmail, Outlook o Android.

Además también permite:

- Notificaciones de cuándo se abre el email y cuándo se hace clic en los enlaces.
- Nos avisa si no hemos recibido respuesta aún de un email.
- Enviar mensajes repetitivos cada día, cada semana, cada mes u otro intervalo.
- Añadir anotaciones a los mensajes.
- Programar el envío de emails.

Al escribir el email, en la parte de abajo podemos ver el botón azul de enviar inmediatamente y el rojo para enviarlo más tarde; tenemos un lista desplegable para indicar cuándo queremos que se haga el envío.

Boomerang para Gmail http://www.boomeranggmail.com

Boomerang para Outlook http://www.boomerangoutlook.com

Aquí tienes en enlace de la *app* para Android en la Play Store https://goo.gl/YZqiR9

Yesware también nos permite programar el envío de los emails.

El botón azul "Send" lo manda en ese mismo momento y "Later" es cuando se despliega esta pantalla e indicamos cuándo queremos que se realice el envío.

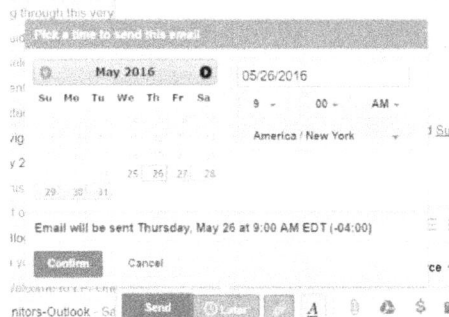

11.6 Aumentado la efectividad de las respuestas

Boomerang ha creado un módulo para Gmail y Outlook, que nos asesora en cómo debemos escribir un email para conseguir la mayor tasa de respuestas.

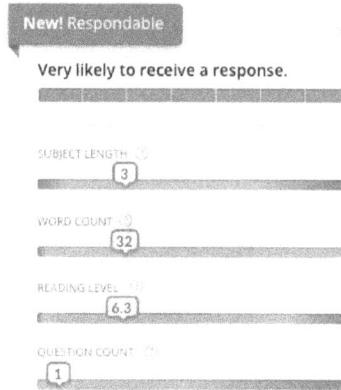

Al agregar Boomerang en tu Gmail o Outlook tienes esta opción disponible como puedes ver en la imagen de abajo.

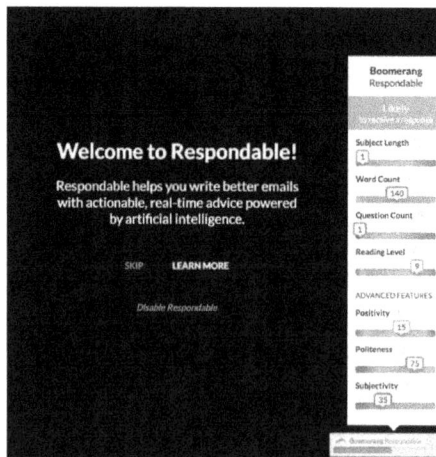

11.7 Hacer *mailings* desde un servidor externo

Es muy importante realizar envíos a nuestra base de datos de emails y crear esta base de datos. Necesitamos recopilar emails (comprobar las normativas de Protección de Datos, como en España LOPD, Europa nueva normativa, etc.), almacenarlos y gestionarlos.

MailChimp es una aplicación en la nube (SaaS), a la que podemos acceder desde su página web https://mailchimp.com/

Entra a la web (te recomendamos desde tu ordenador o *tablet*), date de alta y ahora puedes hacer una carga de los email que ya tengas de tus clientes (los emails tienes que haberlos conseguido de forma lícita).

Lo primero que vamos a hacer es crear una lista (podemos crear todas las que queramos), donde guardaremos los emails de los clientes para hacer *mailings*.

En el menú de arriba seleccionamos "Lists".

Campaigns   Templates   Lists   Reports   Automation

En la parte superior derecha de la pantalla pulsamos el botón

Create List

Al hacer clic, nos preguntará y volvemos a pulsar el mismo botón en esta pantalla "Create List".

New list or groups?

Do you want to create a new list, or do you just want to sub-divide an existing list with groups?

List management · What are groups?

Create List   Cancel

Entramos en esta pantalla y rellenamos los campos.

Create List

List details

List name

Listado Leads

Default *From email address*

Default *From name*

Boletín Noticias Soluciona Facil

Remind people how they signed up to your list

Reuse a reminder from another list

Recibes este email porque estás incluido en la base de datos de Soluciona Facil.

Example: "You are receiving this email because you opted in at our website ..." or "We send special offers to customers who opted in at ..."

Contact information for this list · Why is this necessary?

Soluciona Facil

Edit

El "Default From email address" es la dirección de email que verán las personas que reciban nuestro boletín.

Notifications Sent to ▬▬▬▬▬▬▬▬ · Edit

Daily summary
Summary of subscribe/unsubscribe activity

One-by-one
Subscribe notifications as they happen

One-by-one
Unsubscribe notifications as they happen

Save   Cancel

En la parte de abajo de la pantalla podemos activar que nos manden notificaciones de cada persona, que se dé de alta en nuestra lista o cuando se da de baja.

Si disponemos de emails que queremos dar de alta en nuestra lista, debemos pulsar "Import subscribers".

You have no subscribers

Import subscribers or Create a signup form to get started.

Y podemos cargar los emails desde un fichero en formato CSV o tabulado, podemos hacer un copiar y pegar de los emails o a través un servicio integrado con MailChimp.

Where do you want to import subscribers from?

○ CSV or tab-delimited text file
Import contacts from .csv or .txt files

○ Copy/paste from file
Copy and paste contacts from .xls or .xlsx files

○ Integrated service
Import contacts from services like Google Contacts, Salesforce, Zendesk, and more.
Learn more

Esto son los servicios desde donde podemos importar nuestros emails.

Con la opción "Create a signup form" crearemos un formulario para que las personas se puedan dar de alta en nuestra lista y modificar sus datos.

General forms - Crear los formularios.

Embedded forms - Poner (incrustar) nuestro formulario en nuestra web.

Subscriber pop-up - Ventana emergente (desde nuestra web), para que se apunten a nuestro boletín.*

Form integrations - Es para integrar los formularios con otros servicios.

Form integrations

Wufoo
Create a Wufoo form that adds subscribers to your MailChimp list.

Squarespace
Add a signup form to your Squarespace site.

*Las ventanas emergentes de las webs que aparecen en *smartphones* es penalizado por Google.

Seleccionamos "General forms" y entramos en el editor de los formularios.

Y este es el listado de todos los tipos de formularios que podemos personalizar, para darse de alta, darse de baja, etc.

Create forms

Forms and response emails

Subscribe
✓   Signup form
    Signup form with alerts
    Signup thank you page
    Opt-in confirmation email
    Opt-in confirmation reCAPTCHA
    Confirmation thank you page
    Final welcome email
Unsubscribe
    Unsubscribe form
    Unsubscribe success page
    Goodbye email
Update Profile
    Profile update email
    Profile update email sent
    Update profile form
    Update profile sample form
    Update profile thank you page
Other Bits
    Forward to a friend form
    Forward to a friend email
    About your list
    Campaign archive page
    Survey landing page
    Automation Landing Page

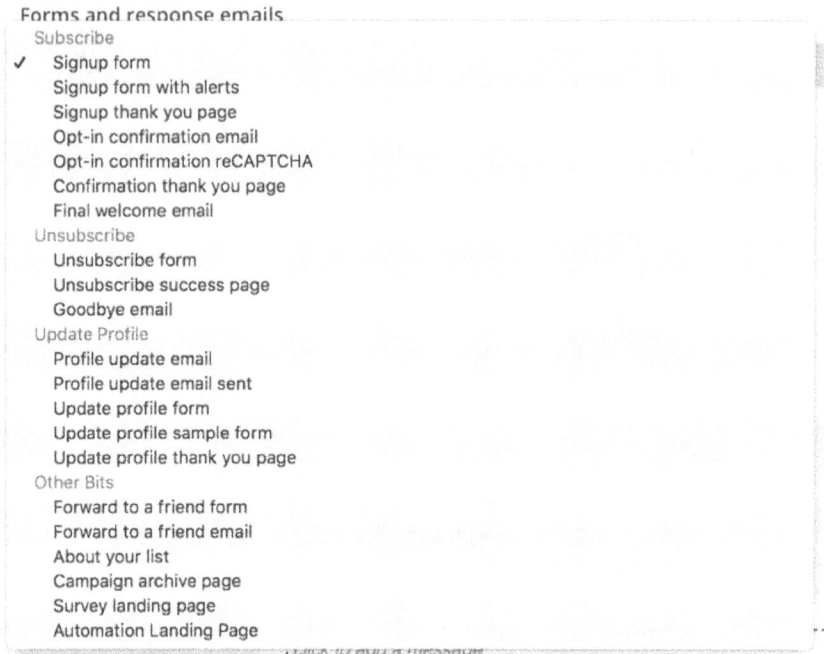

Con el formulario de darse de alta tenemos una URL para poderla mandar por email o publicar en nuestra web, para que las personas se puedan registrar.

Create forms

Forms and response emails

Signup form   ⌄

☐   Let subscribers pick email format (Plain-text or HTML)   ⓘ Info

Signup form URL

http://eepurl.com/   QR

Una vez tengamos emails en nuestra lista, ya podemos hacer una campaña (envío).

En el menú superior seleccionamos "Campaigns".

Campaigns   Templates   Lists   Reports   Automation

Al hacer clic, en la parte de arriba de la derecha de la pantalla nos aparecerá el botón "Create Campaign". En la flecha desplegable aparecen los tipos de Campañas y seleccionamos "Regular campaign".

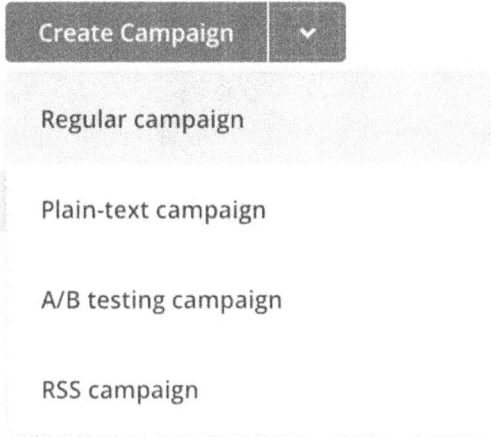

Create Campaign ⌄

Regular campaign

Plain-text campaign

A/B testing campaign

RSS campaign

Ahora nos preguntará sobre qué Lista queremos hacer el envío.

Who are you sending to?

Choose a list ⌄

Listado Leads
subscribers

Suscriptores de la web
subscriber

Alumnos
subscribers

55 subscribers

1,472 subscribers

Y dentro de la lista nos pregunta si queremos hacer el envío a toda las lista o solamente a una parte de ella.

Listado Leads ⌄

⦿ Entire list   ○ Saved or pre-built segment   ○ Group or new segment

recipients. Everyone in your list will receive this email.

Ahora para poder continuar, nos tenemos que fijar en la parte de abajo de la pantalla, donde nos indica en qué paso estamos y cuántos nos quedan. Tenemos el botón para continuar.

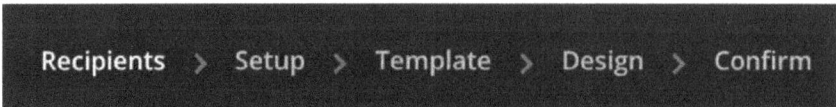

Recipients > Setup > Template > Design > Confirm

En la barra inferior, en la parte de la derecha, pulsamos el botón "Next".

Next >

Vamos al paso "Setup" y rellenamos los campos.

Campaign info

Campaign name

Campaña de Navidad

Internal use only. Ex: "Newsletter Test#4"

Email subject   115 characters remaining

Como hacer venta cruzada en navidad

How do I write a good subject line? · Emoji support

From name   68 characters remaining

Boletín Noticias Soluciona Facil

Use something subscribers will instantly recognize, like your company name.

From email address

Pulsamos el botón "Next".

| Basic | Themes | Saved templates | Campaigns | Code your own |

✓ All
Featured (5)
E-commerce (17)
Events (8)
Holiday (29)
Integrations (6)
Newsletters (30)
Notifications (4)
Photography (4)
Sports (10)
Stationery (4)

Search all themes

Madison Fern

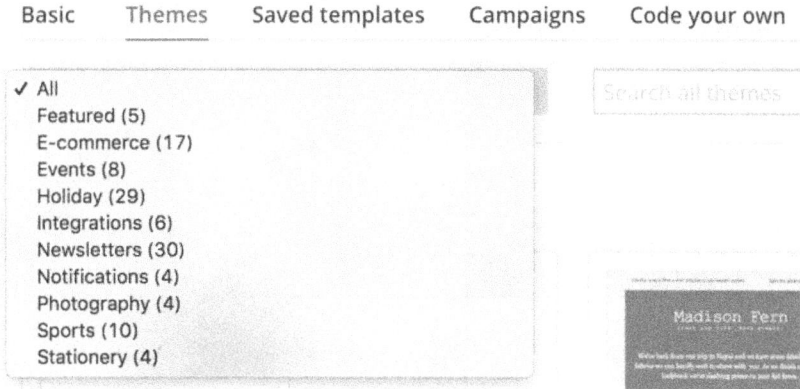

Seleccionamos "Themes" y en la lista desplegable podemos filtrar las plantillas por tipo.

Elige una plantilla y selecciónala.

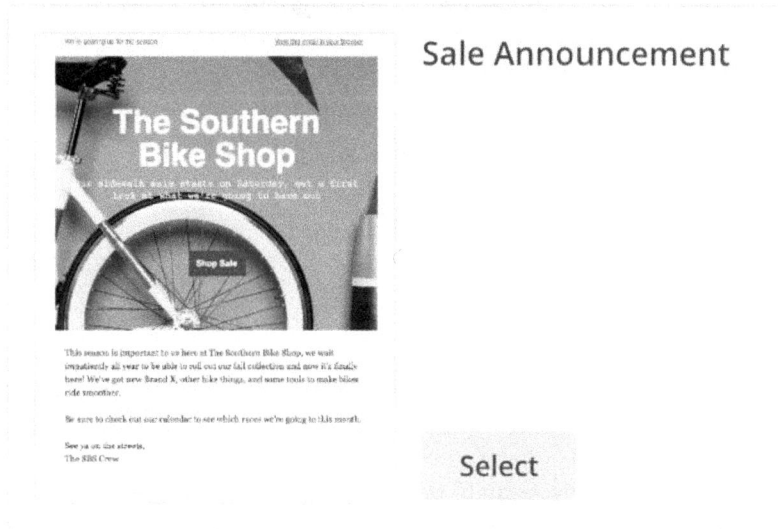

Sale Announcement

The Southern Bike Shop

Shop Sale

This season is important to us here at The Southern Bike Shop, we wait breathlessly all year to be able to roll out our fall collection and now it's finally here! We've got new Brand X, other bike things, and some tools to make bikes ride smoother.

Be sure to check out our calendar to see which races we're going to this month.

See ya on the streets,
The SBS Crew

Select

Y ahora podemos modificar la plantilla, poner y quitar módulos simplemente arrastrándolos. Puedes cambiar las imágenes y textos.

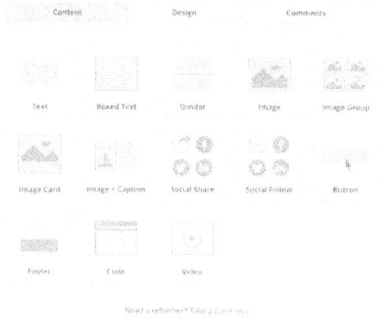

En el menú de arriba tenemos un menú "Preview and Test".

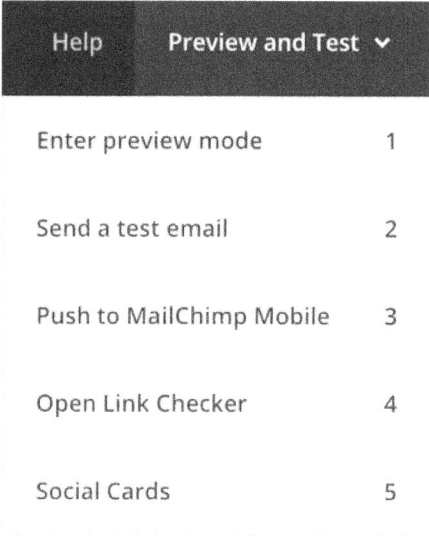

Help	Preview and Test ⌄
Enter preview mode	1
Send a test email	2
Push to MailChimp Mobile	3
Open Link Checker	4
Social Cards	5

Este menú nos permite ver cómo van a ver nuestro boletín las personas. Si seleccionamos "Enter preview mode" podemos probar cómo se verá desde el ordenador, la *tablet* y el *smartphone*.

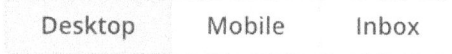

Con la opción "Send a test email" Mailchimp manda nuestro propio boletín, a nuestro email para que podamos ver cómo se verá.

Pulsamos "Next" y llegamos a la última pantalla para preparar el envío. En la parte inferior derecha tenemos dos opciones.

Send - Realizaremos el envío inmediatamente.

Schedule - Para programar el envío cuando queramos que se haga.

También tenemos "Timewarp" para poder hacer el envío dependiendo de la región de cada cliente.

MailChimp Snap

MailChimp Snap es una aplicación creada por MailChimp para *smartphones*, que nos permite hacer envíos de *mailing* con una foto y crear el envío desde nuestro *smartphone*.

iTunes https://goo.gl/y7qntJ

Play Store https://goo.gl/AcNHA7

11.8 Hacer *mailings* desde tu propio email

Otra posibilidad a la hora de hacer envíos, es usar nuestro propio servidor. En este caso vamos a ver cómo hacerlo con tu cuenta de Gmail o G-Suite.

Woodpecker

Con https://woodpecker.co/ podemos crear listas de envío, escribir el *mailing* y al hacer el envío se realiza con nuestra cuenta de Gmail, Outlook o IMAP.

Al crear nuestras listas, cargamos nuestros emails con ficheros en formato CSV.

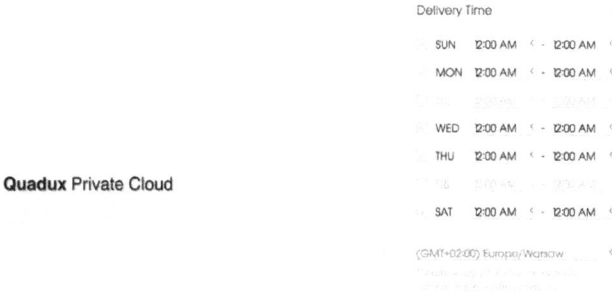

Quadux Private Cloud

Delivery Time				
SUN	12:00 AM	-	12:00 AM	
MON	12:00 AM	-	12:00 AM	
WED	12:00 AM	-	12:00 AM	
THU	12:00 AM	-	12:00 AM	
SAT	12:00 AM	-	12:00 AM	

(GMT+02:00) Europe/Warsaw

Podemos programar a qué días y horas queremos que se vaya realizando el *mailing*.

Y tenemos estadísticas de enviados, con error, abiertos, etc.

El servicio de Quadux Private Cloud nos permite hacer *mailings* de nuestros listados de emails, pero que se hagan desde una cuenta genérica de nuestra empresa o una de las nuestras profesionales.

La gran ventaja que ofrece es un control como Mailchimp de correos abiertos, clics realizados, etc., pero con un coste mínimo. Ideal para controlar los costes de los envíos y para aquellas empresas con gran volumen de emails.

Todas las campañas

○ Crear y enviar nueva campaña

Campaña	Destinatarios	Enviado	Aperturas Unicas	Clicks Unicos	Duplicar	Borrar
Enviado	6,001	15 mins ago	193 abierto	11 clickeado		
Enviado	6,003	Sun, Dec 04, 2016, 09:46AM	982 abierto	110 clickeado		
Enviado	5,996	Sun, Mar 13, 2016, 06:30PM	1,585 abierto	147 clickeado		
Enviado	5,470	Sat, Nov 14, 2015, 02:00PM	1,055 abierto	0 clickeado		
Enviado	906	Sat, Nov 14, 2015, 01:50PM	253 abierto	0 clickeado		
Enviado	22	Fri, Oct 23, 2015, 03:45PM	11 abierto	2 clickeado		
Enviado	15	Fri, Oct 23, 2015, 03:40PM	6 abierto	2 clickeado		
Enviado	2	Wed, Oct 07, 2015, 08:20PM	0 abierto	0 clickeado		
Enviado	5,622	Wed, Oct 07, 2015, 12:30AM	1,064 abierto	111 clickeado		
Enviado	674	Wed, Oct 07, 2015, 12:35AM	177 abierto	18 clickeado		

Podemos ver el panel de gestión de las campañas y se pueden crear todas las listas de emails que se quieran, y programar a qué hora queremos que se haga el envío.

También disponen de otra solución con segmentación avanzada.

Puedes verlo aquí https://quadux.cloud/correo/mailing

11.9 Localizar emails de contactos

✦ hunter   Uno de los grandes problemas suele ser el averiguar el email de una contacto. Con https://hunter.io/ disponemos de una gran ayuda para localizarlos. Además tenemos una extensión para Chrome ordenador http://ow.ly/bLqf308X5xQ

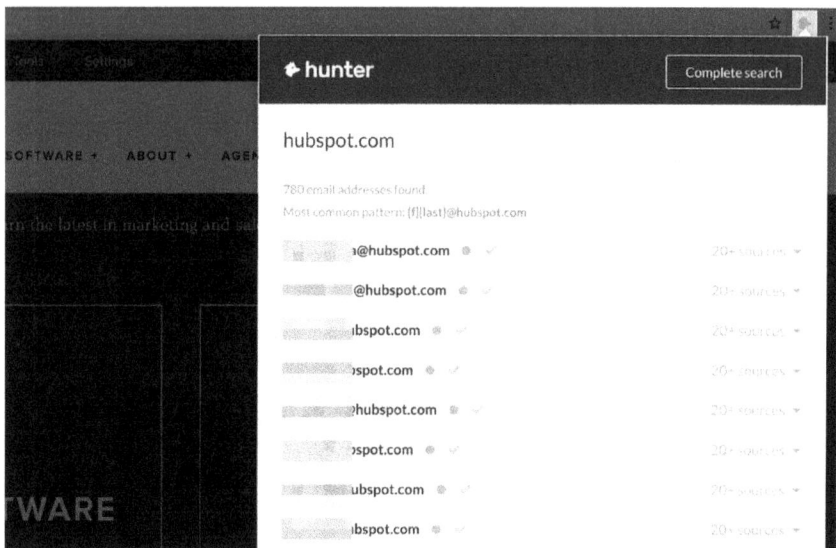

contactout http://contactout.io nos permite localizar contactos y sus datos, como el email, además tenemos una extensión para Chrome ordenador http://ow.ly/6MVb308X6Bb

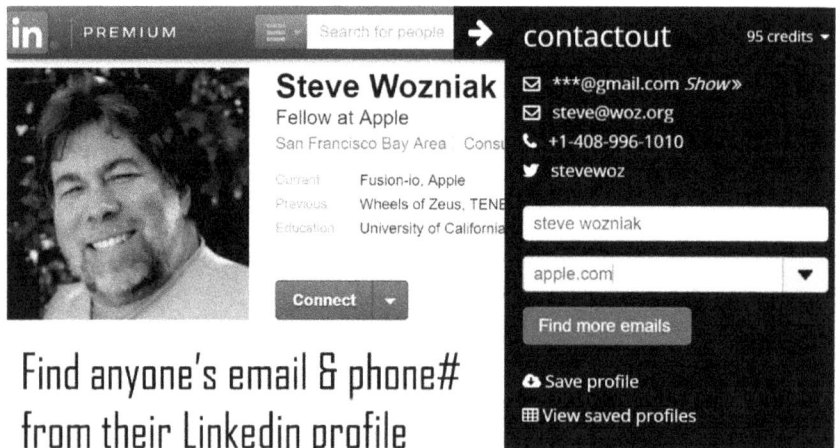

11.10 Establecer alertas y recordatorios

FollowUp.cc for Gmail http://ow.ly/RMGQ308XnC6 (extensión Chrome ordenador), nos permite crear alertas y recordatorios de las conversaciones que estamos llevando por Gmail.

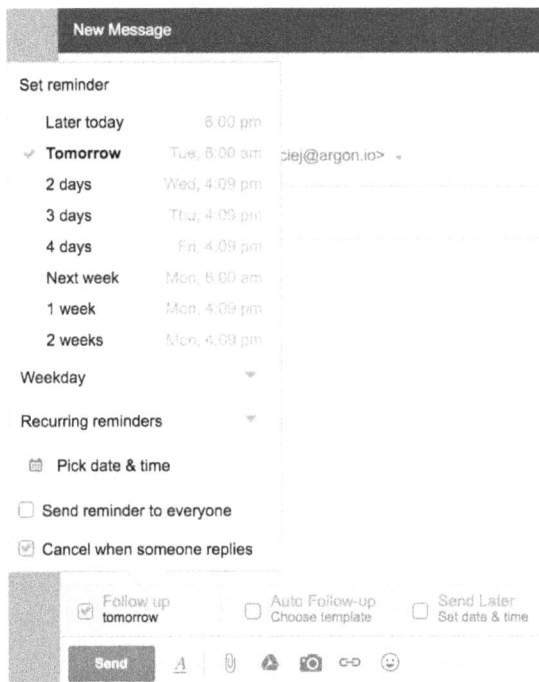

Capítulo 12

El momento de la verdad. Cómo relacionarte, conseguir leads y vender.

12.1 Cómo encontrar a las personas adecuadas en tu red

Encontrar a los clientes-objetivo es todo un arte. Casi diríamos que una labor de microcirugía. No se trata de ir a lo loco, ni de perder el tiempo, necesitamos tener claro quién es nuestro cliente tipo y, a partir de ahí, ver cómo llegar hasta él.

Para ello se necesita un plan de acción, mediante el cual localices ese cliente-objetivo, le contactes, establezcas una conversación, interactúes con él y consigas tener finalmente "una conversación" que te permita ofrecer tus servicios/productos y, en definitiva, VENDER.

12.1.1 Generación y Captación de Leads

En el siguiente esquema te mostramos las diferentes etapas del proceso de captación de *leads*.

Proceso de captación de leads

Búsqueda del "cliente-objetivo"	Exportación de contactos	Diseño de acciones de email marketing	Seguimiento de respuestas
Captación de contactos-objetivo	Cualificación de contactos	Diseño de WORKFLOW	Envío de propuestas
Incorporación a RED de Contactos	Incorporación a CRM	Ejecución de campañas de email marketing	Concertación de visita comercial / Skype

12.1.1.1 ¿Cuáles son tus clientes-objetivo?

De los diferentes grupos de clientes que hayamos identificado, seleccionamos a uno de ellos para crear la estrategia que vamos a desarrollar, ya que en un mismo producto, en cada tipo de cliente, el mensaje será diferente porque sus necesidades son distintas.

Imaginemos que nos dedicamos a impartir cursos de *Mindfulness* para empresas. Nuestro cliente-objetivo son empresas de más de 200 empleados. Las personas que deciden la compra de este tipo de cursos, son habitualmente el Director de RRHH/Director de Formación.

A partir de aquí nuestro objetivo es hacer la búsqueda de estas personas y lo haremos por cargo y tamaño de empresa en LinkedIn según verás en el capítulo 12.1.3 .

12.1.1.2 El nuevo embudo de ventas

Siguiendo con el ejemplo anterior y centrándonos en LinkedIn, la secuencia sería la siguiente:

1) Invitamos a contactos de 2º grado que respondan a los parámetros de la búsqueda anterior. Suponemos, para este ejercicio, que hemos enviado 1000 invitaciones.

2) El índice de aceptación de las invitaciones. Imaginemos que el 65% de las contactados aceptan, es decir, 650 nuevos contactos.

Este ratio está directamente relacionado con el grado de confianza que traslades a los contactos y está relacionado con la calidad de tu perfil de LinkedIn.

3) A estos 650 contactos les vamos a escribir un mensaje de cortesía, dándoles las gracias por aceptar nuestra invitación, como indicamos en el capítulo 13.1

4) Exportamos la Base de Datos a nuestro CRM y diseñamos un *Workflow* compuesto por tres emails encaminados a conseguir "contactos interesados". Supongamos que en el primer email, responden interesados un 10%, es decir, 65 contactos. A los 585 restantes se les envía el segundo email (invitándoles a una descarga de la guía del *Mindfulness*). A este segundo email responden positivamente un 8,92%, es decir, 58 contactos. A los 527 restantes se les envía el tercer email, con un recordatorio y un enlace a uno de los cursos. A este tercer email contesta el 4%, es decir, 26 contactos.

5) Tenemos un total de 26+58+65=149 contactos interesados que han contestado positivamente (no quiere decir que hayamos vendido nada aún). Esto supone un 23% de respuesta sobre los envíos realizados.

6) El objetivo es conseguir contactar telefónicamente o por Skype con estos 149 contactos, para preparar posteriormente una oferta a medida. Supongamos que de los 149, 130 acceden a la conversación y conseguimos enviar 130 presupuestos. Esto supone un 20% sobre el total de los 650 contactos conseguidos inicialmente.

7) De los 130 presupuestos/clientes, se realizan 100 visitas comerciales (para hacer más sencillo el ejemplo, vamos a

suponer una visita por cliente). El ratio de vistas conseguidas sobre contactos iniciales es un 15,4%.

8) Ahora es el momento de la verdad: de esas 100 visitas, conseguimos 20 ventas reales. Que es el 3,08% sobre contactos iniciales.

9) Si nuestro curso de *Mindfulness* para empresa tiene un coste de 1500€, habremos ingresado 30.000 €.

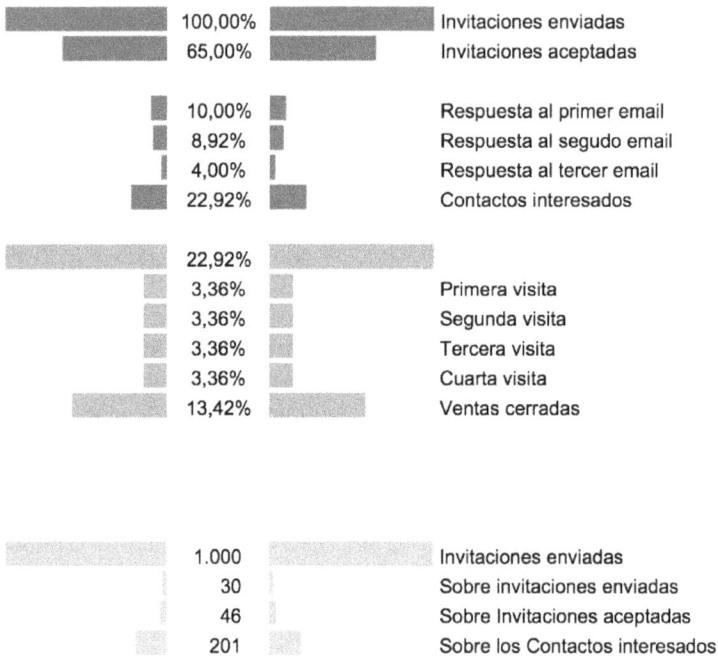

	100,00%	Invitaciones enviadas
	65,00%	Invitaciones aceptadas
	10,00%	Respuesta al primer email
	8,92%	Respuesta al segudo email
	4,00%	Respuesta al tercer email
	22,92%	Contactos interesados
	22,92%	
	3,36%	Primera visita
	3,36%	Segunda visita
	3,36%	Tercera visita
	3,36%	Cuarta visita
	13,42%	Ventas cerradas

	1.000	Invitaciones enviadas
	30	Sobre invitaciones enviadas
	46	Sobre Invitaciones aceptadas
	201	Sobre los Contactos interesados

Esto es un ejemplo sencillo para ilustrar el embudo de ventas. Ten en cuenta que lo tienes que adaptar a tu realidad. Por ejemplo, si sabes que para hacer una venta necesitas 3 visitas, incluyo esta etapa y su ratio de conversión correspondiente en tu embudo.

En este enlace http://ow.ly/sOJz3089OLu o en el código QR puedes descargarte, de forma gratuita, una hoja de cálculo para hacer los cálculos de ratios de tu embudo de venta.

12.1.1.3 Gestión de contactos en LinkedIn

Para poder acceder a nuestros contactos de LinkedIn desde nuestro ordenador, pulsamos en el botón "Mi network".

Nos aparecerá esta pantalla. En la parte de la izquierda nos indica la cantidad de contactos que tenemos; en la parte central tenemos un "Manage all" de invitaciones enviadas y recibidas, y debajo tenemos personas que nos recomienda LinkedIn.

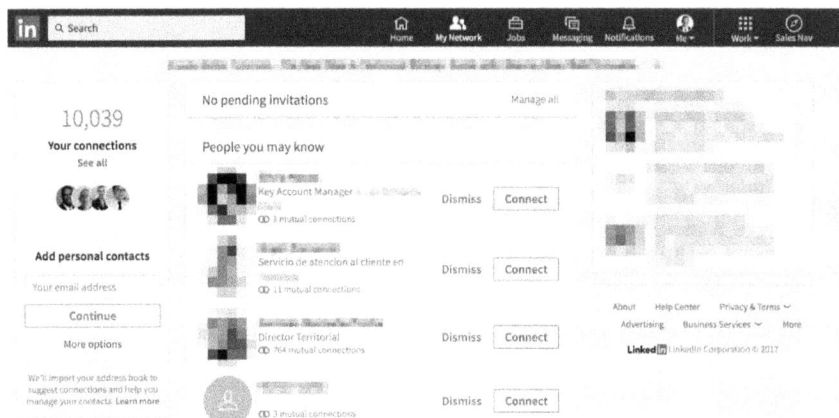

Si entramos en el gestor de invitaciones "Manage all" nos aparecerá la siguiente pantalla:

Podemos ver las invitaciones que nos han enviado, para aceptarlas o rechazarlas.

Y podemos hacer clic en "Sent" para ver las invitaciones que hemos enviado pero aún no han sido aceptadas. Nos saldrá un listado y si pulsamos "Withdraw" retiramos la invitación y la recuperamos.

Manage invitations

Received   Sent

You have control over the invitations you have sent. **Learn More**

Chief Marketing Officer at   Withdraw

Head of Global   Withdraw

                                                                           Withdraw

Director General   Withdraw

Presidenta   Withdraw

                                                                           Withdraw

En la parte superior derecha de la pantalla tenemos una zona, donde nos vuelve a indicar la cantidad de contactos que tenemos y dos opciones:

10,039

Your connections

See all

Grow your network

"See all" para ver todos los contactos que tenemos en nivel 1.

"Grow your network" para ampliar nuestra red de contactos.

Para empezar vamos a entrar en "Grow your network" y nos aparece esta pantalla:

Como podemos ver en la parte superior derecha, nos aparecen los iconos de Gmail, Yahoo, Outlook (en la nube), y AOL. Ahora lo que haremos será hacer clic en cada uno de ellos, para que LinkedIn cargue nuestra agenda de contactos (tranquilo, LinkedIn no invita a nadie que tú no le indiques). A través de los emails, LinkedIn nos dirá si estas personas ya están dadas de alta. Esto es el paso 1 de 2; veremos que nos aparece la foto, el nombre, el cargo... Aquí puedes invitar a todas las personas que quieras. La que no quieras invitar le desactivas la casilla azul.

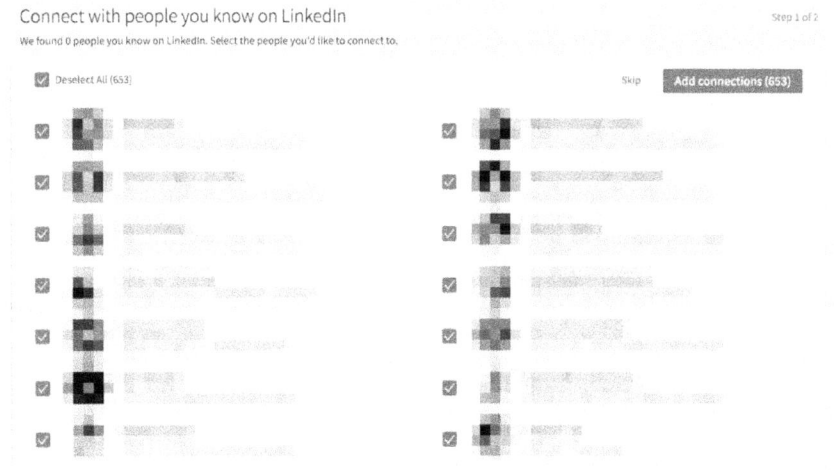

Una vez tengas seleccionadas las personas que quieres invitar y convertir en nivel 1, pulsamos el botón de color azul "Add connections". De aquí nos mandará a la pantalla 2 de 2. Aquí siempre hay que pulsar "Skip"/"Saltar", porque sino vas a invitar a todas las personas que conoces su email que no están en LinkedIn.

Una vez hayas hecho esto con Gmail, lo repites por cada email que tengas y por cada servicio.

Puedes también invitar escribiendo el email con la opción "Invite by email".

Si utilizas ordenador Mac o Outlook versión escritorio, debes exportar tus contactos a formato VCARD o CSV. Entraremos en la opción "Upload a file" y hará la carga de contactos, los buscará en LinkedIn y nos aparecerán las mismas pantallas que hemos visto.

Ahora repetimos los pasos para entrar a gestionar nuestros contactos. En la barra superior seleccionamos "My Network":

En la parte izquierda de la pantalla hacemos clic en "See all" ("Ver todos").

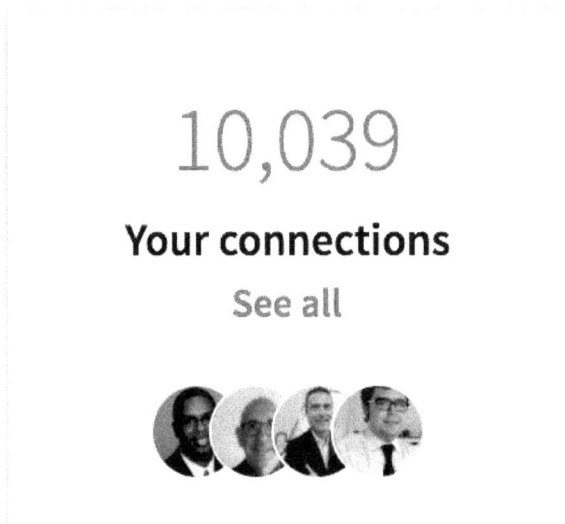

Y nos aparecerá esta pantalla que son todos nuestros contactos nivel 1. Podemos ordenar el listado por los últimos que se han convertido en nuestro contacto, por nombre o por apellido. Además, en la parte de la derecha los podemos borrar como contacto nivel 1 (la otra persona no recibe ninguna notificación).

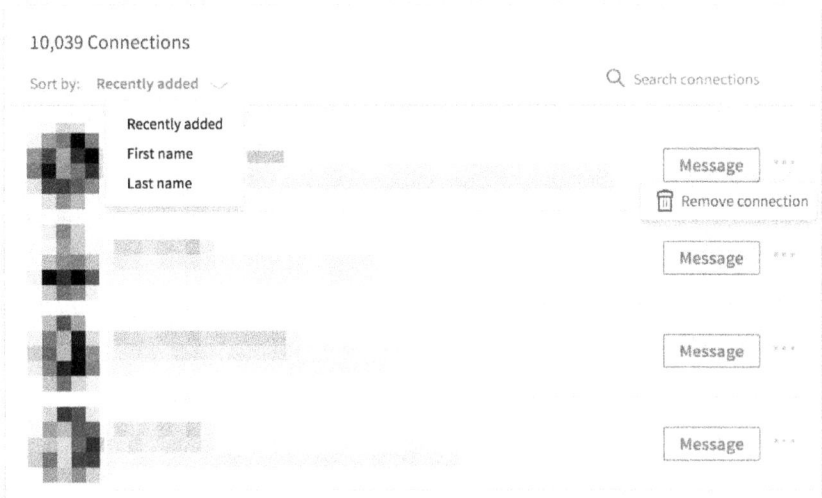

En la parte superior derecha vemos la lupa para hacer las búsquedas. Estas búsquedas se efectúan dentro de nuestros contactos nivel 1.

Toda la parte de Notas y *Tags* (etiquetas de los contactos), ha sido eliminada en la versión gratuita y solo está disponible en la versión de pago Premium.

12.1.1.4 Sincronizar agenda automáticamente (smartphone)

LinkedIn nos permite sincronizar automáticamente nuestra agenda de contactos de nuestro *smartphone* y que nos avise cuando se dan de alta en LinkedIn. Lo primero que vamos a realizar son los pasos para hacer la primera sincronización de forma manual. No te tienes que preocupar, porque no vas a invitar a nadie, excepto los que tú quieras. Sigue atentamente los pasos.

Paso 1 - Abre la *app* de LinkedIn en tu *smartphone* y pulsa sobre el icono de "Mi red".

Paso 2 - Haz clic en "Crea tu red". Si te pide permiso para acceder a tu agenda de contactos, dile que sí.

Paso 3 - Espera a que revise tu agenda de contactos para ver quiénes están dados de alta en LinkedIn.

Paso 4 - Estas son las personas que están en tu agenda de contactos y están dadas de alta en LinkedIn. Invita a las que quieras.

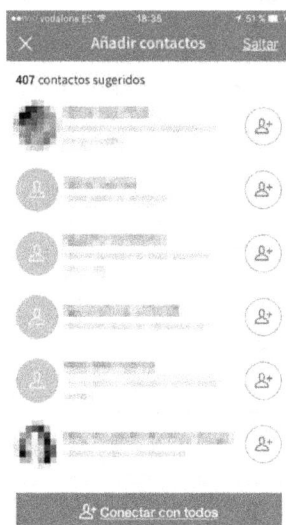

Paso 5 - Estos son emails que tienes en tu agenda de personas que no están dadas de alta en LinkedIn. Invita puntualmente a las personas que quieras. No hagas una invitación masiva.

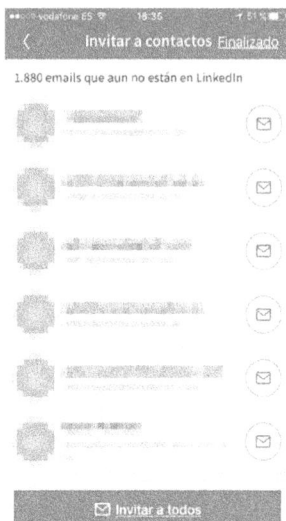

Ahora solo nos queda el paso de decirle a la aplicación de LinkedIn que haga esta sincronización (no invitación), de forma automática y que nos avise.

Paso 1 - Pulsa sobre tu imagen en la parte superior izquierda de la pantalla.

Paso 2 - Pulsa la rueda dentada de la parte superior derecha de la pantalla.

Paso 3 - Hacemos clic en la cuarta opción "Sincronizar contactos". Si nos pide permiso le decimos que "sí".

Paso 4 - Activamos la opción "Sincronizando contactos"

12.1.2 Tu grado de separación con otros contactos: ¿Puedo contactar con Barack Obama?

En LinkedIn, al igual que en la vida real, las relaciones entre los usuarios se tejen en una especie de árbol jerárquico, en el que actuamos de raíz y del cual parten distintos nodos en múltiples capas, atendiendo al grado de cercanía que mantengan los usuarios con nosotros.

Dicho de otra forma, los usuarios que pertenezcan a nuestra red de contactos (contactos directos), forman parte del primer nivel, los contactos de nuestros contactos estarán en un segundo nivel y así sucesivamente.

En LinkedIn, tus contactos son los usuarios de tu red y tu red está formada por tus contactos de primer grado, segundo grado y tercer grado, así como por tus compañeros de Grupos en LinkedIn.

Primer grado: la gente con la que estás conectado directamente, bien porque has aceptado sus invitaciones o bien porque ellos han aceptado las tuyas. Verás un icono de *1º* grado junto a su nombre en los resultados de búsqueda y en sus Perfiles. Puedes conectarte con estos usuarios enviándoles un mensaje desde LinkedIn.

Segundo grado: la gente que está conectada con tus contactos de primer grado. Verás un icono de *2º* grado junto a su nombre en los resultados de búsqueda y en sus Perfiles. Puedes enviarles una invitación haciendo clic en **Conectar** o contactarlos mediante un mensaje InMail o una presentación.

Tercer grado: la gente que está conectada con tus contactos de segundo grado. Verás un icono de *3º* grado junto a su nombre en los resultados de búsqueda y en sus Perfiles. Puedes enviarles una invitación haciendo clic en **Conectar** o contactarlos mediante un mensaje InMail o una presentación.

Compañeros de Grupos en LinkedIn: a estos usuarios se les considera parte de tu red porque pertenecéis al mismo grupo. Verás un icono de **Grupo** junto a su nombre en los resultados de búsqueda y en sus Perfiles. Puedes contactarlos enviándoles un mensaje en LinkedIn o utilizando la sección de debates del grupo.

Fuera de la red: los usuarios de LinkedIn que no pertenecen a ninguna de las categorías enumeradas anteriormente. Puedes contactarlos a través de un mensaje InMail.

Es importante tener en cuenta los grados de separación que tenemos con otros profesionales que queramos agregar a nuestra red, para añadirlos adecuadamente y no "a lo loco", siguiendo una estrategia lógica y efectiva que evite que la gente "salga huyendo de nosotros" o nuestras peticiones de conexión se queden eternamente esperando aprobación.

Nos gusta poner este ejemplo que le ocurrió a Esmeralda y que le sirvió de "caso práctico" cuando publicó su libro "Cómo tener un perfil 10 en LinkedIn", demostrando que gracias a la "conexión" que tenía con Mike O'Neil, podía conectar y ser presentada por éste a Barack Obama. Esmeralda demostró cómo estaba conectada con Barack Obama gracias a su conexión con Mike O'Neil. En la siguiente figura sacada de su libro, podemos ver gráficamente esta relación de 2º grado.

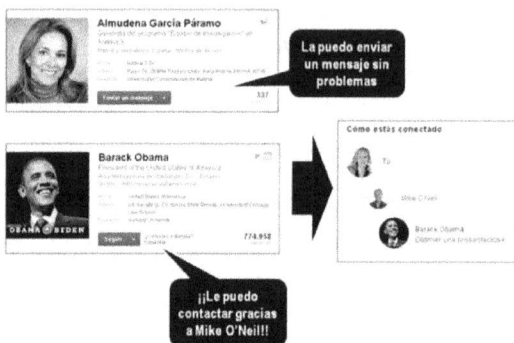

12.1.3 Búsquedas de contactos en LinkedIn

LinkedIn facilita la utilización de comandos de búsqueda, que te ayudan a definir, de una forma mucho más exacta, tus búsquedas, evitando la dispersión de sus resultados y pérdidas inútiles de tiempo.

Tienes varias posibilidades de búsqueda como te indicamos en la imagen de abajo.

Hacemos clic en la lupa dentro de la casilla de búsquedas.

Y llegaremos a esta pantalla.

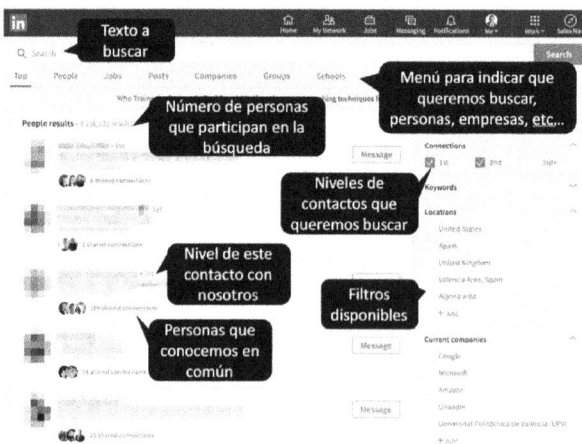

Para buscar personas, hacemos clic en el menú "People"/"Personas", ahora podemos escribir en "Search"/"Buscar" (arriba a mano izquierda al lado de la lupa). Escribimos el texto que queremos buscar y en la parte de la derecha tenemos todos los filtros que podemos aplicar.

Desplegamos el filtro tipo "Keywords"/"Palabras clave" en la parte derecha.

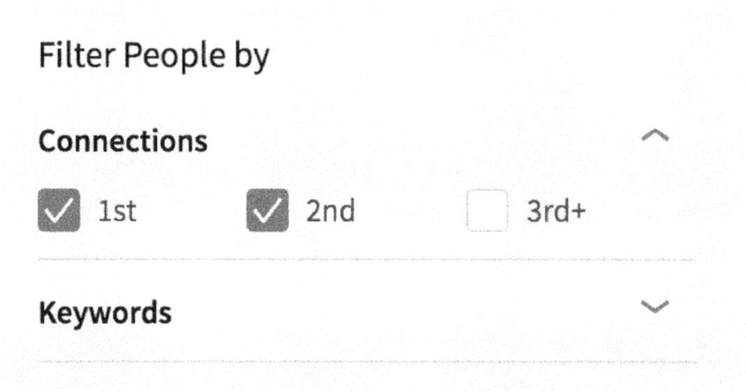

Filter People by

Connections   ⌃

☑ 1st   ☑ 2nd   ☐ 3rd+

Keywords   ⌄

Para la "Keyword" Director RRHH, hemos seleccionado un grado de conexión de 1º, 2º grado y miembros de Grupos, así como una geolocalización concreta.

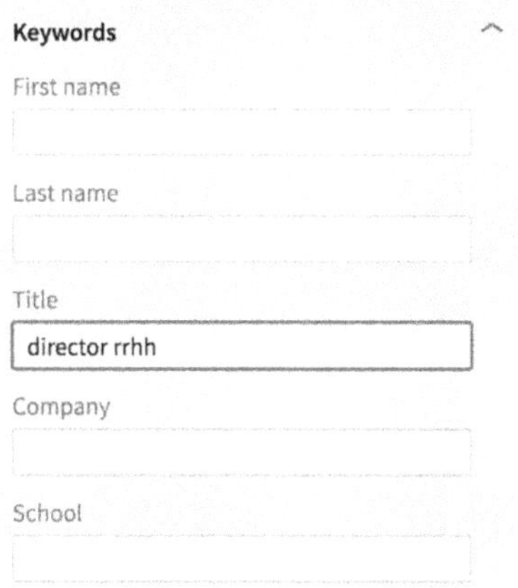

Keywords   ⌃

First name

Last name

Title

director rrhh

Company

School

Las ubicaciones que hemos seleccionado.

Locations

☑ Madrid Area, Spain

☑ Barcelona Area, Spain

☑ Valencia Area, Spain

☑ Bilbao Area, Spain

☑ Sevilla Area, Spain

+ Add

El resultado es el siguiente:

Hay muchas formas de buscar gente; desde la más sencilla hasta la búsqueda avanzada utilizando mayor número de criterios de búsqueda y por lo tanto de segmentación.

Búsquedas con "las comillas"

Al entrecomillar la cadena de búsqueda, en este caso "Director RRHH", lo que le estás pidiendo al buscador es que solamente te ofrezca

Perfiles en los que esa cadena de palabras clave aparezca unida y en ese mismo orden. Ahora nos salen **60** resultados.

Si no entrecomillas la cadena de búsqueda, lo que le pedirías son Perfiles en los que aparezcan ambas palabras clave, pero no necesariamente unidas ni en el mismo orden, lo que dispersa mucho los resultados de tus búsquedas.

Búsquedas con "OR"

Con este comando buscas Perfiles que cumplan una de dos o más condiciones introducidas.

Por ejemplo, debido a que, muchas veces, hay Perfiles escritos en un idioma diferente al nativo, podríamos hacer una búsqueda que fuera:

Cargo: ***"Director de RRHH" OR "Director de Recursos Humanos"***.

Y con un solo intento conocerás cuántos directores de recursos humanos tienes en tu red. Esto es importante porque, como sabes, solo apareces en las búsquedas de aquellos profesionales de cuyas redes formas parte.

Las Búsquedas con AND

Con este comando, obtendrás Perfiles que cumplan dos o más condiciones.

Por ejemplo, buscamos directores de marketing que hayan sido también directores comerciales.

Cargo: "Director de RRHH" AND "Director de Recursos Humanos".

De esta forma, LinkedIn me ofrecerá Perfiles profesionales en cuyo "Cargo", actual o antiguo, aparezcan ambos términos.

Las búsquedas parentéticas

Puedes utilizar los paréntesis para realizar búsquedas más complejas y combinar varios comandos.

Por ejemplo, si lo que quieres es localizar a Diseñadores Web que también sean Desarrolladores de software y que también sean Diseñadores Gráficos, puedes hacer lo siguiente:

Cargo: Diseñador AND web AND Software AND Gráficos

De esta manera, LinkedIn te ofrecerá Perfiles en cuyo cargo aparezcan, al menos, dos de los tres términos introducidos.

Como ves, los comandos de búsqueda te van a permitir encontrar de una forma mucho más exacta tu *target* directivo de interés, reduciendo la dispersión de los resultados de tus búsquedas y las pérdidas de tiempo asociadas incrementando, al mismo tiempo, tus posibilidades de realizar un *networking* profesional efectivo.

En la siguiente imagen te mostramos un resumen de las 5 maneras de hacer búsquedas en LinkedIn:

12.1.3.1 Guardar y automatizar búsquedas

Una vez que hayas configurado tu búsqueda, la puedes guardar de manera que LinkedIn te avise cuando haya más contactos que cumplan tus criterios de segmentación. Esto es muy útil para hacer seguimiento de tus contactos-objetivo.

Esta opción la tienes disponible en la zona de la derecha, debajo del último filtro.

Saved searches

Save this search to get notified as new results become available.

Create search alert

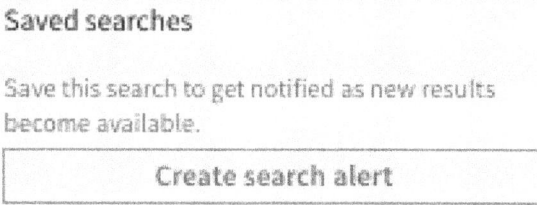

Con la cuenta gratuita podrás guardar 3 búsquedas.

12.1.4 Cómo localizar en LinkedIn a los profesionales mejor conectados de tu sector: "los superconectores"

Los superconectores son profesionales que tienen una agenda de contactos muy grande y esto nos puede interesar para que nuestra red de contactos en las búsquedas tenga más potencia.

Si agregamos a nuestros contactos de nivel 1, tres personas con una agenda de 5000 personas, de golpe, nuestro nivel 2 ha crecido en 15.000 contactos y en el nivel tres, puede ser más de 50 o 70 personas.

En el caso de David con 10.000 contactos de nivel 1, en segundo nivel tiene 320.170 personas y 71.486.872 personas en tercer nivel.

Cuando hacemos búsquedas, las probabilidades de poder llegar a las personas que nos interesen y estén el nivel 2 aumentarán.

Es importante tener en cuenta que, sobre todo, nos interesa contactar con superconectores que estén dentro de nuestros intereses. Imaginemos que agrego superconectores de medicina. Sus contactos serán de esta industria y si esta industria no es de mi interés no estoy haciendo un trabajo útil.

Muchos de los superconectores usan ciertas palabras que nos van a permitir localizarlos y a partir de ese punto analizarlos y decidir si nos interesan.

L.I.O.N/LION

Verás algunas personas de LinkedIn que en su título profesional tienen puesta la palabra LION. Esta palabra significa LinkedIn Open Networker. Son personas que están abiertas a que se les invite para aumentar su agenda de contacto, por lo tanto tienen una grandes agenda de contactos.

Cómo hacer la búsqueda:

1) Hacemos clic en la lupa:

2) Y después en People/Personas:

3) En la sección de la derecha "Keywords" escribimos:

Otra forma de hacerlo es que busque estas palabras en todo el perfil de las personas:

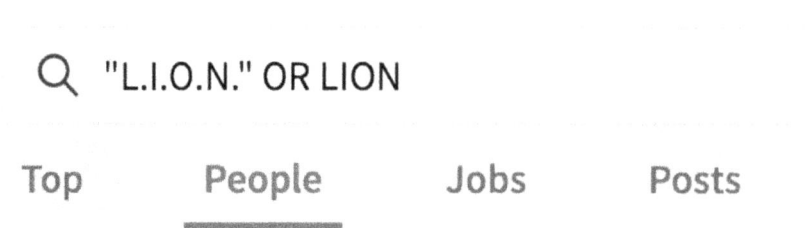

Con esta última búsqueda a mi me aparecen 2.174 personas en nivel 1 y 2.

Ahora viene la parte de ir revisando los perfiles y ver cuales nos interesa invitar.

Profesional con la letra K

En muchos perfiles vas a ver que en el título profesional tiene puesto del tipo 1K, 5K, 10K... La K en inglés quiere decir miles.

1K = 1000

2K = 2000

10K = 10000

Así podemos hacer búsqueda del tipo "5K" que son personas que tiene en su agenda >=5000 contactos.

Ten en cuenta que el límite de contacto en LinkedIn son 30.000 contactos en nivel 1.

Con la búsqueda:

Q 1k OR 2k OR 3K OR 4k OR 5k OR 6K OR 7k OR 8k OR 9K OR 10k OR 11k OR 12K OR 13k OR 14k OR 15K OR 16k OR 17k OR 19K OR 20K   Search

Top   People   Jobs   Posts   Companies   Groups   Schools

En nivel 1 y 2 aparecen 2.516 personas.

Capítulo 13

Tu hoja de ruta para el éxito: qué hacer paso a paso

○ ○

"Si quieres que algo sea hecho, nombra un responsable. Si quieres que algo se demore eternamente, nombra una comisión"

Napoleón

○ ○

De media el vendedor solo tiene 2 intentos para llegar a un cliente potencial.

- Sirius Decisions

Podríamos decir que una metodología Social Selling conlleva una hoja de ruta, que visualmente te mostramos en la imagen siguiente, compuesta por varias fases que veremos con detalle una a una.

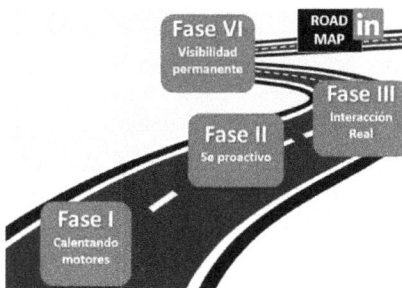

13.1 Fase I.- Técnicas para "Calentar Motores"

Nosotros llamamos a esta primera fase "Calentamiento de motores", porque se trata de que comiences a establecer a crear una red de contactos que sea óptima para tus intereses.

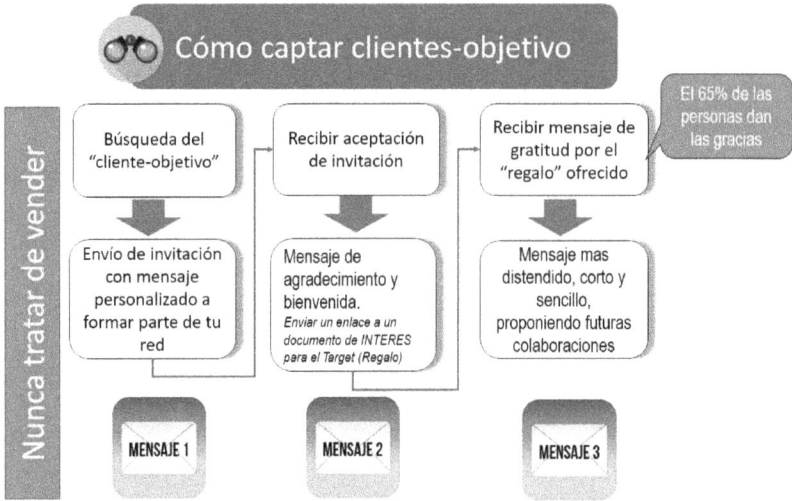

Para ello nuestro consejo es que elabores un documento Word, con diferentes tipos de mensajes, siempre cercanos y personalizados. Nunca utilices los mensajes "comodín" que te ofrece LinkedIn.

La estructura de comunicación que te mostramos en la figura anterior, está pensada para que consigas la mejor interacción con tus contactos-objetivo. Como verás, tras el primer mensaje de invitación, te aconsejamos enviar un mensaje de agradecimiento a aquellos contactos que hayan aceptado tu invitación. No basta con que digas solo "Gracias". Es una nueva oportunidad que tienes para iniciar otra "interacción" y no hay mejor cosa que regalarle a alguien algo útil, bien un ebook (si es tuyo mejor), una infografía, una recopilación hecha por ti o tu empresa, etc.

En nuestra experiencia, aproximadamente un 65% de las personas nos dan las gracias cuando reciben este 2º mensaje.

13.2 Fase II: Se proactivo

Esta fase requiere tiempo, obviamente, pero es la base de todo. Las relaciones son lo que finalmente determinarán tu éxito.

Es muy importante que estés atento a tu *timeline*, así como a las publicaciones que efectúen tus contactos, porque tendrás la oportunidad de interactuar con ellos, bien recomendando, compartiendo o comentando su contenido. Hazlo de forma inteligente, aportando valor, que no sea mero peloteo.

Participar activamente en los grupos es otra excelente manera de interactuar con tus contactos. Es verdad que esto lleva trabajo y requiere tiempo, pero formará parte de tu hoja de ruta.

13.2.1 Cómo trabajar estratégicamente con los grupos

Los Grupos de LinkedIn son un lugar muy importante, ya que nos permiten estar en contacto con otros profesionales.

Existen 1.252.056 grupos en LinkedIn, de los cuales 81.924 son grupos en español.

Te invitamos a que participes en el grupo de que hemos creado para todos los profesionales de ventas:

https://www.linkedin.com/groups/8596481

13.2.1.1 Cómo buscar grupos

Dentro de www.linkedin.com en el buscador de la parte superior hacemos clic y escribimos el tipo de grupo que deseamos buscar.

Nos aparecerá el buscador global. En la barra de búsqueda seleccionamos "Grupos". En esta nueva actualización de LinkedIn las opciones de filtrado han desaparecido.

Ahora ya podemos escribir en el buscador la palabra con la que queremos buscar en los grupos.

Para buscar grupos puedes hacerlo por grupos de empresas, de centros de formación, de tu carrera/master, del sector, profesión, etc.

No te des de alta en grupo a lo loco. Analiza antes qué tipo de grupos son los que más te pueden interesar, en cuáles puedes aportar tu conocimiento, de cuáles puedes aprender, en cuáles te puedes relacionar, en cuáles puedes conseguir contactos valiosos, etc.

Para seleccionar un grupo, lo mejor es que mires la cantidad de personas que hay en el grupo y si éstas están publicando y comentando, para así tener la oportunidad de participar.

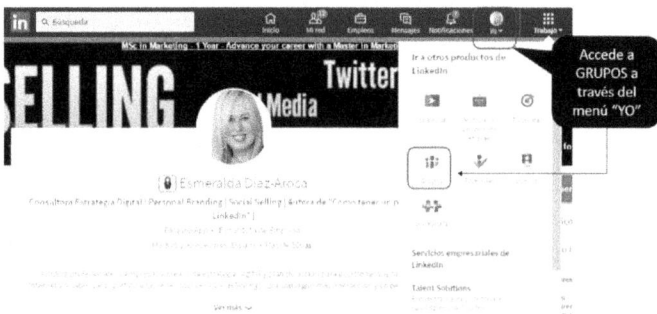

1) Creamos un guión de intereses.

2) Realizamos las búsquedas de grupos según esos criterios, entramos en los grupos que tengan más cantidad de personas y analizamos (KPIs), que las personas estén haciendo publicaciones y estén participando con comentarios.

3) Realizamos la petición de agregarnos a los grupos que cumplan los requisitos (hay grupos que te aceptan automáticamente y en otros nos tienen que aprobar).

4) Hacer la configuración para que no nos manden email.

13.3.1.2 Cómo configurar los grupos

Una de las cosas más importantes que tienes que hacer al unirte a un grupo, es configurarlo para que no te llene el buzón de emails.

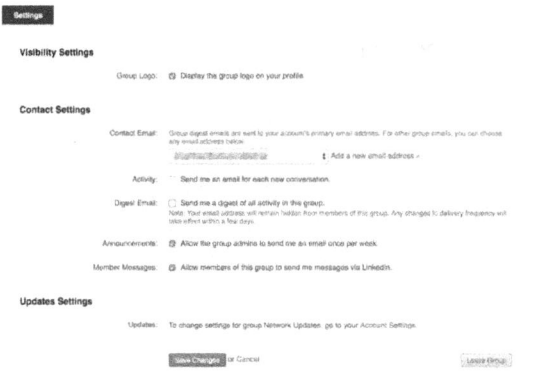

Para que no se te llene el buzón de email, hay que desactivar "Activity" y "Digest Email".

13.3.1.3 Cómo interactuar en los grupos

Antes de hacer nada en un grupo, lo primero que debes de hacer es ver cuál es el comportamiento del grupo, tipo de contenidos que se publican, periodicidad, se publica mucho, se publica poco, en caso de publicarse poco, deberás de ir con cuidado para no saturar el muro del grupo.

Para iniciarte en el grupo, antes de empezar a publicar, puedes estar unos días o semanas revisando lo que se va publicando e interactuar en los comentarios de las publicaciones para dar tu opinión. En las primeras aportaciones, que sean publicaciones donde ya están participando otras personas. A medida que vayas haciendo esto, ya más adelante, puedes ser tú el primero en iniciar los comentarios de una publicación.

Cuando hagas una aportación ten en cuenta:

*   No entrar en temas políticos, religiosos o de cualquier índole que te puedan perjudicar. Aquí estamos para vender.
*   No publiques de un forma impulsiva. Las prisas son malas consejeras y el *smartphone* es su peor herramienta.
*   Reflexiona sobre qué aportación vas a hacer, escríbela en otro lugar (Evernote, bloc de notas, etc.), léela varias veces y mejórala. No importa publicar hoy o mañana.
*   Piensa que cada aportación es una piedra más en el muro de tu *branding* y de tu carrera profesional.
*   Breve es dos veces bueno. Sintetiza y que sea realmente útil tu publicación para el resto de las personas que van a invertir su valioso tiempo en leerla.

Ideas para crear interacciones:

*   Realizar una pregunta (de la que nosotros ya sabemos la respuesta o es del tipo respuesta abierta).
*   Pedir la opinión sobre una noticia (ideal que sea tendencia y de actualidad).

13.2.1.4 Cómo Publicar en los grupos

Los grupos es un buen lugar donde publicar nuestros contenidos, ya que nos permiten llegar a una gran cantidad de personas, que la gran mayoría no están en nuestra agenda de contactos.

Vamos a ver un ejemplo de cómo podemos estructurar nuestra estrategia para publicar en los grupos de LinkedIn. Primero haremos una estrategia individual y después haremos una estrategia de trabajo en equipo.

Publicar en Grupos de LinkedIn

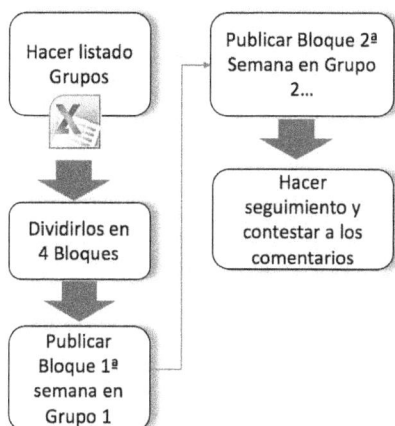

Hacer listado Grupos

Publicar Bloque 2ª Semana en Grupo 2...

Dividirlos en 4 Bloques

Hacer seguimiento y contestar a los comentarios

Publicar Bloque 1ª semana en Grupo 1

1) En una hoja de cálculo hacemos un listado de los grupos que hemos identificado, con los KPIs que hemos ido apuntando.

2) Creamos cuatro bloques y repartimos los grupos. Si, por ejemplo, tenemos dos grupos con 25.000 personas y mucha actividad, estos dos grupos los ponemos separados. Si tenemos dos grupos con 5.000 personas y poca actividad, los separamos. Intentamos que grupos iguales (incluso por temática, región, etc.), se repartan entre los cuatro bloques que estamos haciendo.

3) Cada bloque de grupos es donde publicaremos las 4 semanas, bloque 1 -> semana 1, bloque 2 -> semana 2, etc.

Tipos de contenidos a publicar:

- Los *post* de nuestra empresa/blog.
- Noticias relevantes para nuestro sector.
- Noticias relevantes por la temática de ciertos grupos.
- Noticias relevantes nacionales, internacionales, etc.

En el momento de publicar, imaginemos que nos toca la semana 1 y la noticia que vamos a publicar es buena para 3 grupos, neutra para 2 y no interesante para 3 más. La publicaremos en los tres primeros, inicialmente en los dos segundos, pero la omitiremos en los últimos 3 grupos, ya que buscamos aportar valor.

13.2.1.5 Cómo Publicar en los grupos en Trabajo en Equipo

No olvides este proverbio africano.

Por supuesto podemos hacer el trabajo en LinkedIn por nuestra cuenta, pero si realizamos acciones coordinadas con nuestro equipo, conseguiremos mejores resultados.

Preparación - Los pasos para hacerlo son los siguientes:

1) En una hoja de cálculo hacer un listado con los integrantes de nuestro equipo, los grupos en los que están dados de alta cada uno y los KPIs.

2) En caso de que dos o más personas tengan el mismo grupo (no hace falta que nadie se dé de baja), se indica quién es el que publicará en ese grupo.

3) Ahora tienes que seguir los pasos anteriores de crear Bloques, pero esta vez para cada una de las personas de nuestro equipo.

Publicación - Ahora nos toca publicar los contenidos de forma coordinada:

1) Recopilamos los contenidos que vamos a publicar este mes y los organizamos por semanas. Si indicamos más de un contenido por semana, para que ellos puedan elegir cual publicar, podemos indicar cuál es obligatorio, cuál es recomendable, cuál es opcional, etc.

2) Semanalmente enviamos a las personas de nuestro equipo el contenido a publicar y a qué nº de Bloque de Grupos corresponde.

13.3.1.6 Herramienta para la gestión avanzada de grupos

Hootsuite en sus versiones PRO y Enterprise, nos permite crear grupos para aglutinar redes sociales, lo que podemos usar para crear los Bloques de Grupos.

https://www.solucionafacil.es/hootsuite En esta URL tienes acceso a una TRIAL de Hootsuite PRO durante 30 días de forma gratuita.

Entramos desde el ordenador en Hootsuite, hacemos clic en el icono superior izquierda (si lo has personalizado será tu foto), y aparecerá esta pantalla.

Esta pantalla es la de configuración de Equipos. Hacemos clic en "Gestionar".

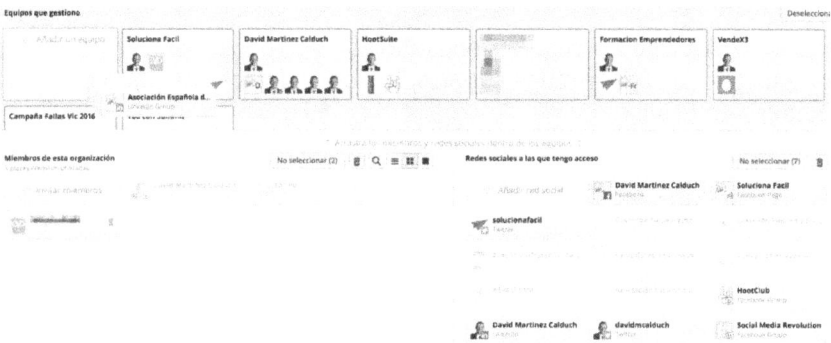

En la parte de abajo de la derecha tenemos nuestras redes sociales y nuestros grupos de LinkedIn. Seleccionamos haciendo clic (se colorean de color azul), los grupos que pertenecen al Bloque 1. En la parte de la izquierda tenemos a nuestro equipo, hacemos clic a nosotros mismos, hacemos clic y arrastrar (nos llevaremos a nosotros mismos y a los grupos seleccionados), lo soltamos en la parte superior izquierda donde dice "Añadir un equipo" y aparecerá esta pantalla:

Ahora en el "Nombre del equipo" ponemos el nombre del Bloque que queremos.

Y ahora repetimos el proceso con el resto de Bloques.

Hacemos clic en el menú "Columnas".

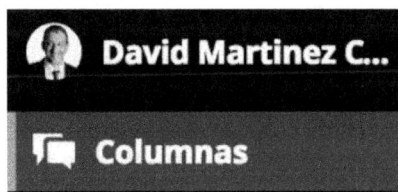

Y a la hora de publicar tenemos una lista desplegable para seleccionar los grupos del Bloque que seleccionemos automáticamente.

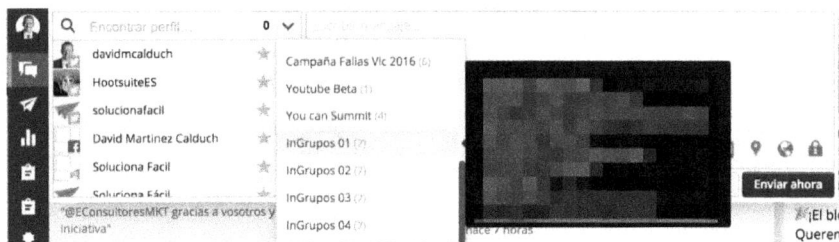

En el cuadro negro que se despliega, nos muestra el nombre de los grupos que hemos incluido. Si por ejemplo hacemos clic en "InGrupos 01" pero queremos quitar un grupo, para esta vez no publicar en él, los de color azul son los que tenemos seleccionados. Si queremos quitar uno, hacemos clic. Y a partir de ahí ya podemos publicar.

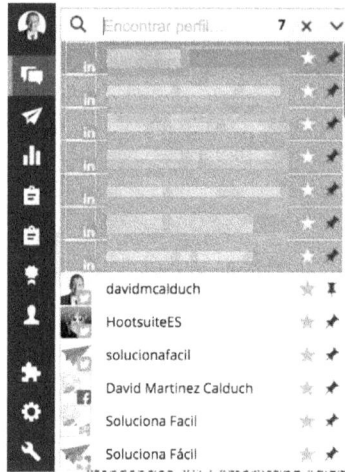

Más adelante veremos cómo usar Hootsuite en más profundidad.

Existe otra forma de trabajo más avanzada que es realizando la de Trabajo en Equipo coordinada con Hootsuite.

13.2.1.7 Crear nuestro propio grupo

Crear un grupo propio es una buena idea a nivel de estrategia. LinkedIn nos permite algunos automatismos, pero tenemos que tener en cuenta que vamos a tener que hacer un esfuerzo y además continuado.

Vamos al menú superior derecha "Work"/"Groups".

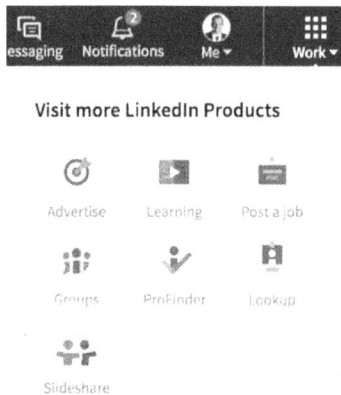

Nos aparecerá esta pantalla y pulsamos en "Create group".

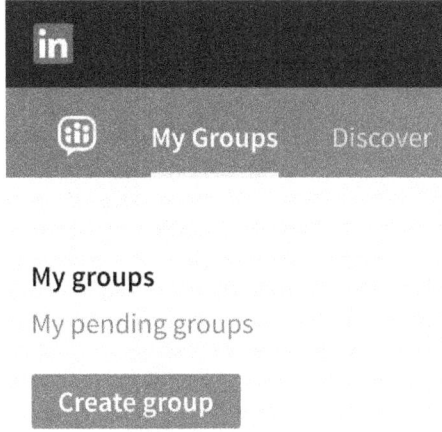

Llegamos a esta pantalla para la configuración del grupo.

Como administrador del grupo tenemos acceso al panel de control y configuración. Tenemos un menú con la opción Manage/Gestionar.

Discussions   Jobs   About   Members   Search   **Manage**

En la parte de la izquierda tenemos el menú con todas las pantallas de configuración, el mensaje de bienvenida, las normas del grupo, para aprobar o rechazar las peticiones de pertenencia al grupo, invitar a nuestros contactos al grupo, etc.

Manage Group

Moderation Queue
Requests to Join

Send an Announcement
Send Invitations
Pre-approve People

Members
Invited members
Pre-approved

Group Settings
Group Information
Group Rules
Templates

Change Owner
Delete Group

Antes de ponerte manos a la hora es esta labor tan ardua, te recomiendo que acabes todo el libro y, a partir de ahí, veas si vas a tener tiempo para crear y gestionar tu propio grupo.

Pasos antes de crear un grupo propio:

1) Pensar sobre la temática del grupo y el objetivo que queremos conseguir.

2) Hacer búsquedas para identificar grupos parecidos al nuestro.

3) En caso de haberlos, analizar los KPIs, número de integrantes, volumen de publicaciones, volumen de comentarios, etc.

4) En caso de tomar la decisión de continuar con la idea inicial seguimos en el punto 5, sino volver otra vez al punto 1.

5) Vamos a gestionarlo solo nosotros o lo vamos a hacer con otras personas con los mismos intereses.

6) Definir las tareas y responsabilidades de cada integrante del equipo (si eres tú solo, todo para ti ;-)).

7) Definir tipo de contenidos que vamos compartir en el grupo y con qué periodicidad (mínimo 1 o más a la semana).

8) Hacer la primera publicación de agradecimiento de participar en el grupo y hacer una CTA (llamada a la acción), para que los integrantes se presenten a los demás.

9) Invitar a tus contactos a agregarse al grupo (hacerlo cada integrante del equipo).

13.3 Fase III: Técnicas para provocar la Interacción física

Esta parte es la "prueba del algodón", porque si no hay interacción real, no habrá negocio que valga.

Tienes dos maneras de hacer esto: solicitando a tu contacto "interesado" una entrevista bien física o por Skype, una vez que ya hayas establecido con el contacto previamente y puesto ya en antecedentes de todo.

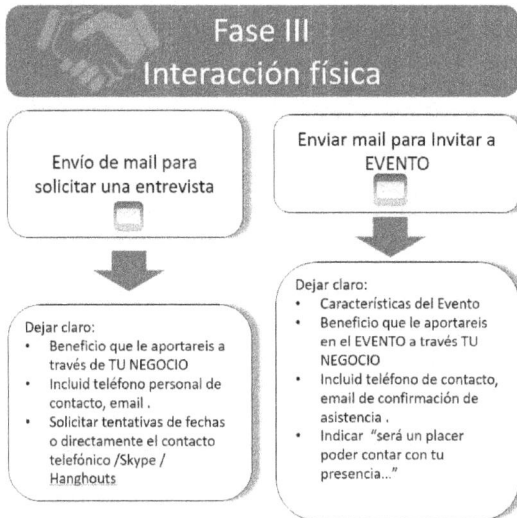

Fase III
Interacción física

Envío de mail para solicitar una entrevista

Enviar mail para Invitar a EVENTO

Dejar claro:
- Beneficio que le aportareis a través de TU NEGOCIO
- Incluid teléfono personal de contacto, email .
- Solicitar tentativas de fechas o directamente el contacto telefónico /Skype / Hanghouts

Dejar claro:
- Características del Evento
- Beneficio que le aportareis en el EVENTO a través TU NEGOCIO
- Incluid teléfono de contacto, email de confirmación de asistencia .
- Indicar "será un placer poder contar con tu presencia..."

Otra buena manera es invitar a tu contacto-objetivo a un evento y aprovechar ese momento para estrechar relaciones. No quiere decir que consigas VENDER en ese momento, porque ya sabes que la venta requiere tiempo.

13.4 Fase IV: Visibilidad permanente

Tu objetivo es estar siempre en el "RADAR" de tus contactos como el "especialista en X", aportando siempre contenido de valor.

Para ello es muy importante que desarrolles una buena Estrategia de Contenidos, siguiendo las pautas que te hemos enseñado en el capítulo 9 Cómo cautivar a tu audiencia: tu estrategia de contenidos.

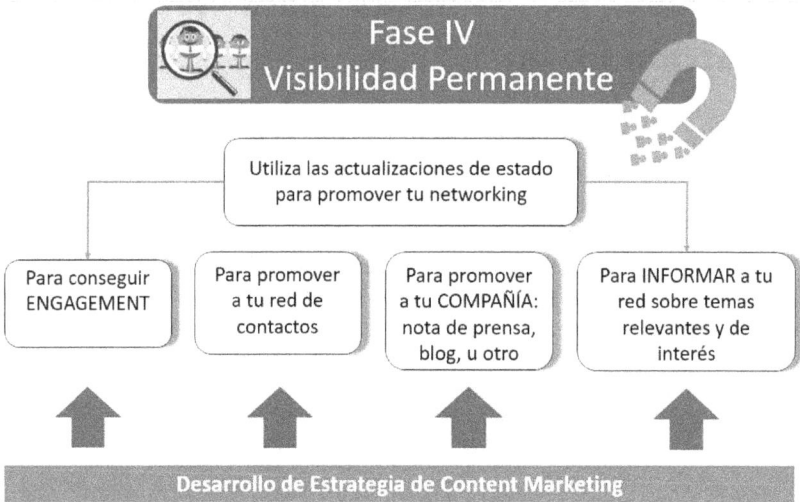

Las actualizaciones de tu estado, vía el *timeline*, son tu canal de comunicación y te ayudarán a promover tu *networking*.

13.5 Social Selling 15 minutos al día

Cuando se habla de utilizar los medios sociales como plataformas de promoción y relaciones públicas para conseguir *leads* y que estos se conviertan en ventas (Social Selling), la mayoría de las personas piensan que esto es solo una quimera, una moda pasajera que no lleva a ningún sitio.

De alguna manera es así si solo se "está" en los medios. Es como si sales a vender y te quedas en la sala de espera, sin hacer absolutamente nada o si tratas de concertarte una reunión y cuando llamas te quedas en silencio.

Sin embargo, las personas que ven en estos canales una oportunidad, me trasladan inquietudes varias como: *"no sé por dónde empezar"*, *"no tengo tiempo para dedicar a los medios sociales"*, *"no sé cómo estructurar mis relaciones en la red"*, *"no sé qué decir"*, etc.

Para responder a todas estas cuestiones y dudas, y después de que a estas alturas del libro eres una persona conocedora de los detalles y el camino que tiene la metodología Social Selling, vamos a darte unas pautas de trabajo diario.

Empieza dedicando 15 minutos al día para publicar y relacionarte en la red.

15 minutos pueden parecer mucho tiempo para muchas personas "que no encuentran el hueco" o incluso demasiado poco, dependiendo de cómo se mire.

Para empezar creemos que es más que suficiente y sobre todo si te organizas. Te decimos cómo:

1) Echa un vistazo a quién ha visto tu perfil de LinkedIn.

La versión gratuita de LinkedIn te permite ver una cantidad limitada de quién te está viendo. Dedica unos minutos al día para ver quién ha mirado tu perfil. Es una oportunidad perfecta para contactar y saludar. Imagínate que has ido a presentar un proyecto a una empresa y ves que su CEO buscó tu perfil. Es el momento idóneo para hacerle llegar un mensaje sencillo en el que NO LE DEBERÁS VENDER NADA, pero sí le darás una buena imagen.

2) Entabla conversación con aquellas personas que están interaccionando contigo a través de los mensajes que has compartido y de otros que compartan contactos de tu red.

Llevar a cabo una estrategia de Social Selling en LinkedIn y un plan de acción no es poca cosa, lleva trabajo, pero a la larga es efectivo. No se hace de la noche a la mañana. Aquí solo te hemos dado unos consejos prácticos para que te inicies.

Capítulo 14

Herramientas de LinkedIn

○ ○

"Cuando soplan los vientos de tempestad unos corren a
refugiarse... y otros construyen molinos"

Proverbio Holandés

○ ○

14.1 CRM de LinkedIn

LinkedIn incorpora diferentes tipos de sistemas de gestión de contactos. Cuando te das de alta en LinkedIn tienes acceso a una gestión básica de contactos.

Cuando pasas a la versión Premium se te activa una gestión de contactos más avanzada, pareciéndose más a un CRM.

Cuando entras en tu cuenta de LinkedIn (desde el ordenador) y seleccionas en el menú **My Network/Mi red**

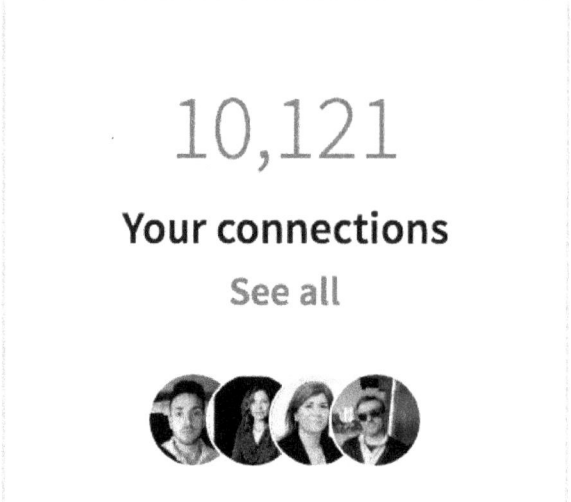

10,121

Your connections

See all

Y pulsamos en *See all/Ver todos*, que nos lleva a nuestros contactos.

Al entrar en esta opción del menú nos aparece la cantidad de contactos nivel 1 que tenemos. En esta captura puedes ver la cifra de 10.121 contactos.

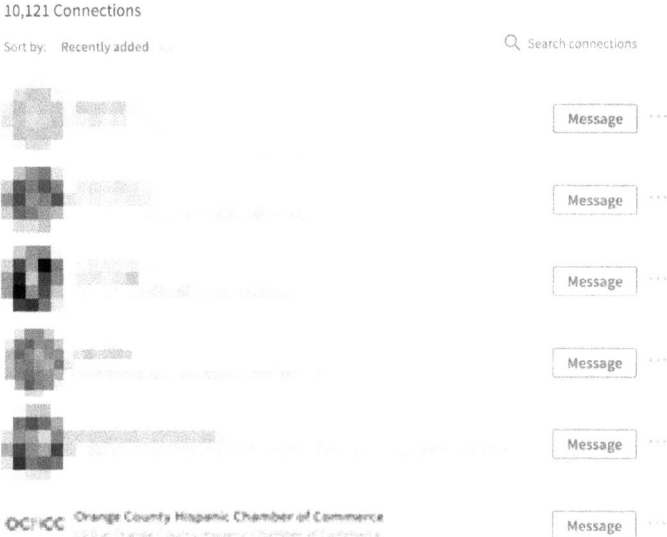

En la parte superior izquierda verás una casilla donde podemos hacer búsquedas rápidas dentro de nuestros contactos.

Otra forma de hacerlo es ir al buscador global haciendo clic en la lupa:

in | Q Search

Y en el filtro seleccionamos solamente nivel 1:

Connections

☑ 1st   ☐ 2nd   ☐ 3rd+

Al entrar en "ver todos los contactos" (la opción la tenemos an la parte derecha), al hacer clic nos lleva a una pantalla donde podemos sincronizar diferentes fuentes de contactos, para unirlos en LinkedIn.

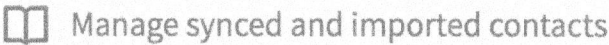

📖 Manage synced and imported contacts

Ahora entramos en esta pantalla:

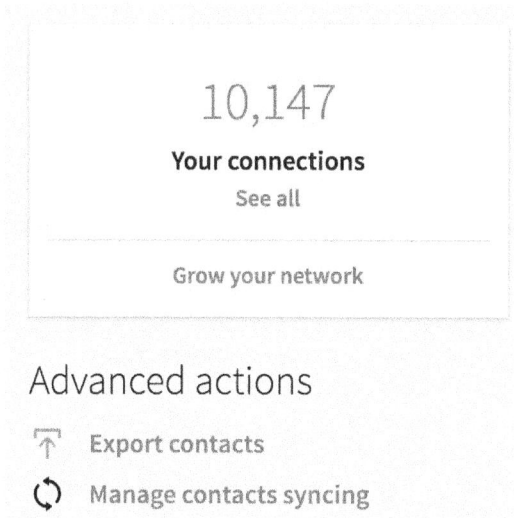

10,147
Your connections
See all

Grow your network

Advanced actions

↑ Export contacts

↻ Manage contacts syncing

Donde tenemos dos opciones: "Export contacts" que es para descargarnos todos los datos contactos de nuestro LinkedIn y "Manage contacts syncing" para sincronizar otras fuentes de contactos.

Si pulsamos en "Manager contacts syncing" nos aparece esta pantalla, donde de momento nos deja conectar nuestro calendario y contactos de Google (Gmail y G-suite).

Manage synced sources　　×

Syncing your contact information helps you keep in touch with your most important connections, so you always know the right times to reach out.

Google Calendar　　　　　Sync　　Remove

Google Contacts　　　　　　　　　Sync

Syncing your contact information helps you keep in touch with your most important connections - so you always know the right times to reach out.

Learn more in the Help Center

LinkedIn takes privacy seriously. To learn more about our privacy and security practices, visit our **Privacy Policy** page.

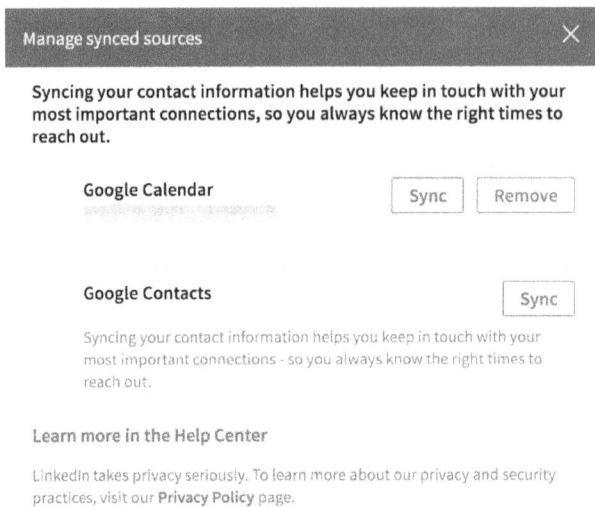

LinkedIn se encuentra en una remodelación completa de sus pantallas, por lo que te vamos a mostrar cómo funciona el CRM de LinkedIn hasta ahora, a la espera que lance las nuevas pantallas.

Todas estas funcionalidades estaban solamente disponibles para los usuarios Premium.

En el listado de contactos, en la parte de la derecha, verás que aparece donde tienes este contacto. En este ejemplo puedes ver que todos tienen el icono de LinkedIn, pero podría tener además el icono de Evernote, Google Contacts, iOS, etc., que son otras posibles fuentes de tus contactos.

Para poder activar estas fuentes de tus contactos, verás una pequeña rueda dentada en la parte de la derecha.

Al hacer clic entrarás en esta pantalla donde, como puedes ver, tienes la posibilidad de conectar diferentes fuentes de contactos y calendarios, además de las notas de Evernote y los viajes de iTrip.

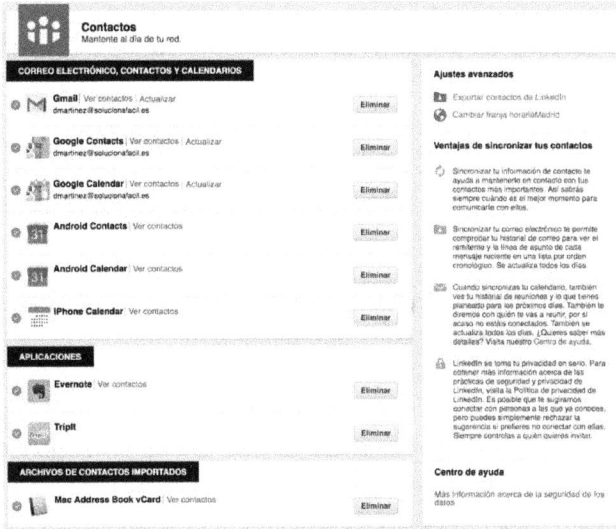

Esto nos va a servir para que cuando vayamos a ver la ficha de un perfil de LinkedIn, éste nos indique en qué otras fuentes tenemos a este contacto.

Al ir a visitar a un perfil de LinkedIn en la parte inferior, podemos ver unas opciones que nos van a servir para organizar a los contactos y programar interacciones con ellos. Esta sección se llama "Relationship"

A continuación vamos a ver un ejemplo de cómo funciona. La vamos a leer de abajo (primera interacción), arriba.

Vemos que el 1 de Agosto del 2012 fue el primer mensaje que mandamos a este contacto y el 27 de Agosto nos convertimos en contacto nivel 1.

El 13 de Julio del año siguiente tenemos otra comunicación.

El 19 de Agosto del 2016 realizó una anotación (que solo puedo ver yo).

Y en la parte de arriba (al lado del botón redondo con el signo más), nos aparecen las opciones que podemos crear:

- Una nota.
- Un recordatorio, que es el que se ha seleccionado y nos pregunta cuándo queremos que nos avise.
- Y una etiqueta para organizarlo.

Esta ficha de "Relationship" te va a permitir, de una forma directa, que cuando veas un Perfil de LinkedIn, tengas todo lo que has hablado; anotaciones para que te ayuden a recordar ciertos temas, alarmas para volver a entrar en contacto y la parte de "Tag" Etiquetas con lo que puedes marcar el tipo de cliente que es; VIP, Nacional, Internacional o en el estado que se encuentra; primer contacto, reunión prevista, presupuesto, etc.

La creación de Etiquetas es tan sencillo como escribirlas. Un contacto puede estar en todas las etiquetas que queramos. Por ejemplo imaginemos un cliente con: Nacional, Gran Cuenta, Valencia, CEO, Presupuesto, Prod-Maquinaria.

En el momento de escribir este libro, esta pestaña de "Relationship" solamente está disponible para ordenador.

14.2 LinkedIn Sales Navigator

Dentro de las soluciones aportadas por LinkedIn para la generación de ventas, se encuentra su plataforma Sales Navigator.

Para poder hacer uso de esta herramienta, es necesario que primero seas LinkedIn Premium en su versión Sales y ya puedes contratar Sales Navigator.

En el momento de escribir este libro el precio es (LinkedIn Premium+Sales Navigator para 1 persona) de 47,99€ al mes + impuestos, en un pago a 12 meses consiguiendo el descuento ya aplicado del 20%.

Éstas son algunas de las funcionalidades de Sales Navigator junto con la cuenta LinkedIn Premium:

- 15 mensajes de InMail al mes. Lo que te permite enviar mensajes a personas con las que no estás conectado, ni tienes forma de conectar con ellas.

El poner una buena foto aumenta x40 el ratio de respuestas de InMail.[82]

- Quién ha visto tu perfil mejorado con las visitas a él en los últimos 90 días.
- Búsqueda Premium con Lead Builder. Te permite ir directo a los responsables de la toma de decisiones y crear listas de posibles contactos con los filtros de búsqueda avanzada.
- Búsqueda de perfiles **ilimitada**, incluso se puede llegar hasta los de 3er grado.
- Recomendaciones de posibles clientes y contactos guardados.
- Información de ventas en tiempo real, con la obtención de información de ventas relevante y oportuna sobre tus cuentas y posibles clientes.

Sales Navigator se basa en estos tres pilares:

- Enfocarse en las personas y empresas correctas.

---

[82] Fuente LinkedIn 2016

- Mantenerse al día sobre lo que está sucediendo en tus Leads.

- Crear confianza en tus Leads y clientes.

Como puedes ver está pensada como una solución para poder hacer Social Selling.

Una vez nos demos de alta en Sales Navigator, lo primero que vamos a ver en nuestra pantalla es un asistente que nos guiará por el proceso de configuración. El objetivo de este asistente es que le indiquemos a qué tipo de empresa nos dirigimos, en qué zonas geográficas, qué perfiles buscamos, en qué sectores, etc., para que así nos pueda ayudar en nuestro cometido.

La primera pregunta es en qué empresas en concreto estamos interesados. Pulsando el botón con el signo "+" las agregaremos a nuestro Sales Navigator.

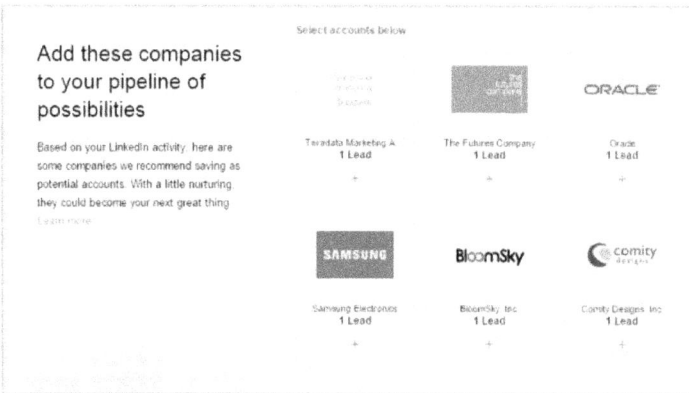

La siguiente pantalla nos pedirá que le digamos qué zona o zonas geográficas estamos trabajando.

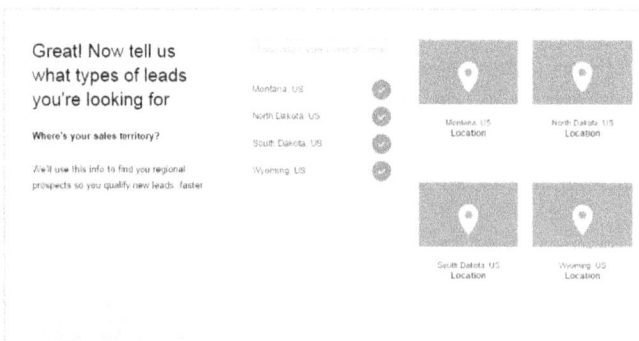

Si tienes un equipo de vendedores debes de tener en cuenta, que cada uno de ellos va a realizar este asistente de forma individual en su cuenta de LinkedIn. Así cada uno puede especificar cuál es la zona geográfica que le corresponde, el sector a que se dirige, a qué cargo de la empresa puede entrar mejor, etc.

La siguiente pantalla te preguntará en qué sectores estás trabajando, pudiendo seleccionar todos los que correspondan.

Sector

- [ ] Administración gubernamental
- [ ] Aeronáutica/Aviación
- [ ] Agricultura
- [ ] Alimentación y bebidas
- [ ] Almacenamiento

A partir de aquí entras en un nuevo muro de LinkedIn que es el Sales Navigator. En verdad tienes dos, Linkedin.com y el de Sales Navigator.

En el muro de LinkedIn tienes las noticias y actualizaciones de todos los contactos que tengas y empresas que sigas. De ahí puedes enviar a los contactos que quieras para gestionarlos en Sales Navigator.

Cuando entras en el muro de Sales Navigator si, por ejemplo, tienes 8000 contactos (que son los que ves en el muro de LinkedIn), y solo has enviado 100 a Sales Navigator, ahora solamente vas a ver las actualizaciones y publicaciones de estos 100 contactos. Te vas a centrar en ellos eliminando mucho ruido.

La pantalla se parece algo a la de LinkedIn, pero tiene ciertas peculiaridades enfocadas a las ventas.

Desde Sales Navigator, al entrar en la ficha de una empresa, aquí sí que puedes ver que hay bastantes diferencias. En la parte de la derecha verás que pone "12 Leads".

Esto significa que, con los requisitos que le hemos establecido al principio con el asistente de configuración, en esta empresa tenemos a 12 personas que cumplen ese requisito y, aunque tiene 500 empleados, estas 12 personas son las que nos interesan a nosotros. Ayudándonos así Sales Navigator y evitándose el tener que ir haciendo búsquedas hasta llegar a encontrarlos.

Ten en cuenta que Sales Navigator quita la limitación del tercer nivel a la hora de contactar y, si aún así tampoco puedes llegar a ese contacto, tienes los mensajes InMail.

Debajo de cada contacto podemos guardarlos como *Lead* ("Save as lead"). Cuando a uno de estos contactos pulsas el botón de "Save as lead", se agrega como posible *Lead* para que puedas iniciar el proceso de seguimiento de ese contacto y, a partir de ese momento, puedes ver sus actualizaciones y publicaciones en el muro de Sales Navigator.

Esta manera de visualizar los datos es diferente a la forma de operar el muro de LinkedIn, en el que solamente vemos a los que son contactos nivel 1. En cambio, con Sales Navigator, nos permite hacer el seguimiento de los Leads para ver cuándo nos puede interesar más, contactar con ellos.

Tenemos constancia de nuestros clientes que usan Sales Navigator, que han visto incrementado sus Leads y ventas, y cuando les hemos formado en la metodología de Social Selling, la han aumentado aún más.

Sales Navigator tiene otra versión que es la TeamLink, que está pensada más para el trabajo en equipo por un grupo de vendedores (todos tienen que tener contratado LinkedIn Premium y Sales Navigator TeamLink). Algunas de sus funciones adicionales son:

- TeamLink te ayuda a encontrar el mejor camino para conocer al alguien, a través de una conexión directa o a través de personas en tu equipo de ventas, incluso si no estás conectado directamente.

- Los vendedores del equipo tendrán el mismo acceso a los contactos entre ellos.

En el momento que vemos que el proceso de venta ya va hacia adelante, entonces podemos, con un solo clic, enviar el *Lead* a los CRMs de Salesforce y de Microsoft Dynamics CRM.

Si conectas alguno de estos dos CRMs, al entrar a ver la ficha de un *Lead* (si está también en el CRM), los datos también son visibles en el Sales Navigator.

Otro de los cambios introducidos es que en las versiones gratuitas de LinkedIn han desaparecido algunas de las opciones de filtrado, que ahora solamente están en Sales Navigator.

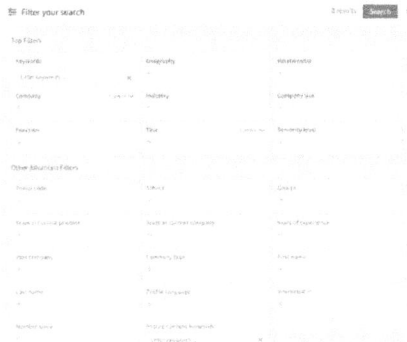

Como por ejemplo, el tamaño de la empresa, la experiencia, etc.

Mi consejo antes de ponerte a usar Sales Navigator es:

1) Formación de LinkedIn a tu equipo.

2) Usarlo durante 2-3 meses y hacer todo el trabajo que se te ha mostrado.

3) Formación de Social Selling.

4) Usarlo durante 2-3 meses y hacer todo el trabajo que se te ha mostrado.

5) Ahora sí, contratación de LinkedIn Sales Navigator.

Los consejos que te damos en este libro se basan en lo más valioso que te podemos dar, nuestra experiencia.

Nos hemos encontrado con personas en el punto 5 que no sabían hacer bien el punto 1 y, por supuesto, tampoco el resto. Esto es gastar dinero en herramientas sin saber sacarles el 100% del rendimiento. Por supuesto, también es una opción, pero mejor sentar unos buenos cimientos a todo el equipo comercial, afianzar los conocimientos e ir subiendo poco a poco, pero sabiendo sacarle el provecho a cada fase.

Se trata de una herramienta que al menos vale la pena probarla por ti mismo. Existe una *Trial* de 30 días para que puedas probar LinkedIn Sales Navigator.

14.2.1 Extensión de Chrome

LinkedIn ha lanzado una extensión para Chrome, que nos da información en tiempo real de la persona con la que nos estamos enviando emails.

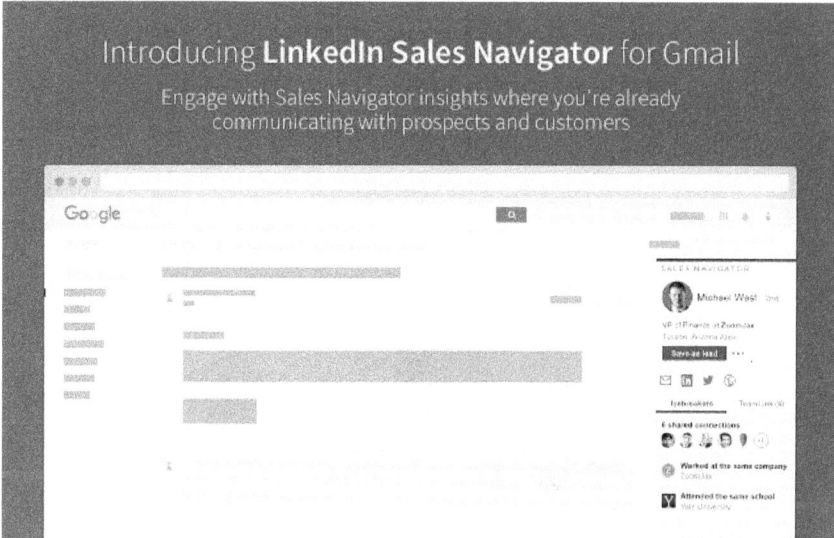

En este enlace tienes la extensión para instalarla en tu navegador de Chrome:

https://www.davidmcalduch.com/social-media/linkedin-sales-navigator-se-integra-en-gmail-linkedinmktg/

14.2.2 Sales Navigator *App*

Para poder disponer de todos los datos de nuestro Sales Navigator desde nuestro *smartphone*, LinkedIn ha creado una *app* para iOS y Android.

iOS: https://goo.gl/E7Gfk3

Android: https://goo.gl/mnShja

14.2.3 CRM Sync for Salesforce

Dentro de LinkedIn Sales Navigator está el CRM Sync, que nos conecta con el CRM Salesforce. Esto nos va a permitir enviar a Salesforce los *Leads* que deseemos con solo un clic y continuar el proceso de venta en Salesforce. El objetivo es ahorrarnos tiempo y centrarnos en las ventas.

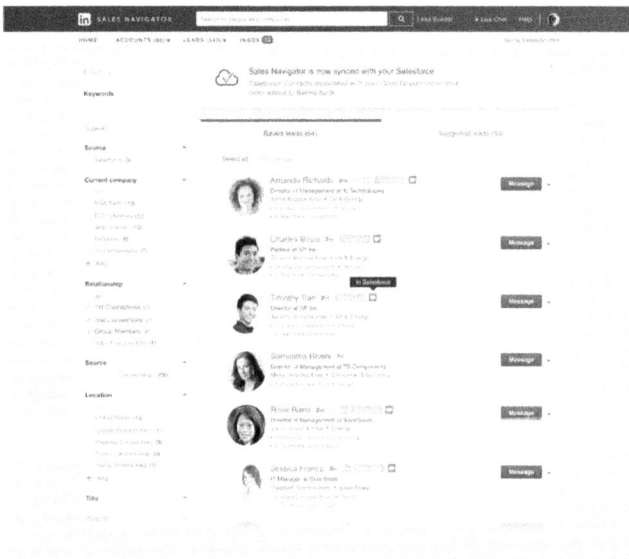

Capítulo 15

CRM Social Media

15.1 ¿Qué diferencia hay entre un CRM y un CRM Social Media?

Hemos visto qué es un CRM y para qué sirve (al final de libro tienes un apartado con algunos CRMs, incluso con versiones gratuitas).

Los objetivos de un CRM tradicional deben de ser el centrarnos en clientes rentables:[83]

- Conservar a los clientes fieles y rentables, y los canales para así aumentar los beneficios.

- Conseguir más clientes adecuados a las características conocidas o aprendidas, con lo que seremos capaces de crecer y aumentar los márgenes.

- Aumentar la rentabilidad de los clientes, aumentando sus márgenes individuales y ofreciendo los productos correctos en el momento más oportuno.

---

[83] Johnston & Marshall – 20 Marzo 2013 - "Sales Force Management: Leadership, Innovation, Technology"

Con la excusa de la palabra de moda Social CRM, muchas herramientas puramente orientadas al Marketing se han subido al carro de esta nueva tendencia siendo, sencillamente, herramientas para publicar y monitorizar. Son más herramientas para *Community Managers* que para vendedores.

"Social CRM simplemente agrega una dimensión social a la manera de qué pensar acerca de los clientes y su relación con ellos.

- Salesforce

Al problema que se han tenido que enfrentar los CRM actuales (tradicionales), ha sido el tener fuera de la ecuación a las redes sociales, no aprovechando sus capacidades de comunicación ni de recolección de información de los Leads y de los clientes.

El desafío que tenemos delante es que los clientes están usando las redes sociales para comunicarse y contactar, y tenemos que ser capaces de gestionar este tipo de conversaciones y peticiones, de la misma forma que lo estamos haciendo con las llamadas a la centralita o los emails.

Así el Social CRM es un CRM que integra en su interior las funcionalidades y capacidades de las redes sociales. Algunos CRMs que ya existen en el mercado, están añadiendo *Plugins* y módulos para ampliar sus capacidades y añadirles capacidades Social Media.

A veces, estas nuevas funcionalidades "ayudan" un poco, pero parece que están más pensadas para ponerse la etiqueta de "Social" CRM, que para ser un verdadero Social CRM con todas sus funcionalidades completas.

"Companies over-value followership and under-value participation. Yes, you can go out and buy 1000 followers. But if they all ignore you from that point on, they're worthless.

- Ian Lurie, president of Portent

---

*"Las compañías valoran demasiado a los seguidores
e infravaloran la participación. Sí, tú puedes ir y
comprar 1000 seguidores. Pero si ellos te ignoran,
son inútiles.*

- Ian Lurie, Presidente de presagio

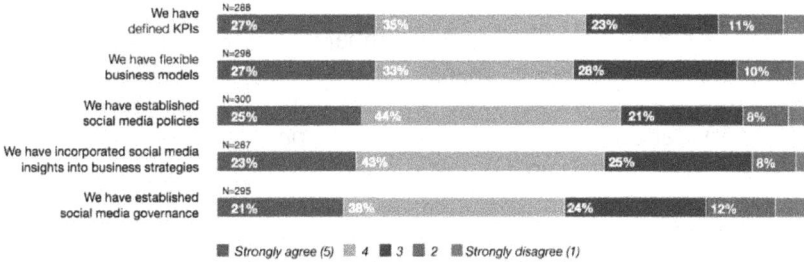

	N	Strongly agree (5)	4	3	2	Strongly disagree (1)
We have defined KPIs	N=288	27%	35%	23%	11%	
We have flexible business models	N=298	27%	33%	28%	10%	
We have established social media policies	N=300	25%	44%	21%	8%	
We have incorporated social media insights into business strategies	N=287	23%	43%	25%	8%	
We have established social media governance	N=295	21%	38%	24%	12%	

■ Strongly agree (5) ▨ 4 ■ 3 ■ 2 ■ Strongly disagree (1)

Sí que se ve en las empresas, como algo necesario e importante, la implantación de un Social CRM pero puedes ver claramente, que no se ha hecho un trabajo previo de planificación, ni de identificar en qué partes se va a potenciar más, ni cómo integrarla con el resto de la compañía.[84]

Vamos a ver los pasos que deberías seguir a la hora de realizar el proyecto de implantación:

1) Definir los objetivos y la visión del proyecto de Social CRM.

    a.   Establecer hitos lo más claros posibles.

        i.   "Aumentar el volumen de nuevos presupuestos pasados en un 20%".

        ii.   "Generar 10 ventas en el próximo trimestre".

2) Identificar los KPIs para medir los resultados y creación de un Panel de Control.

3) Designar el responsable del proyecto y las personas involucradas en el equipo de trabajo.

4) Evaluar y seleccionar las herramientas* e infraestructuras necesarias** y cuantificarlas económicamente.

---

[84] IBM Global Business Services – "From Social Media to Social CRM".

5) Creación/Modificación de los protocolos de actuación, tanto internamente en el equipo inicial de Social CRM como con el resto de Departamentos.

6) Presentación del proyecto a la Dirección y su aprobación.

7) Creación de un proyecto piloto para las pruebas y realizar los ajustes que se detecten.

8) Formación al equipo de trabajo en Social Selling y en las herramientas seleccionadas.

9) Lanzamiento de la plataforma para el uso exclusivo del equipo de trabajo.

10) Medición de los KPIs para hacer el seguimiento del proyecto y, en caso necesario, redefinir cualquier aspecto.

11) Recopilación de conclusiones y presentación a la Dirección.

12) Preparar nuevo proyecto donde se involucre a otro u otros departamentos dentro del proyecto.

*Las herramientas pueden ser un mix de herramientas nuevas y existentes en la compañía.

**Puede ser la necesidad de servicios en la nube propios o externos, servicios en los servidores propios o incluso *tablets* o *smartphones*.

15.2 ¿Cuáles son los beneficios de usar un CRM Social Media? [85]

Una de las ventajas que nos ofrece el Social CRM es que nos permite poner en el centro al Cliente. No obligamos a usar un canal de comunicación en concreto al Cliente, sino que es él el que elije cuál desea usar para contactarnos.

Otra ventaja es una comunicación más fluida entre el Departamento de Atención al Cliente, Ventas y Marketing, entre otros, haciendo las comunicaciones más fluidas y rápidas, tanto internamente como de cara al cliente, consiguiendo mejorar la imagen de la empresa.

Nos ayuda a conocer mejor a nuestro público objetivo, con lo que identificamos mejor los productos que cubran mejor las necesidades de nuestros clientes, y nuestra estrategia de precios y distribución.

Entre las funciones del Social CRM, nos permite monitorizar nuestra marca en Internet, avisándonos en todo momento de los comentarios y opiniones de los usuarios sobre nuestra marca o productos. Este conocimiento de negocio (*social intelligence*) es una ventaja para el negocio muy interesante para la toma de decisiones.

Si gestionamos bien nuestro Social CRM nos ayudará a aumentar el *engagement*[86] y la lealtad de nuestros clientes. Como tenemos la capacidad de disponer de información y de realizar acciones personalizadas de comunicación, eso hace que aumentemos la retención de clientes y creemos relaciones a largo plazo del tipo *win-win*[87].

Una de las capacidades que tienen las redes sociales (y que la mayoría de las empresas no aprovechan), es el usarlas para hacer una investigación para el lanzamiento de un nuevo producto/servicio. En esta parte el Social CRM no puede ayudar en las diferentes fases del desarrollo de la investigación.

En definitiva, gracias al Social CRM podemos trasladar parte de nuestro servicio de atención al cliente a estos canales, reduciendo

---

[85] Gartner Research – 22 Febrero 2016 – "Top Use Cases and Benefits of Social for CRM in 2016" por Jenny Sussin, Tad Travis y Jason Daigler
[86] Engagement - compromiso o implicación
https://es.wikipedia.org/wiki/Engagement
[87] Win Win – Todos ganamos - https://es.wikipedia.org/wiki/Win_Win

costes. Esta estrategia permite responder las consultas y quejas directamente de forma rápida y contundente. En este sentido, ya hay algunas empresas como Vueling que están trasladando gran parte de su servicio de Atención al Cliente a las redes sociales (en este caso, Twitter), con una cuenta exclusiva para realizar este servicio.

15.3 Qué características debería tener un Social CRM

A la hora de seleccionar un Social CRM veremos cuáles son las funcionalidades que debería de incluir:

- Ser un CRM tradicional completo con sus partes. Con la moda de Social CRM, están apareciendo nuevas aplicaciones que son muy buenas en la parte de redes sociales, pero que cuando vas a la parte de CRM, le faltan muchas características.

- Integración de las redes sociales para la escucha, creación de alertas, unificación de contactos multired social (una persona puede tener un perfil de LinkedIn, dos cuentas de Twitter, FB, G+, etc., pero es solamente un contacto).

- Interactuar y relacionarse con los clientes en tiempo real.

- Capacidad para utilizar las herramientas sociales para comunicarse internamente.

- Métricas y cuadros de mando tanto para la parte de ventas CRM como para la parte de Social Media.

- Monitorizar las redes sociales para las quejas, resolver problemas rápidamente y detectar oportunidades.

Por segmentar a nuestra comunidad por tipos de seguidores:

- Localizar y premiar a los defensores de la marca y a los clientes que ayudan a los demás.

- Estar disponible en la nube.

- Estar disponible como *app* para *smartphones*, iOS y Android.

Capítulo 16

Herramientas de Social Selling que no te puedes perder

"Un optimista ve una oportunidad en toda calamidad, un pesimista ve una calamidad en toda oportunidad"

Winston Churchill

A continuación, vamos a ver algunas de las herramientas que puedes usar para llevar de una forma práctica tu metodología de Social Selling.

Herramientas hay decenas y centenares. No se trata aquí de hacer un listado de infinidad de herramientas, para que dediques horas y horas de pruebas, para decidir cuál usar. Las herramientas que te voy a mostrar son las que, por mi experiencia y horas de dedicación, he visto que me ayudan en mi trabajo. Si ya estás usando otras y te gustan más, perfecto.

No se trata de una competición de cual es la mejor. El objetivo es, en la medida de lo posible, ayudarte a conocer otras soluciones disponibles y, si no estás usando ninguna, que puedas tener un punto de partida.

Si conoces alguna mejor que debería de aparecer, no dudes en contactarnos para poderla incluir en las siguientes ediciones.

16.1   Automatización   de   procesos multiaplicación

zapier

Ya vimos anteriormente IFTTT que nos permite automatizar procesos y ahora tenemos zapier que automatiza procesos a nivel empresarial.

Permite conectar más de 750 aplicaciones entre sí, para crear flujos de trabajo para ahorrarnos tiempos. Listado de *apps* que se pueden conectar https://zapier.com/zapbook/

En la imagen puedes ver el ejemplo de una automatización, donde creamos de una forma visual un *workflow* con las acciones que queremos que se realicen:

Vamos a ver un ejemplo de un proceso para automatizar procesos. Vamos a crear un formulario de contacto en el que cuando las personas se registren, automáticamente se darán de alta en nuestro boletín de noticias y en nuestro CRM como *Lead*.

Creamos una nueva tarea en Zapier pulsando el botón:

Y esto es lo que vamos a crear:

INSTANT Formulario alta en CRM y Mailchimp

1) Seleccionamos Typeform (antes hemos creado el formulario).

2) Seleccionamos que queremos que se ejecute cada vez que alguien lo rellene.

3) Seleccionamos el formulario.

4) Pulsamos el signo "+" para añadir un nuevo paso y seleccionamos Zoho CRM.

5) Introducimos nuestro usuario, clave y una llave *Token*.

6) Configuramos los campos.

7) Pulsamos el signo "+" para añadir un nuevo paso y hacemos lo mismo con Mailchimp.

⟋ Formulario alta en CRM y Mailchimp

Add a note

TRIGGER

1. Nuevo contacto formulario ⌃

▦ Typeform

⚡ New Entry

👤 Typeform Account #1

☰ Edit Options

🅰 Test this Step

⟋ Rename Step

⊕ Add a Filter or an Action

⚡ Action   ▼ Filter

ACTION

2. Alta en el CRM ⌃

Zoho CRM

⚡ Create Lead

👤 Zoho CRM Account #1

☰ Set up Template

Test this Step

✛

ACTION

3. Add/Update Subscriber ⌃

🐵 MailChimp

⚡ Add/Update Subscriber

👤 MailChimp Account #1

☰ Edit Template

Test this Step

⟋ Rename Step

✖ Delete

✛

Cada vez que una persona rellene el formulario, automáticamente se registrarán sus datos en el CRM y se dará de alta automáticamente en nuestra cuenta de MailChimp para hacer mailings.

16.2 Evernote

Una de las herramientas que uso es Evernote. No es un CRM, es un almacén digital en la nube, multidispositivo (iOs y Android), y multiplataforma (Windows y Mac). Se puede usar como un CRM.

Antes de nada entra en este enlace y regístrate www.solucionafacil.es/elefante

Evernote es una herramienta muy potente que nos puede ayudar en varias áreas:

- Recopilar información.
- Gestión de contactos.
- CRM.
- Planificación de nuestras acciones en las redes sociales. Aquí tienes más información: https://goo.gl/Tmw0Pw

- Y muchas más funciones incluidas de GTD, productividad, colaboración, etc.

Ahora, en tu ordenador, abre el navegador que usas habitualmente e instala esta extensión:
https://evernote.com/intl/es/webclipper/?downloaded

En la parte superior derecha de tu navegador aparecerá el icono del elefante de Evernote:

16.2.1 Captura de información

A continuación vamos a ver cómo usarlo primero para captura de información. Abrimos una página web, entramos en la página o noticia que nos interese y pulsamos el botón de Evernote WebClipper.

En la parte de la derecha se nos despliega un menú de opciones que es diferente dependiendo del lugar donde nos encontremos.

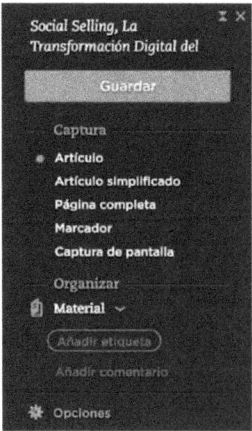

En nuestro ejemplo, en la parte de arriba, ha copiado el título de la página/noticia. Después podemos seleccionar el tipo de captura que queremos hacer, en este caso artículo, y en qué Libreta lo queremos guardar.

Esto nos va a servir para guardar noticias, webs, páginas, que quedarán almacenadas en nuestro Evernote, y, aunque sean borradas de Internet, nosotros tendremos una copia completa (textos con tipografías, fotos, enlaces, etc.).

16.2.2 Guardar emails con adjuntos

Otra de las opciones que nos permite Evernote WebClipper es almacenar correos electrónicos (toda la conversación o solamente aquellos correos que le indiquemos), incluidos los adjuntos.

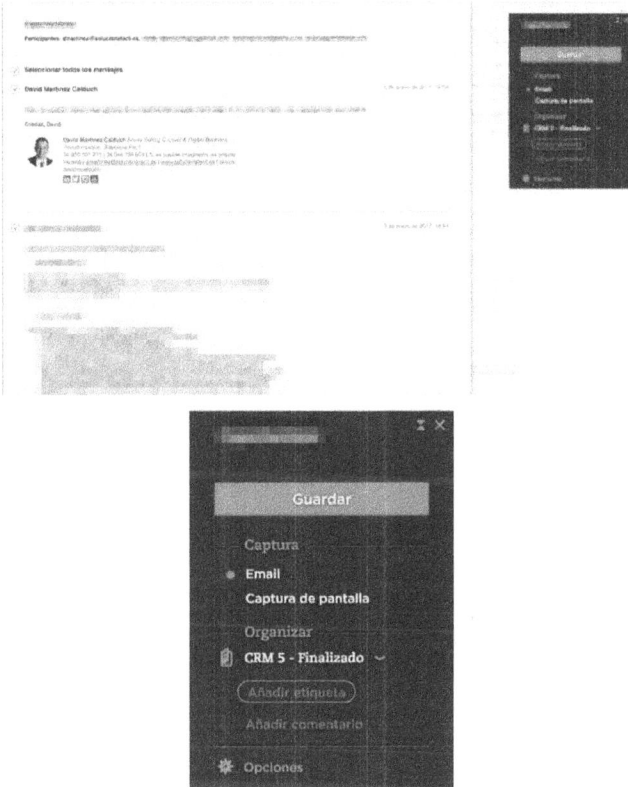

Esto nos permite almacenar los emails más importantes (presupuestos, ofertas, aceptaciones de contratos, etc.), en Evernote como almacén digital.

16.2.3 Captura de Leads

Si estamos visitando un perfil de LinkedIn y deseamos guardarlo en Evernote, al pulsar el botón de Webclipper automáticamente nos aparece una nueva opción "LinkedIn" seleccionada. Nos muestra el perfil del profesional y, con unas casillas de verificación, podemos marcar qué secciones queremos copiar a nuestra Libreta de LinkedIn.

16.2.4 Captura de Tarjetas de Visita

Desde el *smartphone*, Evernote nos permite escanear y almacenar tarjetas de visita, siguiendo este proceso:

1) Abrimos Evernote desde nuestro *smartphone*.

2) Mantenemos pulsamos el botón "+" y seleccionamos la opción de la cámara.

3) Enfocamos con la cámara la tarjeta de visita.

4) La *app* de Evernote automáticamente detecta los bordes (verás cómo colorea la tarjeta en tu pantalla de color verde), y la fotografía sin necesidad de pulsar ningún botón.

5) Pulsamos guardar.

6) Hace un escaneado y reconoce el texto.

7) Crea una nota en Evernote con la foto y todos los datos escaneados y los escribe.

8) Nos ofrece la posibilidad de modificar cualquier dato.

9) Crea un nuevo contacto en nuestro *smartphone* con todos los datos.

10) Busca el email en LinkedIn y si está:

   a. Nos pregunta si queremos invitarlo. Si le decimos que sí, le manda la invitación directamente.
   b. Agrega su foto de LinkedIn y la dirección de su perfil de LinkedIn a la nota.

16.2.5 CRM

El uso avanzado de Evernote nos permite convertirlo en un CRM para la gestión de *Leads* y su seguimiento. Aquí tienes más información de cómo hacerlo:

https://goo.gl/ZxXMhu

Como puedes ver, Evernote es una herramienta muy potente que permite muchas posibilidades. Si quieres aprender más sobre cómo usar Evernote aquí tienes un curso:

https://goo.gl/1pibgs

16.3 Salesforce

Ahora sí que entramos por la puerta grande. Estamos hablando del mayor CRM del mundo, posiblemente el más completo y potente. Está disponible en diferentes versiones y funcionalidades, y con precios por usuario/mes.

https://www.salesforce.com/es/

16.4 Microsoft Dynamics CRM

Es la aplicación oficial de CRM de Microsoft. Si estás dentro del ecosistema de aplicaciones de Microsoft, es posible que sea tu elección. A tener en cuenta por qué Microsoft compró a LinkedIn, por lo que se espera una integración muy fuerte con Office y, sobre todo, con Outlook y Dynamics CRM.

https://www.microsoft.com/es-es/dynamics365/home

16.5 Zoho CRM

https://www.solucionafacil.es/zoho/

Zoho es una compañía de programación de la India, que ha desarrollado un paquete de software con 32 aplicaciones, todas disponibles desde Internet.

Aplicaciones de Negocio

Zoho Assist

Zoho Books

Zoho BugTracker

Zoho Campaigns

Zoho Contact Manager

Zoho Creator

Zoho CRM

Zoho Invoice

Zoho LiveDesk

Zoho Marketplace

Zoho People

Zoho Recruit

Zoho Reports

Zoho Site 24x7

Zoho Sites

Zoho Support

Zoho Survey

Zoho Vault

Aplicaciones de Colaboración

Zoho Chat

Zoho Connect

Zoho Docs

Zoho Discussions

Zoho Mail

Zoho Meeting

Zoho Projects

Zoho Wiki

Aplicaciones de Productividad

Zoho Calendar

Zoho Notebook

Zoho Sheet

Zoho Show

Zoho Writer

Zoho Office for Microsoft Sharepoint

Una de ellas es el CRM que tiene una opción para 10 vendedores con la versión básica gratuita.

En Agosto del 2016 han renovado toda la aplicación y han lanzado una nueva versión. Una de las ventajas que ofrece es la integración con el resto de sus aplicaciones. Por ejemplo, podemos hacer que nos avise cuando uno de nuestros Leads o Clientes visiten nuestra web, dentro de otras muchas más funciones.

Para tu *smartphone*, Zoho tiene varias aplicaciones. Una de ellas es Zoho CRM y otra es Card Scanner, que te permite escanear tus tarjetas de visita y te guarda los datos directamente en tu Zoho CRM.

Zoho CRM	Zoho Card Scanner

iTunes	**iTunes**
https://goo.gl/fpGT85	https://goo.gl/f1mvy3

Play Store	**Play Store**
https://goo.gl/5AQszq	https://goo.gl/Bxt5qW

16.6 Nimble

 De la mano del creador de GoldMine, John Ferrara, se ha embarcado en un nuevo CRM *online*, pero esta vez 100% puro Social Media. Con opción solamente de pago, al empezar realiza una precarga de todas nuestras redes sociales y empieza a crear fichas de contacto, donde une todas las redes sociales de cada persona y empresa.

https://www.solucionafacil.es/crm

Como puedes ver, en la parte de la derecha, detecta todas las redes sociales del contacto y en la parte central de abajo sale un *timeline* con todas las publicaciones de sus redes sociales.

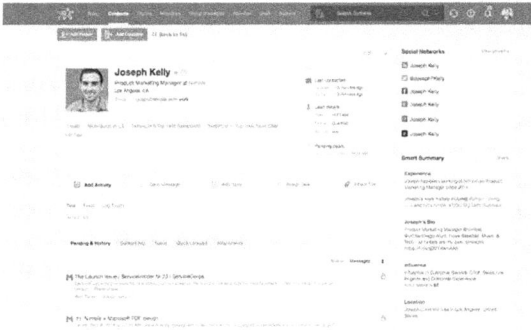

También dispone de aplicaciones para el *smartphone*.

iTunes https://goo.gl/mua9P0

Play Store https://goo.gl/0Csx94

16.7 CRM de Hubspot

Hubspot es una compañía de Inbound Marketing y entre su catálogo de soluciones tienen un CRM, el cual lo ofrecen de forma gratuita.

http://www.hubspot.es/products/crm

Este CRM tiene un complemento muy interesante llamado HubSpot Sales Chrome, una extensión con la que, al visitar una página web de una empresa, en la parte derecha de la pantalla te muestra su información corporativa.

16.8 CRM Sales Manago

https://www.salesmanago.es/

La ventaja del CRM Sales Manago es que nos permite crear diagramas de flujo para automatizar procesos y que, dependiendo del comportamiento del cliente (si hace clic, si no lo hace, etc.), entre por una parte el proceso o por otra.

iTunes https://goo.gl/Kiha8q

Play Store https://goo.gl/2wlTYu

16.9 Hootsuite para Social Selling

Hootsuite es una plataforma para la gestión de las *social media*, dentro de sus muchas capacidades para realizar Social Selling.

Con este enlace tienes acceso a una versión de prueba de Hootsuite PRO de 30 días:

https://www.solucionafacil.es/hootsuite

Date de alta y añade tus redes sociales.

16.9.1 Escucha

Hootsuite nos permite crear columnas donde realizar búsquedas. Vamos a ver unos ejemplos.

Pulsamos el botón "Añadir columna" con lo que nos aparecerá la pantalla completa para crear columnas.

+ Añadir columna

Añadir columna   ✕

Twitter
Facebook
Google+
LinkedIn
WordPress
Instagram
YouTube

Compartido con e

Aplicaciones

Columna   Búsqueda   Palabra clave
Listas

Seleccionar perfil:

> Haz clic para seleccionar una red social

Selecciona tipo de columna:

Inicio	+
Menciones	+
Mensajes (Bandeja de entrada)	+
Mensajes Directos (bandejas de salida)	+
Mis tuits	+
Nº de "me gusta"	+

Seleccionamos Twitter en la parte de la izquierda y hacemos clic en la pestaña "Búsqueda".

Añadir columna   ✕

Twitter
Facebook
Google+
LinkedIn
WordPress
Instagram
YouTube

Compartido con e

Aplicaciones

Columna   **Búsqueda**   Palabra clave
Listas

Seleccionar perfil:

> davidmcalduch ⌄

Introduce término de búsqueda:

> #socialselling OR social selling

Mostrar ejemplos

Añadir columna

En "Seleccionar perfil:" seleccionas tu cuenta de Twitter y en la casilla de abajo ponemos la cadena de texto que queremos monitorizar. En el ejemplo hemos puesto:

#socialselling OR social selling

Esto nos buscará todo lo publicado con el *hashtag* #socialselling + lo que se publique con las palabras 'social selling' en cualquier orden, incluso si no están una detrás de la otra (con que aparezcan en la publicación es suficiente).

Examples

Consulta	Mostrar resultados...
twitter search	contiene ambos "twitter" y "search".
"owls rock"	contiene la frase exacta "owls rock".
ninjas OR pirates	contiene "ninjas" o "piratas" (o ambos).
super -man	contiene "super" pero no "man".
#followfriday	contiene el hashtag "followfriday".
from:Hootsuite	enviado por usuario "hootsuite".
to:invoke	enviado a usuario "invoke".
@memelabs	menciona a "memelabs".
colbert since:2008-07-27	contiene "colbert" desde "2008-07-27"
w00t until:2008-07-27	contiene "w00t" y enviado antes de "2008-07-27".
unicorns :)	contiene "unicorns" con actitud positiva.
fail :(	contiene "fail" con actitud negativa.
bacon ?	contiene "bacon" y es una pregunta.
rainbows filter:links	contiene "rainbows" y enlaces a URLs.

Aquí vemos algunas de las combinaciones que podemos hacer.

Esto lo podemos usar para monitorizar nuestra marca, personas que buscan nuestros productos/servicios, a la competencia, a nuestro sector, etc.

16.9.2 Escucha geolocalizada

Otra de las funciones que nos proporciona Hootsuite de una forma muy sencilla, es el poder realizar monitorizaciones geolocalizadas en posiciones GPS. Vamos a ver cómo lo podemos hacer paso a paso.

Volvemos a repetir los pasos de antes: "Añadir columna", seleccionamos Twitter, pulsamos en "Búsqueda", seleccionamos nuestra cuenta de Twitter y ahora seguimos con los siguientes pasos.

Seleccionar perfil:

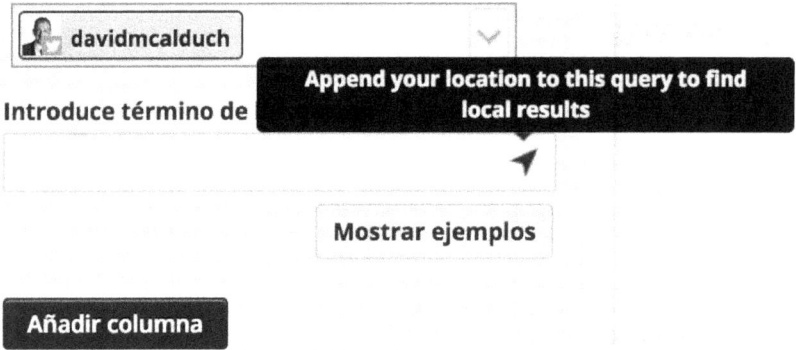

davidmcalduch

Append your location to this query to find local results

Introduce término de

Mostrar ejemplos

Añadir columna

Ahora hacemos clic en la flecha que hay en la parte de la derecha de la pantalla. Al hacer clic pedirá permiso a tu navegador para que le indique tu posición GPS. La primera vez que hagas clic te aparecerá una pantalla pidiéndote permiso.

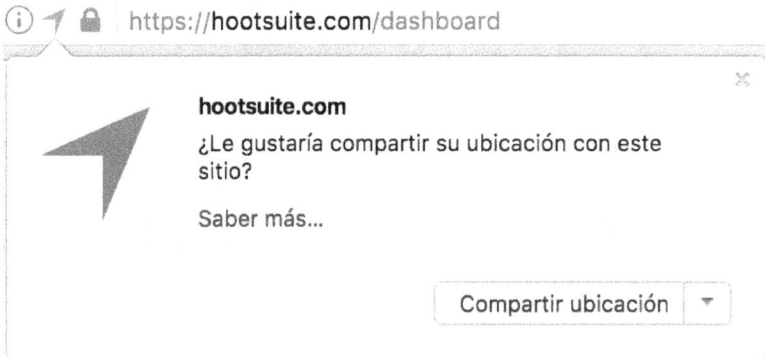

ⓘ ↗ 🔒 https://**hootsuite.com**/dashboard

hootsuite.com

¿Le gustaría compartir su ubicación con este sitio?

Saber más...

Compartir ubicación ▾

Al darle permiso es posible que aún no aparezca la posición GPS, así que vuelve a pulsar el icono de la flechita. Si aún no te funciona es porque dentro de la configuración de tu navegador tienes la opción de compartir tu ubicación como "No". Simplemente entra y activa la opción "Preguntar".

Seleccionar perfil:

davidmcalduch ⌄

Introduce término de búsqueda:

geocode: ▮▮▮ ▬ ▬ ,25km ✈

Mostrar ejemplos

Añadir columna

Nos escribirá un texto "geocode:", después la posición GPS y al final el radio de acción que quieres. Al pulsar "Añadir columna" aparecerán las publicaciones de las personas que se encuentran en tu ubicación, en el radio de acción que has marcado, y podrás ver sus publicaciones.

Además podemos juntar la búsqueda de antes con la de ahora, con lo que podríamos hacer una búsqueda de, por ejemplo, todas las personas que se encuentran en una ciudad, que hablen un idioma en concreto, con un listado de palabras, que aparezcan sus publicaciones, pero si nombran estas otras palabras, que no aparezcan.

Para saber la posición GPS de cualquier lugar, podemos usar Google Maps. Vamos a ver cómo hacerlo.

Abrimos https://maps.google.com

Introducimos la ciudad o la dirección donde queremos ir.

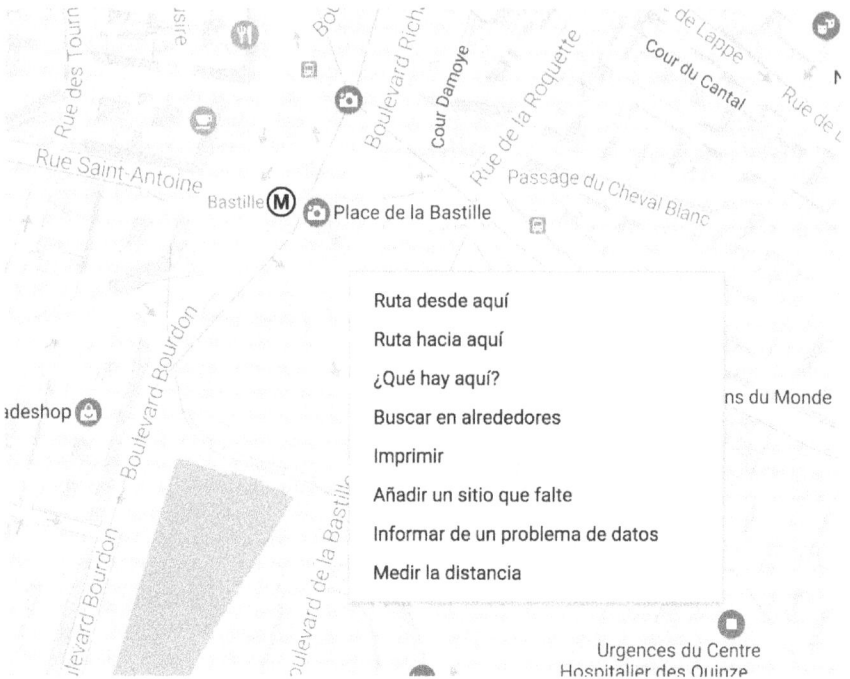

En el lugar donde queramos en el mapa, pulsamos el botón derecho del ratón. Nos aparecerá este menú, pulsamos la opción "¿Qué hay aquí?" y en la parte de abajo de la pantalla nos aparecerá una ventana como esta:

2 Place de la Bastille
75012 Paris, Francia
48.852908, 2.369388

La última línea de color gris es la posición GPS de donde has hecho clic. Ahora lo seleccionas y lo copias. Repites los pasos de antes hasta que aparezca tu posición y sustituyes tu posición por las nuevas coordenadas.

Ten en cuenta que Google pone un espacio en blanco después de la coma de la primera cifra, elimínalo ya que sino no te funcionará.

16.9.3 Publicación y Curación de contenidos

Hootsuite hace que la publicación de contenidos sea muy fácil y sencilla, dándonos varias posibilidades.

Una de ellas es el uso de una extensión para tu navegador de Internet.

http://hootlet.com/

Al instalarlo aparecerá el icono de Hootsuite en tu navegador.

La forma de usarlo es la siguiente, abre una página donde leas noticias y entra en una de ellas. Cuando estés dentro de la noticia, haces clic en el icono de Hootsuite y te aparecerá una pantalla como esta:

Tenemos una lista desplegable donde podemos seleccionar en qué redes sociales queremos publicar esta noticia, ya nos aparece el título escrito y la dirección recortada, y tenemos tres opciones: "AutoSchedule", que él decida cuándo es mejor publicarlo en cada red social seleccionada para conseguir más impactos e interacciones; "Post

Later", para publicarlo más tarde indicándole exactamente cuando; y "Post Now", para publicarlo inmediatamente.

Esto mismo se puede hacer también desde el *smartphone*. En este caso, solamente tenemos que tener instalada la aplicación de Hootsuite y tener puesto nuestro nombre de usuario y clave. A partir de ahí, abrimos nuestro navegador de Internet en el *smartphone*, buscamos la noticias y, al pulsar el botón compartir, le indicamos que lo queremos compartir con Hootsuite y nos aparecerá la misma pantalla.

Si disponemos de un blog o cualquier otro servicio que genere un canal de RSS, podemos conectarlo con Hootsuite e indicarle a qué redes sociales queremos que lo publique automáticamente.

Desde el ordenador, dentro de hootsuite.com en la barra vertical de la izquierda, entramos en la opción del menú "Configuraciones" y dentro de "RSS/Atom".

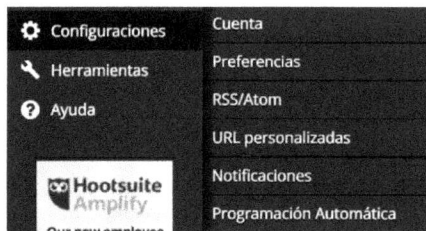

Al entrar nos aparecerá esta pantalla:

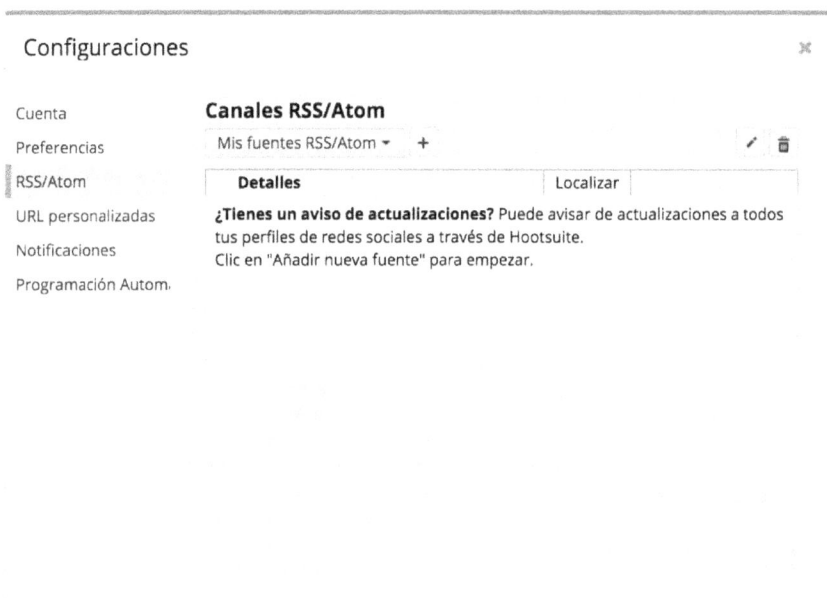

Dentro de la opción "RSS/Atom", en la parte central de la pantalla, pulsamos el botón con el signo "+".

Añadir feed RSS/Atom

URL de la fuente

Red a la que enviar fuente /canal:

Haz clic para seleccionar una red social

Comprueba nuevas publicaciones de esta fuente cada

hora ▾

Cuando haya nuevas entradas, publicar a la vez:

1 publicación cada vez ▾

☑ Incluir texto de la publicación en mensajes.
Nota: depende de la longitud del título de la publicación.

Antepon texto a cada mensaje (100 caracteres como máximo):

Ejemplo: 'Nuevo artículo en blog:' o 'Noticia:'

Acortador de URL para enlaces:

Cancelar **Guardar fuente**

Veamos cómo se debe rellenar. Si estás usando Wordpress el canal de RSS es de la siguiente manera:

https://www.davidmcalduch.com/feed/

En "Red" seleccionamos en qué red queremos que se publiquen nuestros próximos *post* (solo se puede seleccionar una), si queremos que nuestro blog publique por ejemplo en Twitter, Facebook, LinkedIn, etc. Deberemos repetir el proceso para cada una de ellas.

¿Cada cuanto quieres que Hootsuite revise si hay nuevos artículos en tu blog? Te recomiendo que selecciones cada hora, así en el momento que   publicas el *post*, sale publicado en todas tus redes sociales para conseguir la máxima difusión.

Dejamos la opción de publicar solo 1 *post* nuevo a la vez y dejamos también activado que incluya en la publicación el título de dicho *post*.

Ahora nos permite introducir un texto que aparecerá antes, por ejemplo: "Nuevo artículo:", "Novedades:", etc., o lo puedes dejar en blanco.

Y solo falta pulsar el botón "Guardar fuente". Ahora lo tenemos que repetir para cada red social en la que queremos que se publiquen automáticamente los *post* que publiquemos. Este tipo de automatización no te va a perjudicar.

Recuerda que hay muchos servicios que generan canales de RSS, incluido YouTube.

16.9.4 Analíticas y comparativas

Dentro de Hootsuite disponemos de una herramienta muy potente de analíticas que nos da información de todo lo que hacemos, publicamos, compartimos, cuántos clics hemos conseguido, comparticiones, interacciones, etc.

Pero además nos permite realizar análisis más profundos y comparativas entre empresas. ¿Competidores?

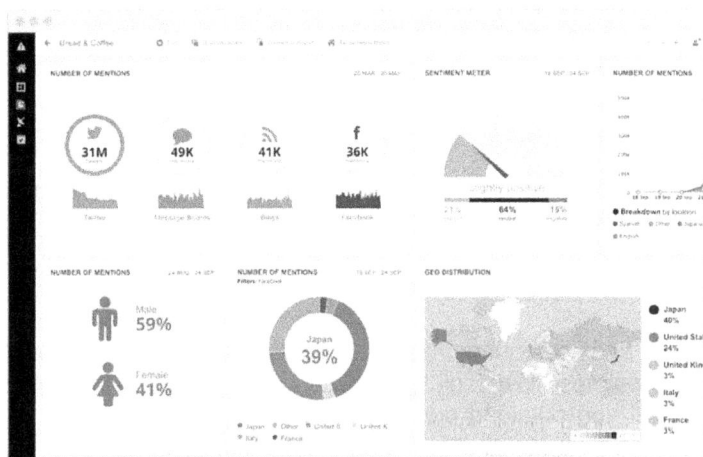

Pudiendo llegar incluso al detalle de la publicación en concreto, quién la ha hecho, en qué medio/red social y cuándo.

16.9.5 Gestión de oportunidades en trabajo en equipo

Hootsuite nos ayudará a gestionar oportunidades de forma colaborativa con nuestro equipo.

Entramos en Hootsuite.com, buscamos en las columnas un mensaje (de Twitter, Facebook, LinkedIn, Google+, Instagram, etc.), y pulsamos el botón:

Se nos desplegará este menú:

Asignar a esto a ✕

David Martinez Calduch - David Martinez Calduch 🔍

Asignado recientemente a...

carme
Soluciona Facil

ver de mandarle información

☐ Set as default 'Assign To Self'   Cancelar   Asignar

Seleccionamos la opción "Asignar a" y, en la siguiente pantalla, le asignamos este mensaje.

Escribimos la persona de nuestra empresa a la que le asignamos este mensaje y le escribimos una anotación para que sepa qué tiene que hacer.

Por supuesto, esta persona tiene que estar dentro de nuestra cuenta de Hootsuite. El sistema para organizarlo es crear una réplica del organigrama de nuestra empresa.

En el momento que hemos asignado el mensaje, esta persona recibirá un email avisando que se le ha asignado un mensaje y, si tiene el navegador abierto, le saldrá una notificación.

A partir del momento de asignar esta tarea, se empieza a cronometrar cuánto tiempo tarda en solucionar este *ticket* de soporte. Tendremos estadísticas de los mensajes asignados, recibidos, resueltos, pendientes, tiempos medios de respuesta, por equipo y por persona.

Al asignar un mensaje (independientemente de la red social), veremos cómo aparece una barra superior de color amarillo.

En esta zona amarilla aparece qué persona ha asignado el mensaje y a quién (David se lo ha asignado a David), se indica la fecha y hora de cuándo se ha asignado y la nota que le hemos puesto a esa persona internamente.

Esta información de color amarillo, es interna de nuestra empresa y la pueden ver todas las personas de nuestra organización en Hootsuite en el ordenador, en el *smartphone* y en la *tablet*, con lo que todos saben que ese mensaje ya se está gestionando.

Cuando la persona a la que le hemos asignado el *ticket* haga clic llegará hasta la siguiente pantalla:

Hootsuite™

Hola David Martinez Calduch,

David Martinez Calduch te asignó un mensaje en Hootsuite.

HootsuiteES
"Descubre el potencial de tu empresa con Employee Advocacy https://t.co/bWp5BC2kJt cc @davidmcalduch https://t.co/A5K1XDPtfQ"

David Martinez Calduch dijo: "ver de mandarle información"

[**Ver asignaciones**]

Ejemplo del email que llega con la asignación del *ticket*:

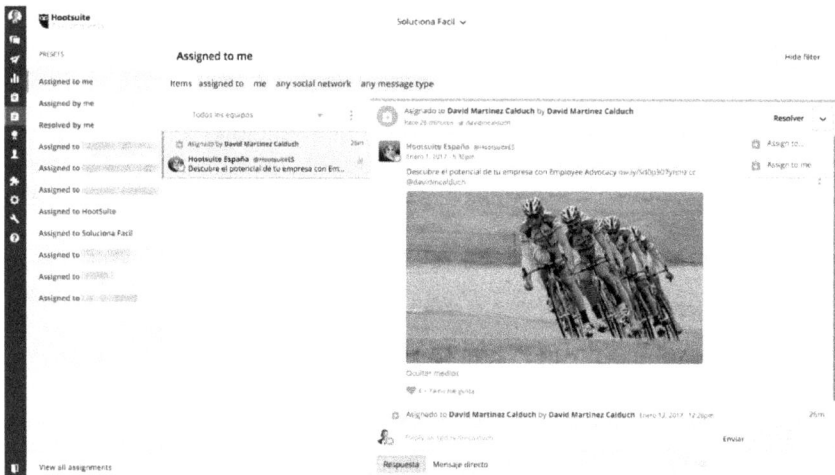

Esta es la pantalla de gestión de *tickets*. Aquí nos aparecen los *tickets* que se nos han asignado y al hacer clic en la parte de la derecha nos sale el mensaje de la red social que nos han asignado.

Como podemos ver en la pantalla, en la parte superior izquierda le podemos reasignar el *ticket* a otra persona.

Vemos en este caso el tuit completo. Podemos hacer clic en el usuario para ver información de su cuenta y hacer clic en el enlace que ha publicado.

En la parte abajo podemos contactar con el usuario. Una vez tenemos el *ticket* resuelto, debemos pulsar el botón de "Resolver" que aparece en la parte superior derecha e introducimos en el sistema cómo lo hemos resuelto. Al pulsar "Resolver" es cuando se cierra el *ticket* y se para de cronometrar el tiempo de este *ticket*.

Resolver   ✕

Añadir una nota de resolución (opcional)

Cancelar   **Resolver**

Esta función de *tickets* se puede mezclar con las columnas de menciones y búsquedas, para generar oportunidades.

16.9.6 Leads conectados con CRMs

Hootsuite nos da la posibilidad de conectarnos con nuestro propio CRM para enviar las oportunidades que detectamos al CRM.

Estos son los CRMs que se pueden conectar con Hootsuite:

- Salesforce.
- Microsoft Dynamics.
- SugarCRM.
- Nimble.
- LeadSift.
- WebCRM.
- Batchbook.
- Simply Sales.

Estos son los pasos para activar el módulo: vamos a hootsuite.com y en la parte del menú vertical de la izquierda tenemos el Directorio de aplicaciones con más de 160 módulos para conectar redes sociales, herramientas y servicios *online*, de las que 135 son gratuitas.

Directorio de Apps

Al hacer clic nos sale la siguiente pantalla:

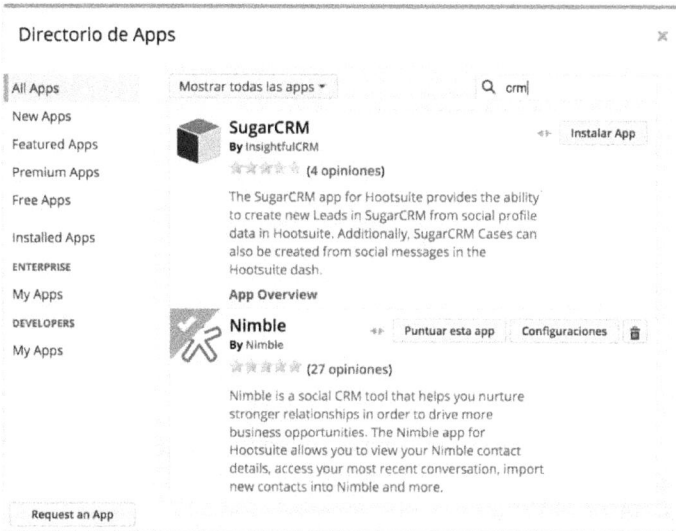

En la parte superior derecha al lado de la lupa escribimos, sin comillas, "crm" y pulsamos ENTER, con lo que nos aparecerán todos los CRMs que podemos conectar.

En este ejemplo nos vamos a conectar con Salesforce y veremos cómo funciona. Buscamos el módulo de Salesforce.

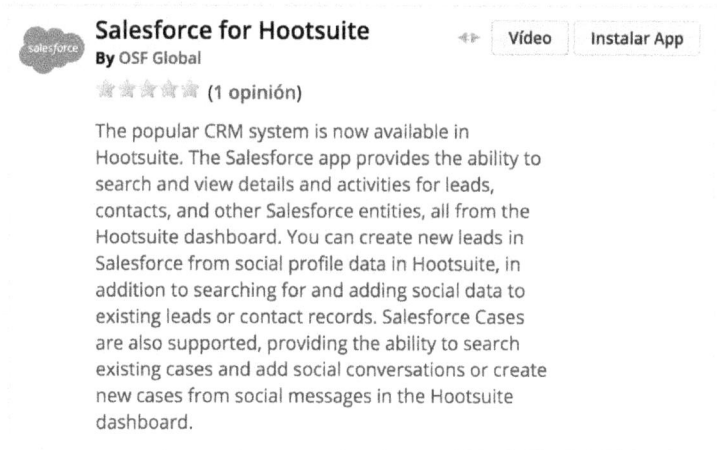

Salesforce for Hootsuite
By OSF Global
☆ ☆ ☆ ☆ ☆ (1 opinión)   Vídeo   Instalar App

The popular CRM system is now available in Hootsuite. The Salesforce app provides the ability to search and view details and activities for leads, contacts, and other Salesforce entities, all from the Hootsuite dashboard. You can create new leads in Salesforce from social profile data in Hootsuite, in addition to searching for and adding social data to existing leads or contact records. Salesforce Cases are also supported, providing the ability to search existing cases and add social conversations or create new cases from social messages in the Hootsuite dashboard.

Y pulsamos el botón "Instalar App". Nos aparecerá la siguiente pantalla y pulsamos "¡Finalizar!".

Ahora ya tenemos disponible el módulo de Salesforce dentro de Hootsuite para usarlo. Cuando estamos en una publicación de cualquier red social desde Hootsuite, al pulsar este botón:

Nos aparecerá una lista desplegable con los módulos instalados con los que podemos interactuar.

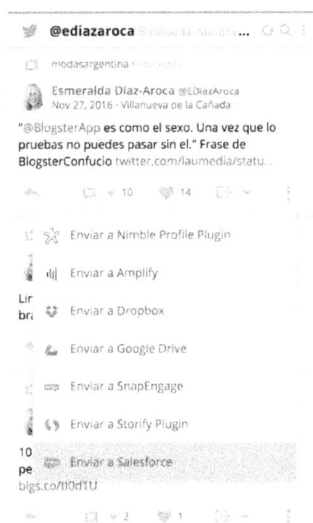

Buscamos la opción de "Enviar a Salesforce" y nos aparecerá esta pantalla:

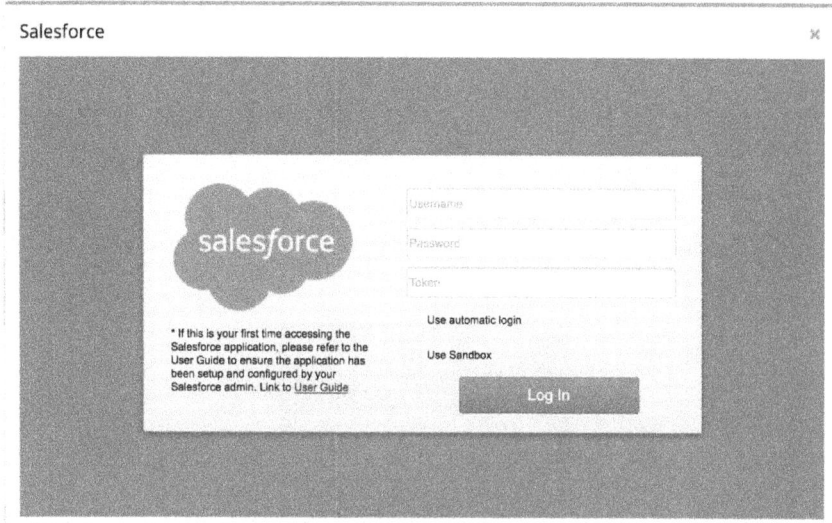

La primera vez nos pedirá nuestro usuario y clave de acceso a nuestra cuenta de Salesforce.

Nos aparecerá la ficha del cliente (si existe), y todos los datos de nuestro Salesforce de ese contacto y sino lo damos de alta directamente en Salesforce.

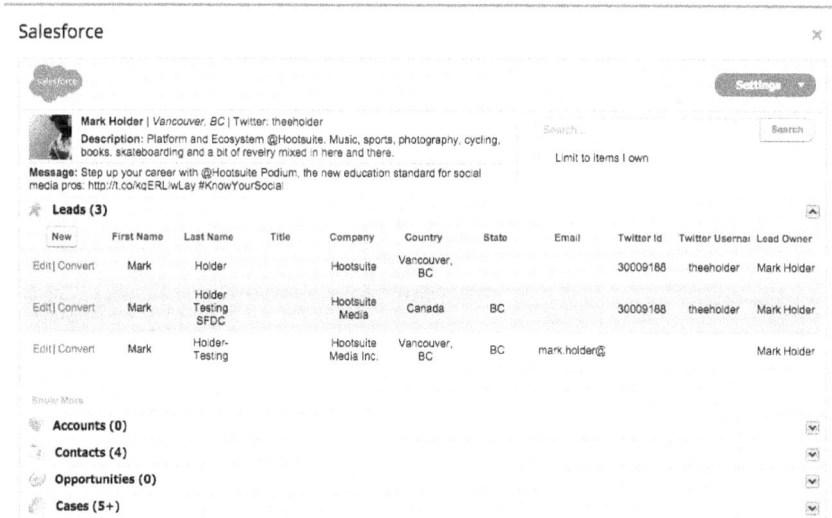

Esto mismo lo podemos hacer con los otros CRMs disponibles.

16.9.7 Leads proactivos

Una de las funciones más potentes de las que podemos disponer, es que nos lleguen avisos de posibles Leads o se nos notifique el cambio de estado de un *Lead* de forma automática.

Hemos visto que podemos crear complejas búsquedas para ser capaces de localizar oportunidades.

Hootsuite le da una vuelta más de tuerca y ha lanzado Hootsuite Target que actualmente solamente está disponible para iOS.

iTunes https://goo.gl/03vyhl

El objetivo de Hootsuite Target es hacer fácil la construcción de relaciones con tus Leads (de momento en Twitter).

Realiza una escucha activa de la actividad de nuestros Leads y contactos en tiempo real, busca la oportunidad para iniciar una conversación, localiza un factor importante para poder hacer y nos avisa.

Con Hootsuite Target vamos a poder:

- Encontrar y conectar con los perfiles de nuestros clientes sociales y hacerlo de la forma correcta.
- Escuchar a nuestros contactos en tiempo real para intervenir en el mejor momento.
- Monitorizar temas de nuestra compañía, industria y competidores.
- Recibir notificaciones de publicaciones que son relevantes para ti.
- Leer y compartir contenido potente en LinkedIn, Facebook y Twitter.

En definitiva, se trata de reducir el tiempo que necesitamos usar en Twitter para eliminar el ruido y centrarnos en lo realmente importante.

También tiene integración con Salesforce, Google Contacts, AngelList y con la agenda de contactos de tu *smartphone*.

16.10 Módulos para ampliar las funcionalidades de LinkedIn

A continuación vamos a revisar algunas de las mejores funciones que existen, para poder solucionar ciertas limitaciones que impone LinkedIn y ampliar las funciones disponibles.

16.10.1 Mailing sobre los contactos de LinkedIn

De igual forma que hemos visto en capítulos anteriores, que con Mailchimp podemos realizar emails a nuestra base de datos de emails, con http://linmailpro.com podemos crear una extensión para que aparezca un nuevo menú en nuestro LinkedIn, para poder hacer mailings personalizados.

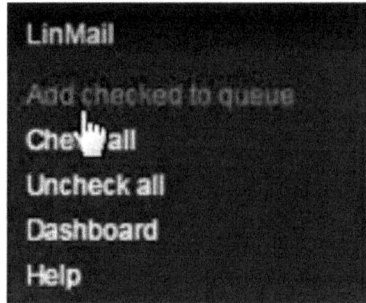

Podemos seleccionar todos los contactos a los que queremos hacer el mailing o podemos seleccionarlos a mano, como puedes ver tenemos una casilla para tal fin.

Al instalar la extensión en el navegador se nos instalará un icono.

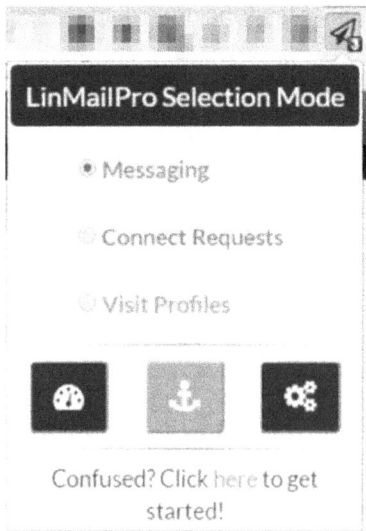

Y a partir de ahí vamos a ir a la página para poder escribir el mensaje que queremos enviar. En la parte de la derecha tenemos los contactos seleccionados y podemos personalizar los campos Nombre y Primer Apellido, para arreglar errores.

16.10.2 Averigua si el email está dado de alta como un Perfil en LinkedIn

Con el Calificador de Correo/ManyContacts http://ow.ly/KAxm308sxb3 (extensión para Chrome ordenador para Gmail), nos permite averiguar desde los emails.

Entramos en Gmail y al pulsar el icono nos sale un listado de los emails que estamos viendo en la pantalla y nos muestra en cada uno de ellos, todas las redes donde está esa persona dada de alta.

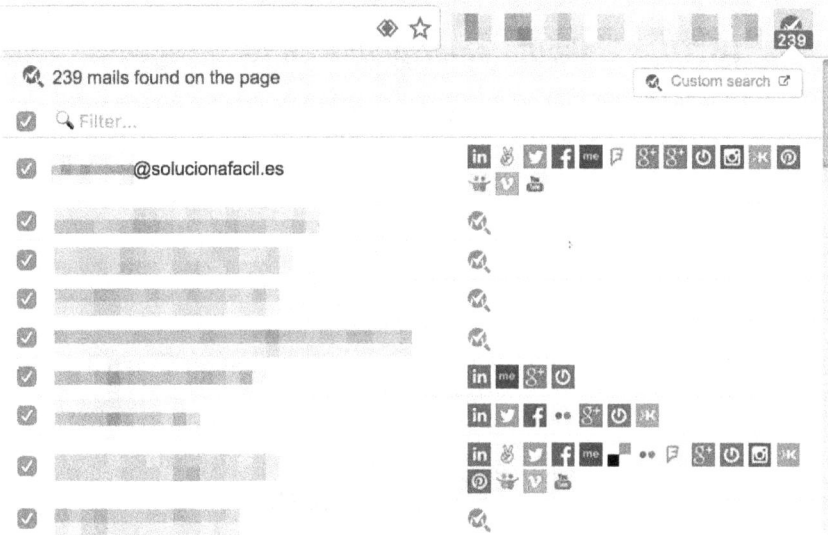

Otra opción que tenemos es ponernos encima del email y así nos aparecen los iconos de las redes.

16.10.3 Alertas de las Notificaciones de LinkedIn

Con esta extensión http://ow.ly/1zNH308syru (extensión Chrome ordenador), se nos instala un icono en la barra del navegador, donde nos indica en tiempo real las nuevas notificaciones de nuestro LinkedIn. Al hacer clic en el icono nos envía directamente a la pantalla de LinkedIn.

16.10.4 LinkedIn *smartphone* en tu navegador

Con la Social Link http://ow.ly/I5nm308szXg (extensión Chrome ordenador), podemos usar LinkedIn desde nuestro navegador con la pantalla como se ve en el *smartphone*.

Al hacer clic en el icono se abre una ventana nueva donde tenemos el aspecto del *smartphone*.

16.10.5 Búsquedas en LinkedIn desde fuera de LinkedIn

"Search on Linkedin" http://ow.ly/C7OJ308WN2O (extensión Chrome ordenador), que te permite buscar los perfiles de las personas del artículo que estás leyendo.

16.10.6 Exportar analíticas

"Export Linkedin Analytics" http://ow.ly/P8rH308sAuz (extensión Chrome ordenador), nos va a permitir exportar los datos de nuestras analíticas de LinkedIn.

16.11 Análisis de Perfiles de LinkedIn

16.11.1 Averiguar la cantidad de contactos que tiene una persona en LinkedIn

Una de las limitaciones que tiene LinkedIn, es que cuando una persona tiene más de 500 contactos, cuando visitamos su perfil solo aparece que tiene 500+.

500+
connections

LinkedIn Connection Revealer es un extensión para el navegador Chrome (versión ordenador), que puedes descargarte desde aquí: http://ow.ly/iDWQ308stps Al visitar un perfil y pulsar sobre su icono nos revela la cantidad exacta de contactos que tiene.

Esmeralda Diaz-Aroca   1st

Socia co-fundadora de BLOGSTERAPP | Social Selling Coach | Autora de "Como tener un perfil 10 en LinkedIn" |

Madrid Area, Spain | Professional Training & Coaching

Current	BlogsterApp, Diaz-Aroca y Asociados, ESODE
Previous	Universidad Antonio de Nebrija, JONIA CONSULTING, CESMA Escuela de Negocios
Education	IE (Instituto de Empresa)

500+ (6790)
connections

Send a message	View in Sales Navigator ▼

https://es.linkedin.com/in/socialmediaesmeraldadiazaroca   Contact info

16.11.2 Puntuación de los contactos según potencia

Star Finde nos da una puntuación de los perfiles de LinkedIn según la cantidad de contactos, validaciones, etc. http://ow.ly/aYSK308sxWR (extensión Chrome ordenador).

16.11.3 Cómo estamos conectados con un contacto

Con http://discover.ly (extensión Chrome ordenador), al visitar un perfil nos indica en qué otras redes estamos conectados y qué contactos tenemos en común.

16.11.4 Ampliando la información de los contactos

https://www.connectifier.com nos instala una extensión en nuestro navegador que nos permite desplegar una zona donde tener más información del contacto.

16.11.5 Revisar perfiles con información adicional

Recap.work http://ow.ly/CSYT308sARw (extensión Chrome ordenador), nos muestra en la parte superior derecha del perfil de LinkedIn que estamos visitando información adicional.

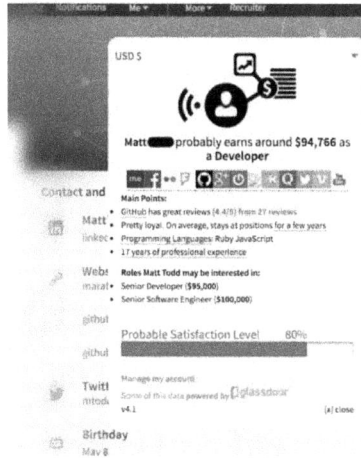

16.11.6 Ampliar información de los contactos 360º

Nimble Contacts Widget es una extensión del CRM Nimble http://ow.ly/YNa8308sEMC (extensión Chrome ordenador).

Primero debemos de darnos de alta en Nimble www.solucionafacil.es/crm y conectar nuestras redes sociales.

Después ya podemos instalar esta extensión y al hacer clic en el icono:

Al estar viendo un perfil en alguna red social o Gmail, nos aparecerá la siguiente pantalla con los datos del contacto y sus redes sociales.

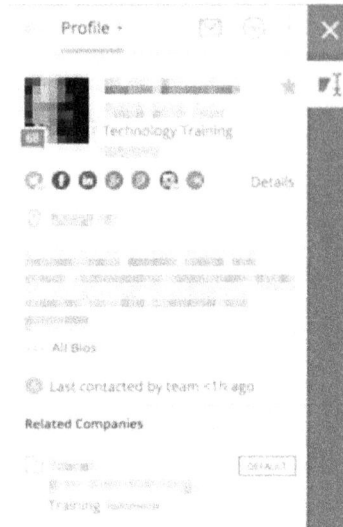

16.11.7 Capturar datos del perfil

Evercontact   http://ow.ly/oNbI308WYW0   (extensión   Chrome ordenador), nos permite realizar una captura de los datos del perfil y elegir dónde queremos guardarlos.

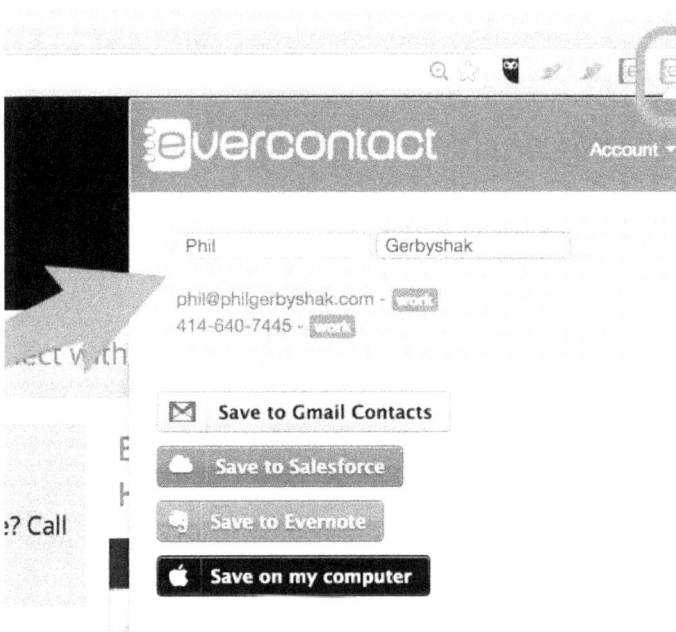

16.11.8 Desbloquear contactos de 3er nivel

Locksmith for LinkedIn http://ow.ly/K0Qo308WZGa (extensión Chrome ordenador), te permite ver el perfil completo de las personas que tienes en tercer nivel y que habitualmente LinkedIn no permite ver.

16.11.9 Analizar la personalidad

Crystal http://ow.ly/SRHX308X2ZR (extensión Chrome ordenador), nos añade un botón para poder averiguar la personalidad de ese contacto.

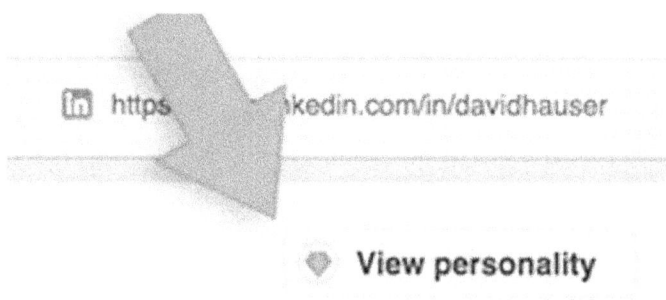

16.12 Generación de Leads y base de datos en LinkedIn

16.12.1 Exportar los contactos

Una de las opciones que nos da LInkedIn es el exportar nuestros contactos de LinkedIn. Para hacerlo debemos seguir estos pasos:

Paso 1) Entramos en My Network (en la barra superior del menú).

Paso 2) Hacemos clic en "Manage all" (aparece en la parte central de la pantalla).

No pending invitations   Manage all

Paso 3) En la parte de la derecha de la pantalla pulsamos "See all".

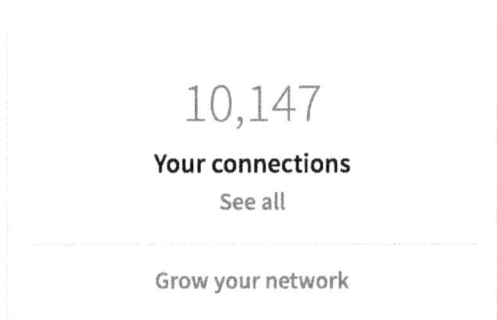

10,147
Your connections
See all

Grow your network

Paso 4) En la parte superior de la derecha de la pantalla pulsamos "Manage synced and imported contacts".

Manage synced and imported contacts

Paso 5) En la parte derecha de la pantalla pulsamos "Export contacts".

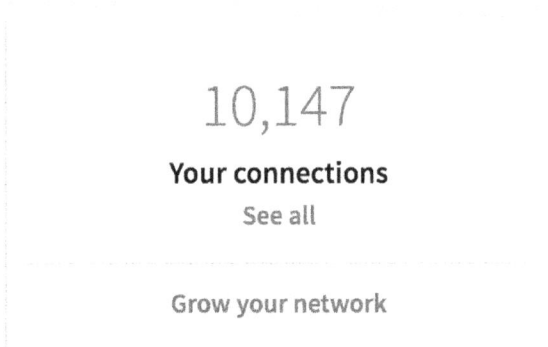

10,147
Your connections
See all

Grow your network

Advanced actions

⬆ Export contacts

↻ Manage contacts syncing

Paso 6) Y ahora nos aparece esta pantalla (es posible que como medida de seguridad, LinkedIn nos vuelva a pedir nuestro email y contraseña):

Getting an archive of your data

Download an archive of your account data, posts, connections, and more

Your LinkedIn data belongs to you, and you can download an archive any time.

We provide your archive in two bundles: "fast file", which includes selected categories of account data, like your profile information, connections, and messages (ready in approximately 10 minutes), and a second bundle that includes your detailed account information, including account activity and history (ready in 24 hours). You can learn more by visiting our Help Center.

Choose the format you prefer.

○ Fast file only: This file includes connections, contacts, recommendations, messages, and profile information such as experience, education, and projects. You'll receive a link to download.

Fast file plus other data: You'll receive the data in two bundles over approximately 24 hours.

[Request archive]

Si estamos interesados solamente en los contactos, con la opción de "Fast file only" ya lo tenemos. Pulsamos "Request archive" y nos preparará un fichero con la extensión .CSV con los datos.

Nos pedirá nuestra contraseña y cuando esté el fichero listo nos mandará un email avisándonos de que ya lo podemos descargar.

16.12.2 Plugin para descargar los contactos

Con LinkedIn Export Tool http://ow.ly/Wb6Z308WXEd (extensión Chrome ordenador), podemos descargar todos los datos de nuestros contactos nivel 1 de LinkedIn.

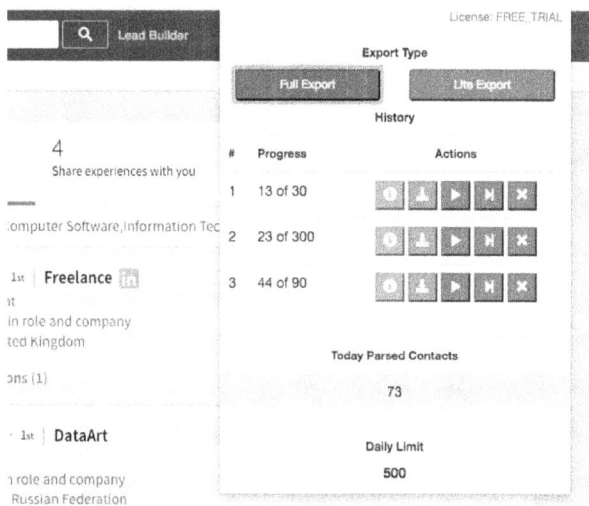

16.13 Ampliando funcionalidades de prospección

16.13.1 Analizando información de empresas a través de su web

Datanyze ∿ Con https://www.datanyze.com/ y su extensión para Chrome ordenador http://ow.ly/fT5j308XfAX al visitar una web nos permite acceder a una gran cantidad de información de la empresa.

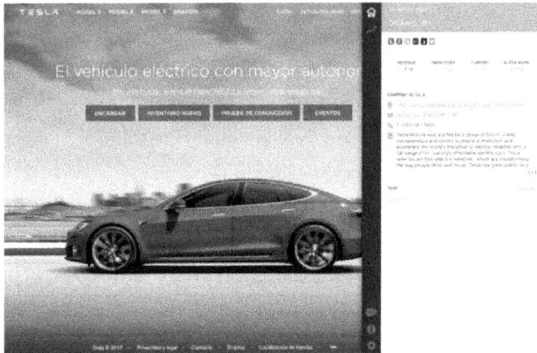

16.13.2 Localizando referidos

OUTRO   http://www.outro.com/ nos ayuda a localizar contactos que nos ayuden a llegar hasta el contacto que queremos llegar.

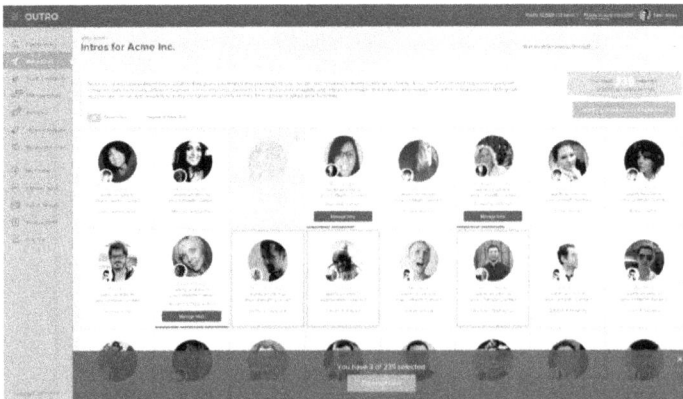

16.14 Planificando reuniones

16.14.1 Seleccionando el mejor día para reunirnos en grupo

Doodle Con http://doodle.com/es/ podemos indicar qué días nos podemos ver, para que varias personas voten cuales son los días que le van mejor a cada uno de ellos y así poder elegir el mejor para reunirnos.

	9:00	11:00	2:00	4:00	8:00
21 de febrero de 2017					
Tomás		✓		✓	
Paula	✓	✓	✓		✓
Cristian		✓		✓	✓
	☐	☐	☐	☐	☐

Doogle nos permite crearnos una dirección personalizada http://doodle.com/davidmcalduch donde podemos agregar nuestra foto/logo y nuestras redes sociales.

Página MeetMe de

David M Calduch

Hora local en la ubicación David M Calduch: 10:34 (Zona horaria: Madrid)

Petición de reunión para

ej. almuerzo

Por favor, introduzca las franjas horarias que desea proponer en el calendario de abajo y haga clic en "Crear petición de reunión".

Zona horaria: Madrid cambiar

febrero 2017

l	m	m	j	v	s	d
30	31	1	2	3	4	5
6	7	8	9	10	11	12
13	14	15	16	17	18	19
20	21	22	23	24	25	26
27	28	1	2	3	4	5

Fechas propuestas:
Ninguna

Sus calendarios:
Conecte su calendario

lun 13 / mar 14 / mié 15 / jue 16 / vie 17 / sáb 18 / dom 19

8:00
9:00
10:00
11:00
12:00
13:00
14:00
15:00
16:00
17:00

Crear petición de reunión

Podemos conectar nuestro calendario de trabajo para que las personas vean cuándo estamos ocupados y cuándo estamos libres (no se ven los detalles de las reuniones).

16.14.2 Concertando un día y hora para reunirnos

1) Calendly

calendly https://calendly.com/ es otra plataforma que nos permite que las personas nos pidan una cita sobre los horarios que tengamos disponibles.

Podemos crear nuestra propia URL personalizada https://calendly.com/davidmcalduch donde podemos establecer opciones de cuánto tiempo puede durar la reunión, media hora, 1 hora, etc.

2) Time Bridge

http://www.timebridge.com/ nos permite coordinar reuniones con Outlook y Gmail.

Aquí http://www.timebridge.com/help tienes una guía de cómo funciona.

3) Otras alternativas para probar

https://appoint.ly

https://www.timekit.io/

https://x.ai/ Asistente con AI (Inteligencia Artificial)

16.15 Cinco herramientas para planificar reuniones Internacionales

1) Synchronize

Es un aplicación para iOS que nos ayuda a averiguar la hora de una ciudad del mundo respecto de nuestra ubicación; o marcar una ciudad y cambiar la hora para ver cuál es en nuestra ubicación.

iTunes https://itunes.apple.com/us/app/synchronize/id37117726

2) World Meeting Time

WORLD MEETING TIME http://worldmeetingtime.com/ es una aplicación en la nube que nos ayuda a organizar reuniones a nivel internacional con diferentes horarios.

3) Meeting Planner by timeanddate.com

Es una *app* para iOS que nos permite añadir las ciudades del mundo con las que trabajamos, al crear una reunión e ir a seleccionar la hora.

iTunes https://itunes.apple.com/us/app/meeting-planner-by-timeanddate.com/id400899317

4) Calendario mundial para OSX

https://seense.com/the_clock/ es una aplicación para ordenadores Apple, que nos permite crear un listado de ciudades del mundo, cambiar la hora y ver cual será en cada una de ellas.

5) Organizador de viajes

https://www.tripit.com es una web y aplicación para organizarnos los viajes, introduciendo el código del billete de avión, los horarios, etc. También lo podemos hacer a mano, guardar una copia impresa de los billetes, documentos, etc.

iTunes https://goo.gl/Gl2kpH

Play Store https://goo.gl/Yottiu

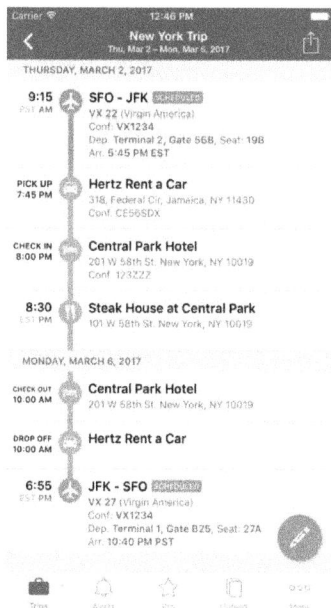

Capítulo 17

El futuro a corto plazo del Social Selling

En un principio han empezado a aplicar estas metodologías las grandes empresas, donde estamos formando a sus equipos comerciales. En la actualidad las grandes empresas y las PYMEs ha visto su potencial y ya estamos desarrollando proyectos de implantación y formación con grupos del departamento comercial.

El Social Selling no es una moda pasajera, es una tendencia que va a perdurar en el tiempo, creada por la necesidad de adaptarnos al nuevo cliente. Así que nuestro consejo es que inicies tu proyecto de Social Selling y, sobre todo, que formes a tus vendedores.

17.1 La evolución de los dispositivos móviles y las *apps*

El desarrollo de aplicaciones y las actualizaciones constantes con nuevas funcionalidades, ahora han llegado a las aplicaciones para los vendedores. En poco tiempo vamos a ver la aparición de nuevas *apps* que nos ayudarán aún más en el proceso de ventas.

El objetivo es reducir el tiempo de trabajo de los comerciales en sus tareas, para que se centren en el proceso de ventas, que habitualmente no supera el 20%.

> *Las empresas que automatizan la gestión de leads incrementan sus ingresos en un 10% o más en 6-9 meses.*
>
> *- Gartner Research*

Así veremos cómo se van implementando en las empresas ya no solamente CRMs, sino CRMs que se conecten con otras aplicaciones de la empresas y que permitan crear automatizaciones, para reducir la carga de trabajo y aumentar la rapidez de las comunicaciones.

> *Solo el 5% de los comerciales utiliza una solución completa de automatización de marketing.*
>
> *- Jeff Ernst de Forrester Research*

La Big Data y la Data Mining (minería de datos), van a crecer muy fuerte. La razón es que se van a poner en valor todos los datos disponibles en las redes social y los datos almacenados por las empresas. El proceso será el analizar los datos disponibles para ser capaces de sacar conclusiones, para poder aplicarlas al negocio, para mejorar el embudo de ventas, crear nuevos procesos y oportunidades, y mejorar la experiencia del usuario, entre otras mejoras.

17.2 Lo que opinan los expertos mundiales en Social Selling

Bosworth, Mike

Founder at Mike Bosworth Leadership

Olga, Washington

https://www.linkedin.com/in/mikebosworth

http://www.mikebosworthleadership.com/

Iniciar nuevos "ciclos de compra" con compradores potenciales, los cuales DEBERÍAN estar mirando sus ofertas, nunca ha sido más fácil por dos razones:

Razón 1: Si tú sabes el nombre de la persona con la que te gustaría iniciar una conversación, puedes usar LinkedIn para encontrar a quien, dentro tu red de trabajo, ya está conectado/a con esa persona. Tú puedes usar el nombre de esa persona (con su permiso), para convertir una fría llamada en una acogedora.

Razón 2: En los 10 primeros segundos de contacto, puedes ofrecer a esa persona una anécdota de colegas: ¿Puedo compartir contigo una pequeña anécdota sobre otro compañero (Directivo de Ingeniería), con el que ambos hemos estado trabajando? La mayoría de la gente no rechazará una historia sobre uno de sus colegas de trabajo.

Con este permiso, cuenta una historia de 90 segundos dentro de un escenario (información general tuya como ser humano, responsabilidades de trabajo, información personal), el conflicto (su ANTIGUA manera de hacer las cosas sin su oferta), visión de compra ("Ella nos contó que necesitaba una manera para... y nosotros se la dimos hace 18 meses"), y resolución (negocio y resultados personales). Entonces pregunta, "¿Qué te está ocurriendo a ti?"

Realiza escuchas conectadas con tu nueva perspectiva.

Bova, Tiffani

Sales Futurist | Growth Adviser | Change Agent

Greater Los Angeles Area

https://www.linkedin.com/in/tiffanibova

https://twitter.com/Tiffani_Bova

https://www.salesforce.com/es/

https://www.facebook.com/TiffaniBova

El latido de cualquier negocio es la venta. Sin ella una empresa es incapaz de sostenerse por sí misma. Los clientes modernos de hoy en día viven en una cultura de la inmediatez en la cual el móvil ha alterado completamente la definición de "oportunas" interacciones. El Social Selling no se trata de venta agresiva, trata sobre la escucha de las necesidades de los clientes, compartiendo el contenido significativo en un sentido más amplio y permitiendo a los vendedores ir más allá de la debida diligencia con el cliente antes de contactarles. En un reciente estudio, el 64% de los consumidores dicen que esperan que las empresas interactúen con ellos en tiempo real y el 80% dice que una empresa que responda inmediatamente cuando se la contacta para pedir ayuda, influye en su "fidelidad".

Los equipos de venta pueden no esperar más el lapso de tiempo entre la iniciativa de contacto de los clientes y la respuesta de la empresa. Los equipos con mejores actuaciones son capaces de encontrar clientes donde realmente están, en el momento exacto (o incluso antes), de lo que son necesitados.

Lanzar una iniciativa de Social Selling debe comenzar con objetivos compartidos entre las ventas y el marketing, estar estrechamente integrados con actuales esfuerzos e incluir formación adecuada y políticas para guiar a los empleados en cómo ser mejores promotores en su marca. En medio de toda esta excitación y despliegue publicitario alrededor del Social Selling, no perdamos de vista el hecho de que lo bien realizado puede ayudar a obtener y deleitar clientes, sin embargo, lo que es realizado de una manera despreocupada puede reflejarse negativamente en el representante comercial y en la totalidad de la empresa.

Cathcart, Jim

Speaker/Author, The Motivation Expert

Greater Los Angeles Area

https://www.linkedin.com/in/cathcartinstitute

https://twitter.com/jimcathcart

http://cathcart.com/

MI PREDICCIÓN DE VENTAS PARA 2017

Sujétate y prepárate para "Renacer y vivir la prosperidad".

Con el nuevo liderazgo del Congreso y la Casa Blanca, los cuales son favorecedores de los negocios, hay grandes oportunidades. Piensa "La Era de Reagan". Dos cosas que mantienen el negocio paralizado son las regulaciones excesivas y los elevados impuestos. También, cuando hay un desánimo latente en el logro de los negocios, entonces todos nos refrenamos. Pero eso no quiere decir que las oportunidades se esfumarán, simplemente se pospusieron. Es como saltarse una comida. Tú todavía estás hambriento y necesitas alimento.

Cuando la mayoría de la gente hace "predicciones de ventas" se basan en las condiciones de mercado y en factores económicos, pero he descubierto que raramente éstos son los determinantes primordiales de las ventas. Estas condiciones y factores pueden funcionar si estuvieras prediciendo cómo "las cosas" producirían ventas, pero para predecir cómo la gente producirá ventas necesitarás diferentes baremos.

El factor número uno en predecir el éxito es el compromiso del triunfador para conseguir el objetivo. Por consiguiente, el factor número uno en la predicción de ventas es el compromiso del comerciante para generar ventas. Así que echemos una mirada a esto.

En el mercado, tanto como en la economía, hay estados de ánimo predominantes que tienden a inhibir o animar a los triunfadores. Durante varios años atrás hemos sufrido malestar dentro de la comunidad empresarial, especialmente en Estados Unidos, que ha desanimado a comerciantes y empresarios. Cuanto más entrometidas llegaban a ser las regulaciones del gobierno y la crítica pública sobre los lujos, menos gente se animaba a tomar riesgos o a buscar recompensas. Sumamos a esto las continuas amenazas de las guerras, el terrorismo y la violencia racial, y es fácil ver porqué algunas personas simplemente siguen la corriente en lugar de innovar.

Sin embargo, en los últimos meses parece que muchas personas han tenido ya bastante de su comportamiento inactivo y están ahora preparadas para reafirmarse a sí mismas y conseguir una posición en el mercado. Yo creo que una explosión de logros nos está aguardando. Miraremos nuevos productos y servicios, nuevas empresas innovadoras, operaciones atrevidas y finalmente "Libertad" para crear y crecer.

El resurgimiento de seminarios, encuentros, redes, aplicaciones informáticas, artículos y recursos para empresarios, es la evidencia de esto. Universidades y Facultades están impulsando sus ofertas sobre cursos de emprendimiento y la gente está hablando de comenzar por su cuenta de una forma más valiente.

No creo que esto signifique que de esta gente, un gran número de ellos vaya a dejar sus trabajos pero sí veo la urgencia de iniciativa, creatividad y más grandes aspiraciones casi en todos los lugares.

La sociedad tiene una necesidad de crecer y expandirse. Esto puede inhibirse por un tiempo pero entonces "la vida encontrará la manera". Pienso que aquí es donde estamos justo ahora.

La gente está cansada de pensar en pequeño y tiene hambre de crecimiento. Ansían las emociones del éxito y el estímulo de la competición y el riesgo.

Todo lo que se necesita para dar rienda suelta al tigre dormido es quitar el exceso de regulaciones, el molesto papeleo, los sobreprotectores requerimientos legales y la crítica popular de aquellos que verdaderamente triunfan. Cuando volvamos a admirar a los triunfadores y a celebrar su éxito como los modelos de los que tenemos que aprender, entonces veremos la urgencia de los nuevos productos, de las nuevas estrategias de venta, de una comercialización incrementada y de los innovadores enfoques para resolver problemas. Todos ellos están interconectados.

Así, para 2017, mi predicción es que los silenciosos vendedores lleguen a ser ruidosos de nuevo. Se tendrán que hacer nuevos reclamos de ventas. Nuevas ideas emergerán a nuestro alrededor. Surgirán Innovadoras soluciones a viejos problemas y los negocios arrancarán para convertirse en diversión una vez más.

Vamos a "Resumir el Boom" o, al que yo prefiero llamar, "Recomenzar-Renacer en prosperidad!", en el espíritu del Crecimiento.

Eikenberry, Kevin

Chief Potential Officer, The Kevin Eikenberry Group

Indianapolis, Indiana Area

https://www.linkedin.com/in/kevineikenberry

https://twitter.com/KevinEikenberry

http://www.kevineikenberry.com/

Cuando pienso en las palabras Social Selling sé que el contexto es actual y reconozco las herramientas y los medios de comunicación que pocos meses o años atrás no existían. También sé que a causa de los rápidos cambios de esas herramientas, las que están de moda y son populares también continuarán cambiando. Las ventas efectivas se obtendrán siempre que la gente trabaje usando estas herramientas para obtener lo mejor de sus habilidades (esto es por lo que tú estás leyendo este libro). Por favor, no olvides la profundidad, los puros principios del comportamiento humano que se asientan en la mayoría de estos temas. La gente, al fin y al cabo, somos seres humanos y deseamos conectar independientemente del contexto.

Recuerda siempre que la gente quiere comprar a gente que conoce, le gusta y en la que confía. Utiliza las últimas herramientas, por supuesto; pero recuerda que lo que está detrás de todo esto son personas. Cuando arrancas desde ese fundamento, todos tus esfuerzos, estés *online* o no, serán más efectivos y exitosos para todos.

Francis, Colleen

Corporate Sales Consultant, Author, Speaker

Ottawa, Canada Area

https://ca.linkedin.com/in/colleenfrancis

https://twitter.com/EngageColleen

https://www.engageselling.com/

Ya que las redes sociales pueden ser abrumadoras, a menudo escucho vendedores quejarse: "Cuanto más utilizo las redes sociales, menos social me vuelvo" o me cuentan que no siempre ven claro cuál es la inversión de su tiempo.

Sorprendentemente algunos líderes aún son un poco cautelosos con las redes sociales. Todavía observamos algunas empresas prohibiendo o bloqueando totalmente sitios web de redes sociales en los ordenadores del trabajo. Y esto tiene que cambiar.

Al mismo tiempo, los vendedores no deben malgastar tiempo en sitios web que no tienen valor para ellos. Los mejores sitios web son aquellos donde los vendedores pueden mostrar sus valores como expertos a un grupo bien definido de compradores. Mostrarse a sí mismo como un experto incrementa las posibilidades hacia un comprador, comprometiéndose contigo fuera de Internet, lo cual es el objetivo final de cualquier interconexión (basada en internet o no).

Si mientras más utilizas las redes sociales llegas a ser menos social, no las estás utilizando correctamente. Las redes sociales nunca reemplazarán los esfuerzos directos de expansión o el contacto directo con un comprador. Éstas deben complementar estas actividades, proporcionando un adicional punto de venta para escuchar y comprometerte con tus clientes. En este mercado tú necesitas tantos contactos de clientes como sea posible para convertirte en omnipresente y permanecer en ese codiciado puesto prioritario.

Gili, Jordi

Managing Director at Execus, Social Selling Consulting and Training
Barcelona, Spain

https://www.linkedin.com/in/jordigili/

https://twitter.com/Jordi_Gili

http://execus.com

En un futuro el Social Selling y la venta en digital va a ser una cara más del poliedro de la venta.

Se habla de que pronto el Social Selling perderá el "Social" y será simplemente "Selling". La parte social será práctica habitual del día a día de la venta.

Como opinión personal creo que el espectro social y la inteligencia artificial van a ir entrando cada vez más en la venta y vamos a ir viendo cada vez más especialización: desde la prospección, cualificación e inicio de conversación mediante inteligencia artificial y algoritmos de cualificación; hasta la gestión de la relación basada en contenido de valor para nuestro cliente soportada sobre herramientas que nos avisaran cuándo nuestro cliente está listo para avanzar a la fase de compra (*lead scoring*).

Este conjunto de herramientas harán que la experiencia e interacción cliente-vendedor sea más fluida, relevante y positiva para las dos partes aunque el factor humano continuará siendo la clave de la venta.

López, Alex

Owner of Sartia Retail Meeting Point

Social Selling & Trainer on LinkedIn

Top 20 Influencers Social Selling

https://www.linkedin.com/in/alexlopezexpertosocialselling/

https://twitter.com/retailmeeting

http://www.sartia.com

En la empresa ahora vendemos tod@s.

Últimamente no dejamos de leer y de recibir mensajes sobre cómo se están digitalizando las empresas, también sobre cómo se ponen en marcha departamentos de E-commerce o de la importancia del Marketing Digital para sobrevivir en este mundo cambiante. Sin embargo, hay pocas evidencias sobre cómo se está gestionando la digitalización de las fuerzas de venta y la realidad es que seguimos sin cambiar un ápice su manera de trabajar. Un más que probable gran error, ya que son el valor fundamental de las empresas y es imprescindible prepararles para que puedan comunicarse de forma efectiva con el cliente digital y apostar por una estrategia de venta social Social Selling.

El buen comercial siempre ha sido capaz de identificar rápidamente las oportunidades en la venta pero ante un nuevo comprador, que en los casos B2B inicia el proceso de compra en internet, socialmente conectado a través de múltiples dispositivos y que interactúa en tiempo real, necesita formarse.

También está cambiando la necesidad de estar en contacto con el vendedor durante el proceso de compra, ya que en la actualidad participa más de un interlocutor en la toma de decisiones y es con el proyecto avanzado cuando se decide, en muchas ocasiones, contactar con los posibles proveedores.

Los departamentos comerciales necesitan entender el cambio que están suponiendo la tecnología y las redes sociales en su puesto de trabajo. Tener herramientas que les permitan investigar e identificar nuevos clientes, construir relaciones de calidad, adelantarse a las necesidades y obtener el interés por la empresa que representan.

Pero en mi opinión el futuro de las compañías en el entorno digital no depende solo del departamento comercial. Durante años he tenido muchas veces la sensación de trabajar en empresas donde los departamentos eran totalmente independientes. Los llamados "departamentos estanco", aquellos que tenían sus propios objetivos y que no acostumbraban a tener en cuenta la importancia de los objetivos del resto de departamentos de la compañía. ¡Sí hombre!, seguro que tú también has estado alguna vez en aquellas reuniones donde hay personas ausentes pensando... "a ver cuando acaba la dichosa reunión".

Yo mismo tuve esa sensación alguna vez cuando la reunión no tocaba directamente con mis objetivos de venta. Pero los tiempos cambian y ahora en un mundo en plena transformación, más que nunca los departamentos tienen que unirse y darse cuenta que sin la colaboración del resto no se conseguirán mejoras.

Si desgranamos los objetivos por departamento veremos que una de las prioridades del departamento de marketing, es optimizar la visibilidad en *social media* pero no será fácil conseguirlo si no cuenta con la complicidad de toda la plantilla, ya que los seguidores de la empresa serán X pero si se suman los seguidores de todos los trabajadores de la plantilla son X x miles.

El departamento comercial quiere más Leads y en la actualidad no se consiguen llamando puerta a puerta, sino con una buena estrategia de Social Selling es decir que o escuchamos, y ayudamos, a marketing o lo tenemos complicado.

Pero también el departamento de recursos humanos tiene nuevos objetivos y uno de ellos es captar el talento y para ello su presencia en red debe ser atractiva, sin duda va a tener que estar muy atento a las posibilidades que le ofrezca el departamento de marketing, al empujón que le puede dar el departamento comercial para darse a conocer y, por supuesto, a la buena tarjeta de presentación que supone que el propio cliente interno sea el máximo embajador, y referente, para las posibles nuevas incorporaciones.

Esta colaboración entre departamentos con diferentes competencias ha sido siempre lo deseable, pero para que la imagen de marca de una empresa, su presentación y posicionamiento en el entorno digital, tan enorme y público, sea óptimo y fructífero tiene que construirse en equipo con todos y cada uno de los activos que tiene la compañía. En el entorno digital el valor añadido son también las personas.

Meerman Scott, David

Leading Marketing and Sales Speaker for Companies and at Conferences Worldwide

Greater Boston Area

https://www.linkedin.com/in/davidmeermanscott

https://twitter.com/dmscott

http://www.davidmeermanscott.com

VENTA Y COMERCIO TRABAJANDO JUNTOS

El contenido web activa ambos, las ventas y el éxito comercial. Pero es esencial que tomemos un breve instante para ver en qué se diferencian las dos ocupaciones. Al estar seguros entendemos la diferencia, podemos cerrar el espacio entre comercio y ventas y hacer crecer el negocio más rápido. El comercio genera la atención de la gran cantidad de gente que constituyen los consumidores, mientras que las ventas comunican al mismo tiempo con un cliente potencial, poniendo el proceso de compra dentro de contexto. Éste es el trabajo de los comerciantes, comprender a los compradores – esencialmente grupo de consumidores –, y comunicar a estos grupos en uno y varios enfoques. Los comerciantes son expertos en comunicarse con mucha gente y normalmente el potencial de los consumidores que consiguen no está aún preparado para tener un análisis sobre la venta.

El equipo comercial capta la atención de un grupo de compradores y los lleva hasta y a través del proceso de venta. El contenido generado por los comerciantes – blogs, videos de YouTube, infografía, libros electrónicos, seminarios web y productos similares–, pueden influenciar a gran número de personas. Bien realizado, con una profunda comprensión del comprador basado en investigaciones, este contenido genera posibilidades de ventas y culmina en el proceso de compra.

Influenciar a una persona cada vez. El papel de los vendedores es completamente diferente porque ellos influyen en un único comprador en el momento de decidir la compra. Los comerciantes, sin embargo, necesitan ser expertos en persuadir un público, entre ellos, vendedores que destacan por persuadir a los compradores individuales. Los compradores añaden contexto a la experiencia de la empresa, productos y servicios. A través de ellos, el contenido de los comerciantes completa su potencial en el preciso momento en que el comprador lo necesita. Cuando ambas profesiones trabajan juntas, el negocio crece.

Nick, Michael

Principal, Client Sales Operations & Revenue Performance, Thought Leader & Bestselling Author Sales Enablement

Greater Milwaukee Area

https://www.linkedin.com/in/michaeljnick

https://twitter.com/mjnspw

http://www.roi4sales.com/

Los "millennials" de hoy son los compradores del mañana. Lo que quiero decir es que ésta socialmente consciente, tecnológicamente experta e innovadora generación será la misma que se mueva dentro de posiciones de poder, en donde, se estarán tomando decisiones de compra. La pregunta es, ¿cómo esta generación de compradores toma una decisión de compra?

Todo comienza en internet. Ninguna sorpresa hasta aquí. La investigación es la base de referencia de todas las decisiones. La clave es, sin embargo, cómo esta generación reúne y guarda estas investigaciones para futuras compras. Usted puede verlo, los "millennials" tienen una mentalidad a largo plazo y de hecho, les encanta planear con antelación.

Ésta es la razón por la que el contenido de las páginas web es tan importante. Los "millennials" son visuales y aprecian las fotos y los vídeos. Como siguiente paso, éstos encontrarán colaboración en su proceso de compra; enviarán mensajes, utilizarán Snapchat, Facebook y tuitearán a su círculo de contactos para obtener conocimientos y opiniones sobre qué y dónde consideran comprar. La colaboración y el Social Selling van de la mano al tomar una decisión final en cuanto a qué y dónde gastar su dinero (o el nuestro).

Tanto si es una compra de negocios como personal, las interacciones impactarán en la decisión final. Estas interacciones podrían ser un Blog, un anuncio en Google, un tuit, una publicación en Facebook o alguna otra más. El Social Selling está aquí para permanecer.

Schenk, Tamara

Sales Force Enablement Leader, Analyst and Speaker | Sales Effectiveness | Sales Leadership | Sales Transformation

Wiesbaden, Hessen, Germany

https://de.linkedin.com/in/tamaraschenk

https://twitter.com/tamaraschenk

https://www.csoinsights.com/blog

En CSO Insights, estamos continuamente analizando el impacto del Social Selling en el rendimiento de las ventas.

Hemos descubierto que los expertos internacionales están dos años por delante de la media de los competidores cuando se trata de hacer uso de las redes sociales para identificar nuevas oportunidades de negocio, conectar y comprometerse con las partes interesadas para mejorar el rendimiento de las ventas y la productividad. Los expertos consiguen llegar a esto mediante la aplicación de cuatro factores clave:

● **Enfoque:** los expertos internacionales pronto comprendieron que la revolución de social media cambiaría el mundo de la venta profesional para siempre. Esto es porque se centraron en el Social Selling antes que otros.

● **Velocidad:** los expertos internacionales actúan rápido cuando descubren una oportunidad para mejorar. Forman a sus vendedores en la fase temprana del Social Selling y toman ventaja para ser los primeros innovadores.

● **Integración:** los expertos internacionales aprendieron años atrás que adoptar el Social Selling no es solo ofrecer formación sobre ciertas herramientas o plataformas. A la hora de tener utilidad para los vendedores, las herramientas de Social Selling tienen que estar integradas con sus metodologías y procesos de venta.

● **Adopción:** los expertos internacionales entienden que para que una implementación sea efectiva, ésta debe incluir un refuerzo y una adopción del programa. Esto significa crear puestos de jefes de venta en paralelo con vendedores y transformar el proceso de orientación de venta consecuentemente.

Shanks, Jamie

Author of "Social Selling Mastery" |
global Social Selling / Digital Selling
consulting | CEO @ Sales for Life

Toronto, Canada Area

https://ca.linkedin.com/in/jamestshanks

https://twitter.com/jamietshanks

http://www.salesforlife.com

Como yo veo el futuro con Social Selling, es que será número uno dentro de cinco años (no existirá tal denominación como es "vendedor social").

"Social" será parte de la actividad del día a día y del ritmo de un profesional de las ventas. El término pasará a ser llamado "Venta". Dentro de los próximos 5 años Social Selling se transformará en un término denominado "Digital Selling'" el cual incluye tecnología digital, interna y externa de lo que está siendo compartido socialmente. Porque ningún cliente está en redes sociales, ni siquiera cada comunicación se tiene que dar necesariamente en redes sociales aplicando el *digital insight* y las mejores prácticas en su categoría. Pero además de todo esto, el futuro del negocio es lo que llamamos venta completa y armonización de marketing o la venta y la integración del marketing, en la cual la venta y el equipo de marketing se están midiendo solo en una cosa (que son las reservas de ventas y la cuota del logro de las ventas).

Así el marketing será compensado, será dirigido y definido contra y en contra de un particular objetivo del vendedor (porcentaje sobre la cuota del vendedor). Este no será medido en *leads*. Va a ser medido en lo que directamente influye al canal de ventas.

Y el equipo de ingresos significa que cada persona en el campo de las ventas y el marketing son contribuidores equitativos. No significa equitativo en ingresos sino que son tratados equitativamente dentro de la organización como una entidad valiosa y optimizadora de ventas.

Viskovich, Julio

Revolutionizing the way sales teams use social media to drive revenue, World class personal branding expert

Vancouver, British Columbia, Canada

https://ca.linkedin.com/in/socialselling

https://twitter.com/juliovisko

http://www.julioviskovich.com/

Estoy observando una clara tendencia en el campo del Social Selling y ésta es el uso creciente de contenido para comunicarse estratégicamente con candidatos de Social Media. La primera ola de Social Selling se centraba mucho en la difusión de contenido general y en las expectativas para conseguir *leads*.

Esto ahora ha pasado a la monitorización y escucha de candidatos en muchos canales sociales y ahora se comparten los contenidos específicos del comprador y del embudo de conversión. Esto está más enfocado al compromiso 1:1 (uno para uno), con miembros del comité de compras que se basan en la selección de sus indicaciones y señales.

Esta creciente precisión y uso de la escucha Social Media compartiendo contenido estratégico está conduciendo a resultados extensibles y repetibles.

Bibliografía Recomendada

Cliente Digital Vendedor Digital por Álex López

http://amzn.to/2qdezFa

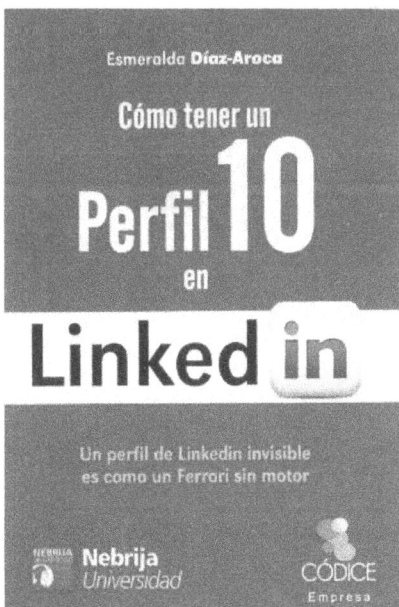

Cómo tener un perfil 10 en Linkedin por Esmeralda Díaz-Aroca

http://amzn.to/2rSk0XL

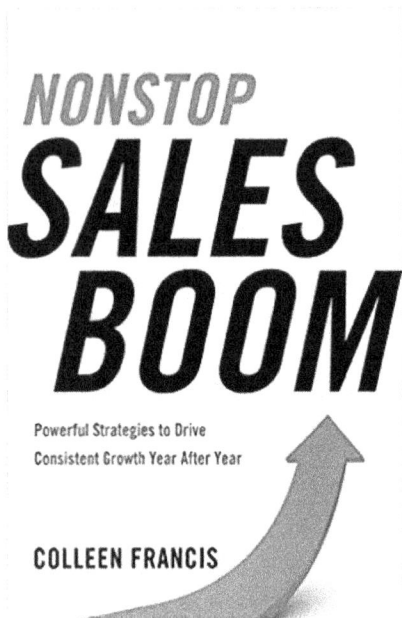

Nonstop Sales Boom: Powerful Strategies to Drive Consistent Growth Year After Year by Colleen Francis

http://amzn.to/2qeB9Nf

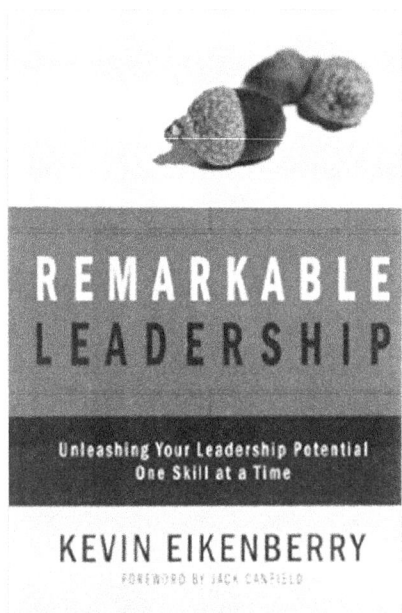

Remarkable Leadership: Unleashing Your Leadership Potential One Skill At A Time by Kevin Eikenberry

http://amzn.to/2qgzVj9

Jordi Gili

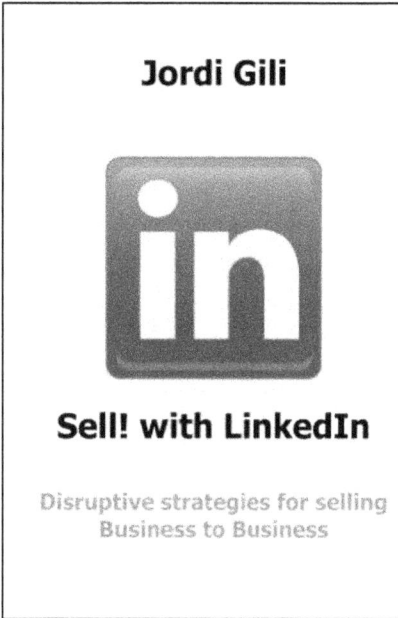

Sell! with LinkedIn

Disruptive strategies for selling
Business to Business

Sell! with LinkedIn by Jordi Gili

http://amzn.to/2qgJ3Eh

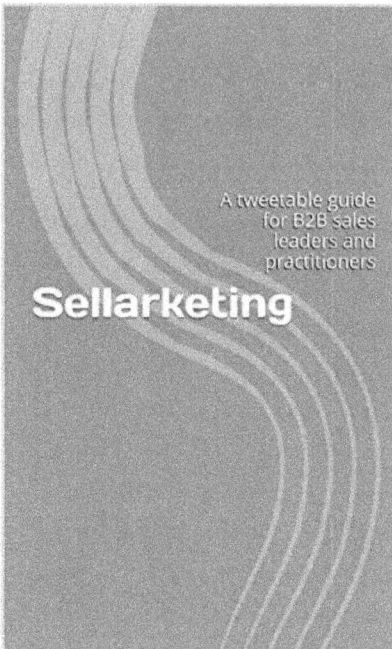

Sellarketing: A tweetable guide for B2B sales leaders and practitioners by Julio Viskovich

http://amzn.to/2qhkB7g

A tweetable guide
for B2B sales
leaders and
practitioners

Sellarketing

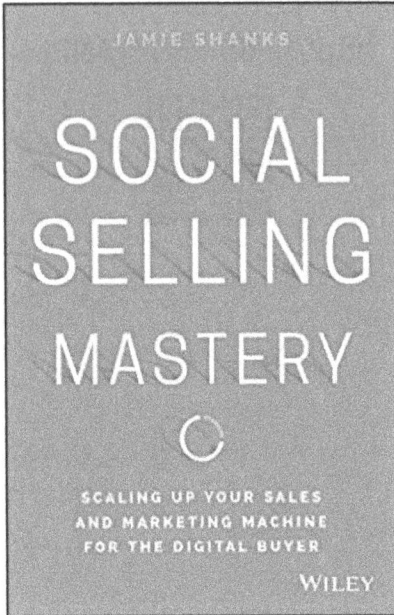

Social Selling Mastery: Scaling Up Your Sales and Marketing Machine for the Digital Buyer by Jamie Shanks

http://amzn.to/2rddlI3

The Key to the C-Suite by Michael J. Nick.

http://amzn.to/2rOnflX

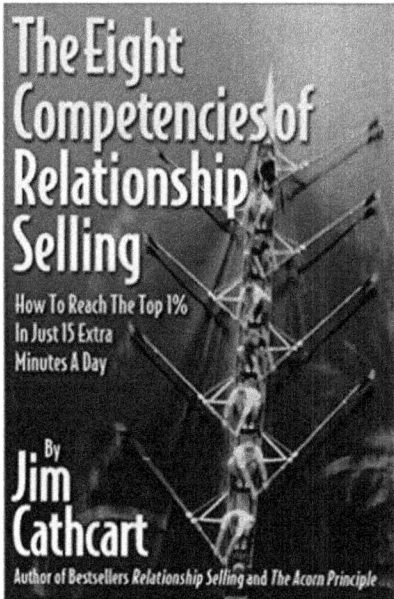

The Eight Competencies of Relationship Selling: How to Reach the Top 1% in Just 15 Extra Minutes a Day by Jim Cathcart

http://amzn.to/2qdmXV4

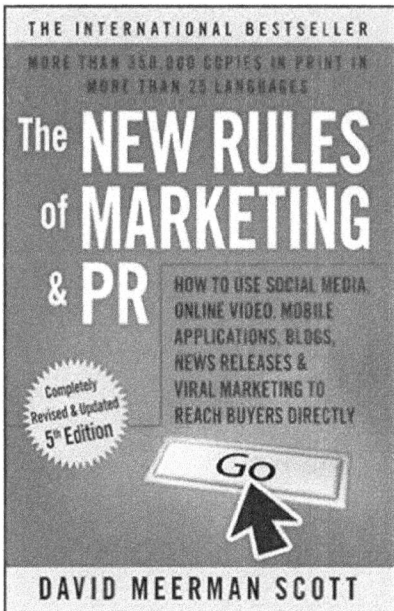

The New Rules of Marketing & PR: How to Use Social Media, Online Video, Mobile Applications, Blogs, News Releases, and Viral Marketing to Reach Buyers Directly by David Meerman Scott

http://amzn.to/2qez3wI

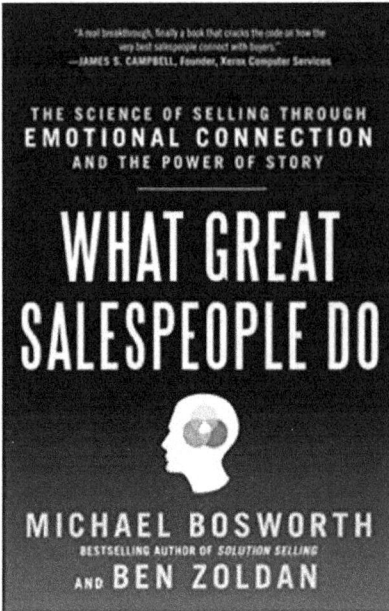

What Great Salespeople Do: The Science of Selling Through Emotional Connection and the Power of Story de Michael T. Bosworth y Ben Zoldan

http://amzn.to/2qgoqbl